장애청소년을 위한 전환교육
‒증거기반 교수전략‒

David W. Test 외 공저 | 이영선 · 이효정 · 성유진 공역

Evidence-Based Instructional
Strategies for Transition

학지사

역자 서문

장애청소년의 성공적인 성인기 전환은 특수교육의 중요한 목표 중 하나이자, 특수교사 및 이 분야의 전문가들, 그리고 장애청소년 본인과 그들의 가족들에게도 매우 중요한 목표라고 할 수 있다. 청소년기 장애인에게 성인기로의 전환이란 매우 포괄적인 개념으로서, 학생에서 '어른'으로 역할이 전환됨을 의미하며, 더불어 이러한 역할이 수행되는 장소와 이를 지원해 줄 담당자, 전문가, 기관 등의 전환까지를 포함한다.

이 시기는 인생에 있어서 매우 변화가 큰 시기라고 볼 수 있으며, 이러한 전환의 과정과 성과에 영향을 미칠 수 있는 다양한 변인들이 존재할 수 있고, 전환이 이루어지는 영역의 많은 사람들의 협력적 접근이 강력히 요구되는 만큼 어려움이 많은 과정이라고도 할 수 있다. 장애청소년의 성인기 성과가 그리 훌륭하지만은 않은 이유 역시 이러한 부분에서 기인한다고 볼 수 있다.

성인기 전환에 대한 중요성이 강조되고 사회적으로도 이에 대한 인식이 확산되고 있으며, 성인기 삶의 영역으로의 전환을 위해 여러 가지 시도와 노력이 이루어지고 있다. 그중 하나의 큰 움직임이라고 할 수 있는 것이 바로 증거기반실제(evidence-based practice)로, 효과적인 교수전략의 적용을 통해 학생들에게 의미 있는 교수를 제공하는 것이다.

실제로 몇 해 전부터 질적으로 우수한 교수와 증거기반실제에 대한 논의가 늘어나고 있으며, 연구를 통해 효과가 검증된 교수전략의 사용에 대한 관심이 높아지고 있다. 국내외 학술대회 및 학술지 논문이나 저서를 통해서도 해당 연구에 대한 발표가 늘어나고 있으며, 이 책 역시 전환기의 장애청소년을 효과적으로 교수하기 위한 전략들을 담고 있다.

이 책은 전환계획, 통합교육에서의 전환, 전환평가, 다문화청소년의 전환 등 장애청소년의 전환을 주제로 Brookes 사에서 2011년부터 발간해 온 전환 시리즈 도서 중 하나로서, 중·고등학교 학생들을 가르칠 때 전환의 다양한 과정에서 적용될 수 있는 실제적이면서 학문적으로도 충분히 검증된 다양한 전략을 제시한다.

이 책은 성인기 전환을 준비하는 학생을 가르치는 교사들에게 어떠한 내용을 교육해야 하고 어디로 가야 하는지에 관하여 보다 명확한 방향과 방법을 제시하고 있다. 이러한 실제적인 교수전략과 전환계획 및 평가 등 전환의 다양한 절차에 대한 정보와 실제는 중등특수교사뿐만 아니라, 통합학급에서 장애학생들을 가르치는 일반교사들에게도 매우 유용한 정보가 될 수 있다.

이 책의 역자들 중 두 사람은 일반교사를 양성하는 과정에서 학생들을 가르치면서, 특수교육 및 통합교육과 관련된 여러 수업에서 다양한 교수전략을 다루기 위한 적합한 자원을 요구하는 목소리를 들어 왔다. 이러한 경험 역시 이 책이 번역될 수 있었던 동기 중 하나라고 볼 수 있다.

이 책의 역자들은 미국의 같은 대학에서 공부를 한 인연으로 번역 작업에 참여하게 되었다. 이영선은 저자 서문과 1~2장 및 6장을, 이효정은 3~4장과 8장을, 성유진은 5장과 7장을 번역하였다.

많은 번역 작업이 그러하듯, 국내에서 아직 자리 잡히지 않은 채 다양하게 사용되고 있는 용어에 대한 결정부터, 실제적인 내용을 다루는 만큼 교육 환경과 교수 상황의 차이에 대해 어떻게 반영해야 할 것인지에 대해서 역자들 간에 많은 토론과 논의가 이루어졌다. 특히 전환이 이루어지는 학교환경에서의 차이를 고려하여 이 책에서 설명하는 내용을 이해하기를 권한다. 특수교육대상자 중 많은 학생들이 일반학교를 다니며 성인기의 전환을 준비하는 상황임에도 불구하고 여전히 전환이라는 과정에 특수교사 또는 일부의 전문가만이 참여하고 있고, 실제로 통합된 교육환경에서도 특수교사가 장애학생의 교육을 책임지는 교육적 문화가 존재하는 점을 감안할 필요가 있다. 이러한 문화적·법적 차이를 감안하여 이해하고, 우리의 현실에 맞게 적용할 필요가 있을 것이다.

전환에 대한 관심의 증가로 최근 몇 년 사이에 장애청소년의 전환을 주제로 하여 발간된 저서가 국내외적으로 늘어나고 있는 추세다. 그러나 특수교육의 다른 분야에 비해서 아직까지는 독자의 요구와 목적에 부합하는 책을 찾는 것이 쉽지 않고, 많은 책들이 아직까지 전환교육이나 전환계획 및 평가 등 보다 기초적이고 포괄적인 주제를 담고 있는 경우가 많다. 따라서 이 책은 전환 분야의 참고자료로서의 범위를 확대하고, 이론과 배경을 제시하는 개론서와 함께, 현장에서 바로 사용할 수 있는 실제적인 정보를 담고 있는 자료로서 활용될 수 있기를 희망한다.

이 책이 나오기까지 진행을 담당해 주신 박지연 대리님과 이현구 차장님, 그리고 출판을 결정해 주신 학지사 김진환 사장님께 감사드리며, 단권으로 발행되는 한국어판 번역본을 위해 저자 서문을 기꺼이 써 주신 David Test 교수님께도 감사의 마음을 전한다.

2015년 2월
역자 일동

저자 서문

    처음부터 중등전환 분야를 전문 영역으로 연구할 계획은 아니었다. 나는 오하이오 주립대학(Ohio State University)에서 Dr. William L. Howard 교수의 지도하에, 특수교육 분야, 구체적으로 학급 교실에서의 학업적 교수에 초점을 둔 분야에서 일하는 응용행동분석가가 되기 위하여 대학원 과정을 다녔다. 석사학위 과정을 마치고 박사학위 과정을 시작하기 전에, 오하이오 청소년 위원회(Ohio Youth Commission)에서 교사로 아이들을 가르쳤고, 주로 특수학급에 있는 남자 비행청소년들이 나의 학생들이었다. 내가 가르친 학생들 대부분이 고등학교로 돌아가지 못했기 때문에, 나는 이들에게 주로 일상생활기술을 중심으로 가르쳤다.

    이러한 경험과 배경을 가지고 노스캐롤라이나 대학(University of North Carolina at Charlotte)에서 조교수로 일을 시작했을 때, 진로 및 직업 지도와 같은 수업을 담당하게 되었다. 1983년에 '중등전환'이라는 주제는 매우 새로운 것이었다. 그러나 이 수업을 담당하는 교수였기 때문에, 모든 사람은 내가 전문가라고 생각했을 것이다. 수업을 듣는 학생들보다 내가 단지 일주일 분량 정도만 앞서 있다고 이야기했을 때 학생들은 웃었지만, 그것은 사실이었다.

    그 무렵 지역학교시스템에서도 나를 전문가라고 생각하고, 나에게 장애학생들이 시간제 고용이 될 수 있도록 도울 수 있는 직무코치를 배정하기 위한 연구과제 제안서를 써 달라고 요청하였다. 그래서 Pat Keul과 Teresa Grossi와 함께 연구제안서를 작성하였고, 우리의 제안서가 선정되었다. 이것은 내가 받은 최초의 연방정부지원 연구과제가 되었다. 이는 다른 연구과제 이후에 시작된 과제였고, 나의 진로/직업에 대한 관심은 중등전환 분야로 초점이 맞추어지게 되었다. 그러는 중에 노스캐롤라이나의 클리브랜드 카운티에서 훌륭한 전환프로그램을 만든 Nellie Aspel과 Gail Bettis를 만나게 되었고, 나의 진로에 대한 변화는 거의 마무리되었다. 그로부터 많은 시간이 흐르고 여러 연구 과제를 수행하고 나서, 나는 Dr. Paular Kohler와 함께 연방정부에서 지원되는 미국 중등전환기술지원센터(National Secondary Transition Technical Assistance Center, NSTTAC)의 공동책임자가 되었다.

이 시기에 미국 중등전환기술지원센터의 스태프로서 중등전환을 위한 증거기반의 실제들을 판별해 내기 위해 중등전환 분야에서 발표된 연구물들을 살펴보았고, 그 결과로서 많은 훌륭한 동료들과의 협력과 나의 과거 경력의 결과물로서 이 책이 나오게 되었다. 내가 나의 동료들로부터 많은 것을 배웠듯이 여러분도 이 책으로부터 많은 것을 배우기를 바란다.

David W. Test

차 례

03 교수전략   55

04 자료수집 전략   77

05　학생중심계획　91

06　고용기술 향상 전략　119

07　일상생활기술 교수전략　143

08 학업기술 교수전략 171

01

David W. Test

전환중심교육

학령기는 전환의 연속이다. 유치원에서 초등학교, 초등학교에서 중학교, 중학교에서 고등학교, 그리고 고등학교에서 고용이나 중등이후의 교육으로의 전환. 이러한 모든 전환은 긴장, 보상과 함께 오며, 이 중에서 고등학교에서 성인기라고 불리는 고용이나 중등이후교육으로의 전환만큼 어려운 것은 없을 것이다. Halpern은 이 시기를 "청소년들이 학교를 떠난 후 자신의 지역사회에서 다양한 성인의 역할들을 맡으려고 시도하는 최소한 첫 몇 년 동안 일어나는 곤경의 시기"(1992, p. 203)라고 완벽하게 정의했다. 이러한 점을 생각해 본다면, 장애청소년이 가능하면 자연스러운 전환기를 보낼 수 있도록 돕는 지원과 서비스를 계획하는 것이 중등전환의 목표라는 것은 타당하다. 졸업식 다음 날의 목표는 바로 그 전날과 다를 바 없는 것이다(Certo et al., 2008).

학생들이 당황하지 않고, 고등학교에서 성인기로의 자연스러운 전환을 달성하도록 돕기 위한 방법으로, Kohler와 Filed(2003)는 전환중심교육의 개념을 소개하였다. 전환중심교육이란 고등학교 졸업 이후의 성공을 위해 학생들을 준비시키는 것을 목표로 한다. 이는 각각의 학생들이 바라는 고등학교 졸업 이후의 목표에 따라 진행되며, '학생의 학습과 지원의 요구에 따른 학업, 진로, 전환 접근과 서비스'로 이루어진다.

Halpern은 중등전환을, 1960년대의 협력적 체험학습(work study) 프로그램과

1970년대의 진로교육운동의 뿌리가 된 '새 부대의 헌 술(old wine in new bottles)(1992, p. 202)'이라고 칭하였다. 중등전환은 공식적으로 1984년에 당시 미국 특수교육 및 재활서비스국(Office of Special Education and Rehabilitation Services)의 책임자인 Madeleine Will에 의해 장애인의 삶에서 매우 중요한 시기로서 인정되었다. 그녀는 중등전환을 고등학교에서 고용으로 이동하는 데 학생들이 이용할 수 있는 세 가지의 가능한 연결(bridge)로서 묘사하였다.

> (전환은) 고용으로 이끄는 다양한 범위의 서비스와 경험을 아우르는 성과 중심의 과정이다. 전환은 고등학교, 졸업시점, 중등이후교육과 성인서비스, 고용이 이루어진 초기 몇 년의 시간을 아우르는 시기다. 전환은 고등학교에서 제공되는 안전, 구조와 성인기 삶의 기회와 위험 사이를 연결하는 다리다. 어떠한 다리라 할지라도 양쪽 끝을 연결하는 견고한 경간과 안전한 토대를 갖추어야 한다. 학교에서 직업 그리고 성인기 삶으로의 전환은 중·고등학교에서의 온전한 준비와 함께 고등학교를 졸업하는 시점에서의 적절한 지원, 그리고 필요하다면 성인기에 제공되어야 할 충분한 기회와 서비스를 반드시 갖추어야 한다(1984, p. 2).

연결모형(bridge model)으로 알려진 Will의 정의는 다음의 세 가지 다른 연결의 경로를 포함한다.

1. 지역사회 내에 누구에게나 가능한 서비스로서, 특수한 지원이 아닌 일반서비스(예: 지역사회 내 전문대학)
2. 장애인을 위해 만들어진 서비스인 시간제한적 서비스(예: 직업재활)
3. 평생에 걸쳐 제공이 가능한 서비스인 지속적 서비스(예: 지원고용)

연결모형이 전환에 있어서 훌륭한 시작점을 제공하고 있음에도 불구하고 고등학교 졸업 이후의 삶에는 고용 이외의 영역들이 존재한다. 결과적으로, Halpern(1985)은 고등학교에서 지역사회 적응으로의 전환을 보다 확장한 대안적 모형을 소개하였다([그림 1-2] 참조). Halpern의 지역사회 적응 모형은 고용뿐만 아니라 주거 환경과 사회적/대인관계 네트워크까지를 포함한다.

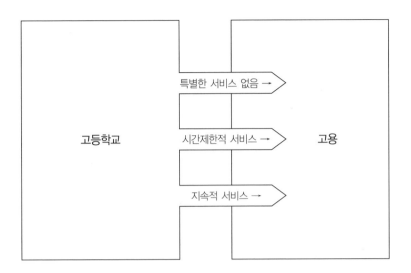

■ 그림 1-1 ■ 연결모형

출처: Will. M. (1984). Bridge from school to working life. *Programs for the Handicapped*. Washington, DC: Clearinghouse on the Handicapped.

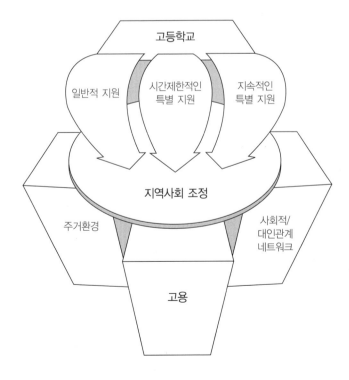

■ 그림 1-2 ■ 전환모형

출처: Halpern, A. (1985). Transition: A loot at the foundations. *Exceptional Children, 51*, 481.

Will(1984)과 Halpern(1985)이 정규 중등전환서비스의 필요성에 대한 관심을 이끌었음에도 불구하고, 장애인교육법(IDEA of 1990, PL 101-476)이 통과되기 전까지 모든 장애학생을 위한 전환서비스는 의무화되지 못하였다. 처음으로 전환서비스가 정의되며, 늦어도 16세 이전에 학생의 개별화교육프로그램에 전환 요소를 포함하도록 규정하고 있고, 필요하다면 성인서비스와 연계하여 장애청소년에게 조정된 서비스를 제공하도록 하고 있다.

1997년에 개정된 장애인교육법(IDEA Amendments of 1997, PL105-17)에서는 몇 가지 수정을 통해 전환서비스 전달이 보다 향상되었다. 첫째, 전환서비스는 관련서비스를 포함하는 것으로 확대되었다. 둘째, 개별화교육프로그램은 14세가 시작될 때 전환서비스에 대한 내용을 포함해야 한다. 마지막으로 장애청소년이 거주하는 주에서 정한 성년의 시기에 도달하기 전에 권리가 누구에게/어디로 옮겨가는지에 대해 학생에게 알리는 내용이 개별화교육프로그램에 포함되어야 한다.

IDEA 2004(PL 108-446)가 재인증되며, 전환서비스에 대한 필수 규정이 한번 강조되었다. 첫째, 전환서비스는 다음과 같이 정의된다.

> 장애학생을 위하여 성과지향적 과정 안에서 고안된 잘 짜여진 일련의 활동들로서, 학교에서 학교 이후 활동으로의 전환을 촉진하기 위하여 장애아동의 학업적, 기능적 성취 향상에 초점을 두며, 중등이후교육, 직업교육, 통합고용(지원고용 포함), 평생교육 및 성인서비스, 독립적 생활 또는 지역사회 참여를 포함하고, 아동의 강점, 선호도, 흥미를 고려한 개별아동의 요구에 기초하며, 교육, 관련서비스, 지역사회 경험, 고용 및 기타 졸업 후 성인기 생활목표 개발, 또한 적절하다면 일상생활기술 습득 및 기능적 직업평가를 포함한다(20 U.S.C. §1401[602][34]).

특히 IDEA 2004에 따르면, 직업교육은 전환서비스로 이해되어야 하며, 중등교육의 목표는 학생을 성공적인 중등이후교육과 고용, 독립적 생활을 위해 준비시키는 것이며, 학교는 모든 학생들이 고등학교를 졸업하는 시점에 수행요약(summary of performance)을 제공해야 한다. 그러나 불행하게도, IDEA 2004는 전환서비스를 시작하는 의무 시기를 기존의 14세에서 16세 이전으로 늦추었다.

그러나 각 주에서는 전환서비스를 의무적으로 시작하는 시기를 더 일찍 정할 권리가 있으며, 많은 주에서는 여전히 14세를 유지하고 있다. 따라서 독자들은 자신의 지역이 요구하는 바에 대해서 확인할 필요가 있다.

또한 IDEA 2004의 개정과 함께 책무성에 대한 절차가 새롭게 바뀌었다. 이러한 책무성절차는 각 주에서 주수행계획(state performance plan, SPP)을 작성하고 연간 수행에 대한 리포트(annual performance report, APR)를 미교육부의 특수교육국에 제공하도록 하고 있다. 미국 장애인교육법의 PART B(3~22세의 장애 학생에 대한 내용을 다루는 부분)와 관련된 20가지의 SPP/APR 수행 지표는 장애학생의 중등전환과 구체적으로 관련이 있는 다음의 4가지 자료를 포함한다. 졸업률(지표 1), 중도탈락률(지표 2), 개별화교육프로그램의 전환서비스(지표 13), 고등학교 졸업 후 중등이후 환경으로 전환하는 학생의 졸업 이후 성과(지표 14). 지표 13이 개별화교육의 전환지표이므로, 주 및 지역교육기관에서는 이러한 관련성에 대해 이해하고 있어야 한다. 지표 13은 개별 학생의 개별화교육프로그램에 다음의 내용을 포함하도록 하고 있다.

매년 개정되고 연령에 적합한 전환평가에 기초하여 수립된 적절하고 측정 가능한 중등이후의 목표와 전환서비스, 교육과정은 장애청소년들의 중등이후 목표를 달성할 수 있도록 한다. 전환서비스가 논의되는 개별화교육프로그램 팀 회의에 학생과, 가능하다면 성년에 도달한 학생 또는 그들의 부모의 사전 동의를 얻어 개별화교육프로그램 팀 회의에 참여하는 기관의 대표를 참여시켜야 하는 것은 분명하다(20 U.S.C.§1416[a][3][B]).

주 및 지역 교육기관에서 학생의 개별화교육프로그램이 지표 13에 따르고 있는지 평가하는 것을 돕기 위해, 미국 중등전환기술지원센터(NSTTAC)에서는 8가지 문항의 체크리스트를 개발하였다. 이 체크리스트는 2장에서 보다 자세히 소개된다.

⋙ 전환프로그램의 분류체계

다양한 유형의 가능한 지원과 서비스 중에서 장애학생에게 개별화된 일련의 전환서비스를 찾아서 제공해야 한다는 중요한 책임을 지우기 위해서는, 효과적인 실제를 준비하기 위한 체제를 마련하는 것이 좋다. 이를 위한 하나의 체제는 Kohler(1996)에 의해 개발된, 전환프로그램의 분류로서, 장애청소년의 고등학교 졸업 이후의 성과를 증진하기 위한 중등전환의 실제를 구조화하기 위한 응용된 체제다. 전환프로그램을 위한 분류는 프로그램 활동에 대한 메타평가, 미국 연방정부의 지원을 받아 수행된 전환프로그램(Rusch, Kohler, & Hughes, 1992), 관련 문헌연구(Kohler, 1993), 전환프로그램에 대한 분석(Kohler, DeStefano,

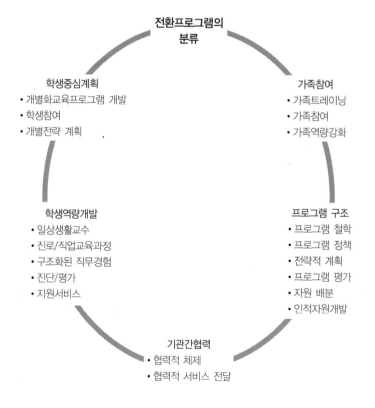

■ 그림 1-3 ■ 전환프로그램의 분류체계

출처: Kohler, P. D. (1996). *Taxonomy for transition programming* (p. 3). Champaign: University of Illinois.
핵심어: IEP, individualized education program.

Wermuth, Grayson, & McGinty, 1994), 그리고 개념적 표상(Kohler, 1996) 등을 포함한 일련의 전환 관련 연구들로부터 발전되어 만들어졌다. 그 결과로 만들어진 전환프로그램을 위한 분류는 다섯 가지의 범주로 구성되며 이 책의 각 장을 구성하기 위한 기초가 된다. 각각의 범주에 대한 설명은 다음 부분에서 제시된다. 〈표 1-1〉은 학교에서 장애학생들을 위한 전환서비스를 향상하기 위해 독자들이 생각해 볼 수 있는 반성적 질문들을 제시한다.

■ 표 1-1 ■ 전환프로그램 분류 범주에 대한 반성적 질문(reflective question)의 예

학생중심계획
- 개별화교육프로그램을 개발하기 위해서 학생과 부모는 얼마나 적극적으로 참여해야 하는가? 학생은 적극적으로 참여하기 위해 필요한 지식과 기술을 가지고 있는가? 학생의 흥미와 요구, 선호는 어떻게 결정되고 문서화되는가?
- 교육목표를 세우고 관련서비스 요구를 판별하기 위하여 학업, 인지 및 적응행동검사 정보는 얼마나 그리고 어떻게 사용되는가? 필요한 정보는 학생의 개별화교육프그램 그리고/또는 진로계획과 관련된 진로인식과 탐색 활동을 통해 얼마나 그리고 어떻게 수집되는가?
- 개별화교육프로그램(전환서비스 포함)에서 판별된 장기 및 단기 목표는 얼마나 그리고 어떻게 실행되고 평가되는가?
- 학생과 부모, 기관 관계자들이 개별화교육프로그램 회의에 적극적으로 참여하기 위하여 어떠한 전략이 사용되는가? 참여는 어떻게 측정될 수 있는가? 그 결과는 무엇인가?
- 개별화교육프로그램 과정에 대한 검토를 통해 책임은 얼마나 그리고 어떻게 부여되는가? 판별된 서비스들은 얼마나 제공되지 않았는가? 제공되기로 결정된 서비스와 실제 제공된 서비스 간의 차이는 어떠한 절차를 통해 확인할 수 있는가?

학생역량개발
- 학생은 작업과 관련된 특정 프로그램에 얼마나 등록하고 완수하였는가? 학생은 작업 프로그램에 접근하고 참여하는 것을 지원하는 어떠한 특정 서비스를 받았는가? 그들이 필요로 하는 서비스 중에 어떠한 것을 받지 못하였는가?
- 개별화교육프로그램 개발 시에 어떠한 진단정보가 수집되고 활용되었는가? 학생의 교육프로그램과 서비스를 계획하는 데 이 정보가 어떻게 수집되고 사용되었는가? 정보를 수집하고 구성하기 위하여 학생의 포트폴리오가 사용되었는가? 여기에는 어떠한 정보가 포함되어 있는가?
- 고등학교 재학 기간에 장애학생이 참여한 유급고용경험이 얼마나 되는가? 어떠한 직무 분야에 고용되었는가?
- 사회적 상호작용, 자기결정, 그리고 독립적 생활과 관련된 기술을 가르치기 위해서 어떠한 교육과정 또는 전략이 사용되었는가? 이러한 교육과정은 얼마나 효과적인가? 학생들의 기술은 어떻게 측정되는가?
- 직업과 관련된 학생조직 또는 기타 정규교과와 관련된 활동이나 특별활동에서 학생들에 대한 모집이 이루어지는가? 얼마나 참여하는가?

기관간협력

• 다양한 교과담당(예: 직업교육, 특수교육)과 서비스기관(예: 교육기관, 재활기관)에서는 학생의 진단정보를 어디까지 그리고 어떻게 조정하고 수집하고 공유하는가?

• 학생의 지역사회 내에 지역사회수준의 서비스 이슈들을 논의할 수 있는 지역사회 조정협의체가 얼마나 있는가?

• 얼마나 많은 학교가 지역의 재활기관과 최신의 협력 계약을 체결하고 있는가? 재활상담자는 학교에서 학생들과 얼마나 만나는가? 재활상담자는 학생의 개별화교육프로그램 회의에 얼마나 적극적으로 참여하는가? 얼마나 많은 학생들이 재활서비스를 받고 있는가? 얼마나 많은 서비스, 그리고 어떠한 서비스가 향후에 제공되도록 예정되어 있는가?

가족참여

• 장애학생의 부모 또는 가족들은 얼마나 그리고 어떻게 전문성개발활동과 프로그램계획, 실행, 평가 과정에 참여하고 있는가? 전환관련교육과 서비스를 제공하는 데 있어서 가족 구성원들은 어떠한 역할을 수행하는가? 가족구성원들을 모집하고 참여하도록 하기 위해 어떠한 전략이 사용되는가?

• 장애학생의 부모 또는 가족들은 전문성개발활동과 프로그램계획, 실행, 평가 과정에 참여하며 얼마나 만족해하는가? 부모와 가족들은 전환중심교육과 서비스의 효과에 대해 어떻게 생각하는가?

• 가족과 부모는 얼마나 많은 트레이닝 참여 기회를 가지는가? 부모의 지식과 기술을 증진함에 있어서 얼마나 효과적인가? 이러한 활동들은 부모와 가족들이 전환관련교육과 서비스 전달에 관여하는 데 얼마나 긍정적인 영향을 미치는가?

프로그램 구조와 속성

• 학생의 졸업 이후 성과는 측정되는가? 고용과 독립적 생활, 사회성과 여가, 지역사회 참여와 관련하여 학생들은 어떠한 성과를 달성하는가?

• 학교가 학생들의 졸업 이후 성과에 대한 책무성을 갖도록 하기 위해 어떠한 인센티브(또는 저해요소)가 주어지는가? 학생 성과는 얼마나 그리고 어떻게 점검되며 질적인 보증 절차는 어떠한가?

• 전환과 관련된 교사 역량은 교원자격 표준(예: 자기결정을 가르칠 수 있는 능력, IEP 계획에 학생을 적극적으로 참여하도록 촉진하기 위한 전략, 재활 또는 성인서비스 시스템에 대한 이해, 재활상담자와 성인기관 담당자와 협력하기 위한 능력)에 얼마나 그리고 어떻게 포함되어 있는가? 연수중이거나 초임교사(일반교과, 특수, 직업교사 포함)는 이러한 역량을 갖추고 있는가?

• 주 또는 지역 교육청의 비전에는 전환중심교육의 철학이 얼마나 반영되어 있는가? 장애학생들에 대해 학교는 어떠한 기대를 하고 있는가?

• 지역 수준에서 전환서비스는 어떻게 인식되고 있는가(구체적으로 정의되었는가 아니면 폭넓게 해석되는가)? 폭넓은 전환의 개념을 적용하는 데 어떠한 방해요소가 있는가? 주의 전환과 학교–직장 연계 계획은 어떻게 인식되고 지역수준에서 어떻게 실행되고 있는가(예: 분리, 경쟁/상충적, 평행적, 통합적)?

출처: Kohler, P. D. (1996). *Taxonomy for transition planning*. Champaign: University of Illinois.

학생중심계획

학생중심계획의 실제는 학생의 학교 졸업 이후의 목표에 기초한 개별화교육 프로그램을 개발하기 위해 진단/평가로부터 얻은 정보를 활용하고 학생의 자기결정을 촉진하는 것을 포함한다. IEP 개발, 학생참여, 계획 전략이 주요 요소다. 이 범주와 관련된 교수전략은 2장과 5장에 자세히 소개된다.

학생역량개발

학생역량개발(Student Development)의 실제는 생활, 고용, 그리고 학교기반 또는 직무기반 학습경험을 통한 작업기술개발을 강조한다. 학생에 대한 평가와 편의를 이한 조정은 성공적인 전환으로 이끄는 학생개발을 위한 근본적인 기초다. 전환기술과 학업적 기술에 대한 학생 평가와 교수 두 가지를 모두 포함하기 때문이 이는 매우 중요한 범주다. 이 범주와 관련된 교수 전략은 2장, 4장 그리고 6장부터 8장까지 소개된다.

기관간협력

기관간협력의 실제는 전환중심교육의 모든 측면에서 지역사회 사업체나 관련 기관과 조직의 참여를 촉진한다. 이 범주에서의 전략들은 협력을 증진하기 위한 프로그램과 교육과정을 강화하기 위하여, 역할과 책임, 의사소통 전략과 기타 협력적 실천에 대해서 명확하게 명시된 기관 간 합의서를 만드는 것을 포함한다.

가족참여

가족참여의 실제는 전환서비스와 교육을 계획하고 제공하는 데 있어서의 부모 및 가족의 참여와 관련된다. 가족중심의 훈련과 가족역량강화활동은 교육자 및 기타 서비스 제공자들과 효율적으로 일하기 위한 가족 구성원의 역량을 개발하고 증진시킨다.

프로그램 구조

프로그램 구조는 철학, 계획, 정책, 평가, 인적자원 개발을 포함한 전환중심교육과 서비스의 효율적이고 효과적인 전달과 관련된다. 학교의 구조는 전환중심교육의 실제를 실천하기 위한 체제를 제시한다.

비록 이 책이 기관간협력, 가족참여, 그리고 프로그램 구조 분류 범주들에 직접적으로 초점을 맞추고 있지는 않지만, 이러한 범주가 제대로 돌아가지 않는다면, 나머지 장들에서 다루고 있는 진단평가와 교수적 실제는 실행될 수 없을 것이다.

🕊 전환중심교육과 표준중심교육

전환서비스는 법에 의해서 의무화되었고 장애학생이 그들이 바라는 고등학교 졸업 이후의 성과를 달성하도록 돕기 위한 한편으로는 결정적으로 중요한 지원임에도 불구하고, 고부담시험, 높아진 졸업 요건, 공통 표준 등의 표준중심교육을 지향하는 움직임은 양질의 전환 서비스를 제공하는 데 있어서 종종 장애물로 작용한다. 그러나 전환중심교육은 학업적 학교목표와 전환관련 학교목표 간의 명백한 거리를 좁힐 수 있다. Kochhar-Bryant와 Bassett은 전환중심교육이 모든 학생이 그들이 정한 졸업 이후의 목표를 달성하는 데 필요한 현행 교육과정과 지원을 고려하는 의사결정체제로서 사용될 수 있다고 제안한다.

전환은 시각과 끝이 있는 프로젝트나 단지 일련의 활동이 아니다. 이는 잠재성 개발을 위해 계획하기 위한 개인적 그리고 체제적 틀에 대한 무한한 잠재력을 펼치기 위한 비전과 목표다(2002, p. 19).

학교들이 전환중심교육을 채택한다면, 모든 학생들의 이러한 목표가 달성될 수 있다.

1980년대에 처음 보고된 이후부터, 장애학생의 교육, 고용, 독립적 생활 영역에서의 고등학교 졸업 이후 성과는 그들의 비장애 또래와 비교해서 지속적으로 뒤처져 왔다(Blackorby, Wagner, 1996; Wagner, Newman, Cameto, Garza, & Levine,

2005). 예를 들어, 고등학교 졸업 후 4년 이내에 고등교육을 받는 비율이 장애학
생은 45%인 데 반해 비장애학생은 53%였다. 고용과 관련해서는, 57%의 장애학
생이 고등학교를 졸업하는 시점에서 취업이 되었고, 비장애학생의 경우에는 그
비율이 67%였다. 또한 25%의 장애청소년이 독립적인 생활을 하는 것에 비해
28%의 비장애 청소년들의 경우 25%가 독립적 생활을 하는 것으로 보고되었다
(Newman, Wagner, Cameto, & Knokey, 2009). 장애청소년의 고등학교 졸업 이후
의 성과는 여전히 향상되어야 할 부분이 많다. 이러한 문제를 해결하기 위한 한
가지 방안이 바로 증거기반의 교수적 실제를 활용하는 것이다.

　증거기반의 실제란 교사가 과학적으로 검증된 교수전략을
사용하도록 명시한 교육법률을 제정한 결과물이다. 우선 2001
년에 제정된 아동낙오방지법(No Child Left Behind, NCLB)(PL
107-110)은 학교는 모든 학생이 과학적인 방법에 기반한 연구
로부터 도출된 효과적인 교수전략에 접근할 수 있도록 해야 한
다고 명시하고 있다. 과학적 방법에 기반한 연구란 '교육활동
및 프로그램과 관련된 신뢰롭고 명백한 지식을 얻기 위해 엄격
하고 체계적이며, 객관적인 절차'를 적용한 연구로 정의된다
(20 U.S.C.§7901[37]). 다음으로 미국장애인교육법은 장애학생을
위한 과학적으로 검증된 교수의 사용을 위해 이를 강조하고 있
다. 법률 제정과 더불어, 미국특수아동학회(Council for
Exceptiaon Children)의 공식 학술지인 『Exceptional Children』의 특별호에서
Odom 등(2005)이 질적으로 우수한 연구에서 그 효과가 검증된 교육적 실제를
의미하는 증거기반실제라는 용어를 사용하였다. 같은 호에서 Horner 등은 실제
를 "측정 가능한 교육적, 사회적, 행동적, 신체적 혜택을 가져올 수 있을 것이라
는 기대를 가지고 개발된…… 교육과정, 행동중재, 체제, 변화, 그리고 교육적
접근"이라고 정의하였다(2005, p. 175).

　이것이 학교와 교사들에게 의미하는 바는 아동낙오방지법과 장애인교육법의
필수 요건을 충족시키기 위해서, 학생들에게 적용될 교수적 실제는 높은 질적
수준의 실험 연구에 근거해야 한다는 것이다. 역시 『Exceptional Children』의
특별호에서 소개된 것으로, Gersten 등(2005)은 집단 또는 준실험연구설계를 위
한 질적 지표를 제안하였고, Horner 등(2005)은 판별된 64가지의 중등전환을

Hasazi, Gordon과 Roe의 연구(1985)는 고등학교 졸업 이후의 성과를 다룬 1980년대의 연구 중 하나다. 이 연구에서는 50~60%의 장애학생이 고용되긴 하지만, 풀타임 근로자로 취업하는 경우는 20~30%에 불과하다고 보고했다. 그리고 장애학생의 약 50% 정도는 최저 임금 또는 그 이하를 받고 있으며, 대부분은 급여 이외의 부가적 혜택을 받고 있지 못하다고 보고했다.

■ 표 1-2 ■ 전환프로그램의 분류에 따른 증거기반실제

학생중심계획
IEP 회의에 학생의 참여를 촉진하기 위한 확인하고 연계하기(check & connect) 전략
IEP 회의에 학생이 참여하도록 가르치기 위한 컴퓨터보조교수(computer-assisted instruction, CAI)
IEP에서 학생이 참여하도록 가르치기 위한 이미 발행된 교육과정(published curricular)을 활용
IEP 회의에 학생이 참여하도록 가르치기 위한 자기옹호전략
IEP 회의에 학생이 참여하도록 가르치기 위한 자기주도적 IEP
전환계획 지식을 가르치기 위한 누구의 미래인가(whose future is it anyway?) 교육과정

학생역량개발
기능적 생활기술 교수를 위한 후방연쇄법(backward chaining)
음식준비, 요리, 마트쇼핑기술, 그리고 특정직무 기술 교수를 위한 컴퓨터보조교수
학업기술 교수를 위한 테크놀로지 활용
은행업무, 마트쇼핑, 지역사회 통합, 구매, 안전, 의사소통, 고용기술 교수를 위한 지역사회중심 교수(community-based instruction)
은행업무, 음식준비, 요리, 기능적 생활기술, 여가기술, 특정업무기술 교수를 위한 고정시간지연법(constant time delay)
재정관리기술을 촉진하기 위한 고등학교 졸업 이후에 진로계획서비스 연장
가정관리기술 교수를 위한 전방연쇄법(forward chaining)
돈계산 및 구매기술을 가르치기 위한 하나 더 전략(one more than strategy)
학업기술을 가르치기 위한 또래교수(peer-assisted instruction) 전략
구매, 요리, 기능적 생활기술 교수를 위한 점진적 시간지연법(progressive time delay)
음식준비, 요리, 마트쇼핑, 가정관리, 세탁하기, 여가기술, 구매, 일견단어읽기, 사회성 및 고용기술 증진을 위한 반응촉진 전략
취업을 위한 지원 및 학업기술 교수를 위한 연상을 통한 기억법(mnemonics)
구매기술 교수를 위한 고정된 그림촉진 전략
음식준비, 요리, 가정관리기술을 가르치기 위한 비디오모델링
학업기술, 사회성 및 특정직무기술 교수를 위한 자기관리교수(self-management instruction)
기능적 생활기술 교수를 위한 자기점검교수(self-monitoring instruction)
은행업무, 구매, 사회성기술 교수를 위한 시뮬레이션 활용
음식준비, 요리, 마트쇼핑, 구매, 안전, 기능적 생활기술, 의사소통, 특정직무기술 교수를 위한 최소-최대촉진체계 활용
기능적 생활기술 교수를 위한 최대-최소촉진체계 활용
기능적 생활기술 교수를 위한 전체과제연쇄법
자기결정기술 교수를 위한 누구의 미래인가(whose future is it anyway?) 교육과정

가족참여
전환 절차에 부모의 참여를 촉진하기 위한 트레이닝 모듈 활용

프로그램 구조와 속성

IEP 회의에 학생의 참여를 촉진하기 위한 확인하고 연계하기(check & connect) 전략

은행업무, 마트쇼핑, 지역사회 통합, 구매, 안전, 의사소통, 고용기술 교수를 위한 지역사회중
  심교수

재정관리기술을 촉진하기 위한 고등학교 졸업 이후에 진로계획서비스 연장

출처: Kohler, P. D. (1996). *Taxonomy for transition planning*. Champaign: University of Illinois.

위한 실제를 검토하였다. 〈표 1-2〉는 전환프로그램을 위한 분류에 의해 범주화
된 중등전환의 증거기반실제에 대한 목록을 제시하고 있다.

이러한 증거기반의 실제가 학생들에게 특정 전환관련 기술
을 가르치기 위해서 고안되었음에도 불구하고 실험연구들은
이러한 기술이 고등학교 졸업 이후의 성과에 어떠한 영향을 미
치는지에 대해서는 측정하고 있지 않다. Test, Mazzoti와 동료
들(2009c)은 교육, 고용, 독립적 생활에서의 고등학교 졸업 이
후의 성과를 증진하는 것과 상관이 있는 증거기반의 예측변인
들을 판별하기 위하여 중등전환영역에서 수행된 엄격한 상관
연구를 포함하는 두 번째 문헌연구를 수행하였다. 이 문헌연

> 고등학교 졸업 이후의 성공에 대
> 한 16가지 예측요인 중에서 교육,
> 고용, 독립적 생활 등 3가지 영역
> 모두에서 효과가 입증된 4가지 요
> 인은 통합교육, 유급고용 경험, 자
> 조기술/독립적 생활, 그리고 학생
> 지원이다. 다른 범주에서에서도
> 더 많은 후속 연구가 필요하다.

구의 결과에 기초하여 16가지 증거기반의, 졸업 후의 성과를 예측할 수 있는 학
교 재학 중의 변인들이 판별되었다(〈표 1-3〉 참조). 이러한 증거기반의 교수적
실제와 예측변인들은 교육자들이 양질의 전환중심교육 프로그램을 개발하는 것
을 돕기 위한 자료를 제공한다. 이는 이 책의 전반에 걸쳐 제시된 모든 실제들을
위한 기초로서의 역할을 한다.

Test, Fowler 등(2009a)에 의해 개발된 증거기반의 중등전환실제는 후속 연구
에 대해 다음과 같은 제안을 한다. 첫째, 후속연구는 집단 또는 단일대상연구를
위한 질적 지표를 충족시켜야 할 필요가 있다. 몇몇 실제들은 높은 수준의 연구
를 통한 직접적인 결과로 확인되지 못하였다. 예를 들어, 많은 전환 관련 기술
(예: 신체적 건강, 여행, 재정 관리, 건강한 생활)은 연구를 통해 검증된 근거가 전혀
없다. 둘째, 질적으로 우수한 연구가 모든 분류의 범주에서 수행될 필요가 있지
만, 가족참여와 기관간협력에 대한 실험 연구는 특히 더 중요하다. 마지막으로,
증거기반의 교수전략과 고용, 교육, 삶의 질과 같은 고등학교 졸업 이후의 성과
의 증진 사이의 관계를 확인할 수 있는 연구가 필요하다.

■ 표 1-3 ■ 성공적인 고등학교 졸업 이후 삶에 대한 근거기반의 학령기 지표들

지표/성과	교육	고용	독립적 생활
진로인식	×	×	
지역사회경험		×	
고등학교 졸업의 학력		×	
통합교육	×		×
기관간협력	×	×	
직업/작업 관련 수업	×	×	
유급고용/직무 경험	×	×	×
부모의 참여		×	
교육과정		×	
자기옹호/자기결정	×	×	
자조기술 및 일상생활기술	×	×	×
사회성기술	×	×	
학생지원	×	×	×
전환프로그램	×	×	
직업교육	×	×	
직업-학교연계		×	

➤ 이 책의 전체 개요

이 책의 목적은 학생들을 실제로 가르치는 현장전문가들에게 장애학생들에게 중등전환기술을 가르치기 위한 증거기반의 실제에 대한 하나의 정보를 제공하는 데 있다. 이 장은 증거기반의 중등전환실제를 구성하는 체제로서 전환중심교육과 전환프로그램을 위한 분류를 적용하는 것에 대한 당위성을 제시한다. 2장은 IEP와 관련 전환서비스와 교수를 개발하기 위한 전환 평가 자료를 수집하기 위한 특정 전략들에 대해 소개한다. 그리고 3장에서는 전환기술을 교수하기 위해 사용할 수 있는 간단한 전략들을 다룬다. 4장은 학생들이 중등전환기술을 얼마나 학습하였는지를 평가하기 위하여 자료를 수집하기 위한 유용한 방법들을 제시한다. 그리고 나머지 장에서는 학생중심계획(5장), 고용기술(6장), 일상생활기술(7장), 학업기술(8장) 영역에서의 증거기반실제에 대해 이야기한다. 5장부터

8장에서는 사례실제와 교수학습계획안 개발도우미(research-to-practice lesson plan starter)[1]를 제시한다. 모든 주와 지역 교육청의 의무사항을 충족시키는 교수학습계획안을 작성하는 것은 불가능하기 때문에, 교수학습계획안 개발도우미는 교사들에게 교수목표와 교수자료, 수업내용, 교수절차와 평가전략 등 교수학습계획안을 개발하는 데 필요한 기본적인 정보를 제공한다. 교수학습계획안 개발도우미의 모든 자료는 증거기반실제를 수립하기 위해 Test, Fowler 등(2009a)에 사용된 간행 연구물 중 하나에서 직접 발췌하였다. 결과적으로 현장전문가들은 그들의 학생들의 중등전환요구를 측정하고 개별화교육프로그램의 교수목표를 수립하고 증거기반의 교수학습계획안을 개발하고 실행하며, 교수의 효과를 평가하기 위한 정보에 접근할 수 있을 것이다.

⟫ 관련 정보

주(State) 수행계획 및 연간 수행리포트 지표(SPP/APR Indicators)

• 미국 장애학생중도탈락예방센터(National Dropout Prevention Center for Students with Disabilities)

http://www.dropoutprevention.org

연방정부에 의한 지원이 이루어지는 기술지원센터로 주정부에서 학생들의 졸업률을 향상시키고 중도탈락을 예방하도록 지원한다.

• 미국 중등전환기술지원센터(National Secondary Transition Technical Assistant Center)

http://www.nsttac.org

연방정부에 의한 지원이 이루어지는 기술지원센터로 주정부에서 학생들의

---

1 미국 중등전환기술지원센터(http://www.nsttac.org/content/lesson-plan-starters)에서 제공하는 교수학습계획안의 샘플로 중등전환 분야(학생중심계획, 고용기술, 생활기술, 프로그램구조)에서 이루어진 연구들을 검토하여 판별해 낸 증거기반의 교수전략을 활용하는 수업을 계획하고 실행하기 위한 자료다. 이 책에서는 '교수학습계획안 개발도우미'라고 번역되었다.

개별화교육프로그램에 포함된 전환요소들을 증진시키도록 지원한다.

• 미국 고등학교 졸업 이후 성과 센터(National Post-School Outcomes Center)

http://www.psocenter.org

연방정부에 의한 지원이 이루어지는 기술지원센터로 주정부에서 장애청소년의 고등학교 졸업 이후의 성과를 수집하기 위한 자료수집체계를 개발하도록 지원한다.

졸업 이후 성과

• 미국 종단전환연구 2(National Longitudinal Transition Survey 2)

http://www.nlts2.org

이 웹사이트는 미국 전역의 13~16세에 해당하는 12,000명 청소년의 고등학교 졸업 이후의 성과에 대한 약 10년간의 연구 결과를 담고 있다. 부모, 청소년, 학교로부터 수집된 정보로 초기 성인기로의 전환이 이루어지는 시기에 청소년들이 경험하고 성취한 것에 대한 큰 그림을 제시한다.

증거기반실제

Cook, B. G., Tankersley, M., Cook, L., & Landrum, T. J. (2008). Evidence-based practices in special education: Some practical considerations. *Intervention in School and Clinic, 44*(2), 69-75.

증거기반실제에 대한 설명을 제공한다.

전환과 표준중심교육과의 연계

Kochhar-Bryant, C. A., & Bassett, D. S. (2002). Challenge and promise in aligning transition and standards-based education. In C.A. Kochhar-Bryant & D.S. Bassett (Eds.), *Aligning transition and standards-based education: Issues and strategies* (pp. 1-24). Arlington, VA: Council for Exceptional Children.

표준중심교육에 대한 기본 배경과 중등전환을 표준중심교육에 맞추어 조정하기
위한 전략을 제공한다.

02
전환평가

Dawn A. Rowe, Larry Kortering, & David W. Test

전환평가는 전환프로그램을 위한 분류체계(Kohler, 1996)에서의 학생역량개발에 포함되며, 장애학생의 중등전환 영역에서의 강점과 요구를 파악하는 데 목표를 둔다. 전환평가는 학업, 인지, 적응행동 평가뿐만 아니라 교육과정중심 및 상황중심 직업평가를 모두 포함하는 학생역량개발의 특정한 하위 범주다. 이 장에서는 루크(Luke)와 재클린(Jacqueline)의 두 사례를 통해 전환평가가 중등이후목표 작성, 적절한 전환평가의 선택, 중등이후의 목표를 지원하기 위한 연간 개별화교육프로그램의 목표 작성, 그리고 중등전환에서의 장애학생을 위한 교육프로그램 개발을 위해 어떻게 활용되는지 제시할 것이다.

➡ 루크

루크는 읽기에서 특정학습장애를 가진 16세 소년이다. 현재 일반 고등학교 2학년에 재학 중이다. 그는 친절하며, 학교나 지역사회에 적극적으로 참여한다. 루크는 현재 학생회 회계를 맡고 있고 친구들과 함께 인근 라켓볼 리그에서 운동을 하고 있다. 또한 교회의 청년그룹 활동에도 정기적으로 참석한다. 여가 시간에 TV로 또는 직접 야구, 하키, 풋볼과 같은 운동경기를 관람하는 것을 좋아한다. 여름에는 동네 마트에서 파트타임으로 아르바이트를 했고, 차를 구입하기 위해 저축을 하였다. 그는 제시간에 숙제를 마치고 개근을 하기 위해 여가 활동을 성공적으로 조정해 왔다. 루크의 고등학교 졸업 후의 계획은 여행이나 관광 분야에서 일을 하는 것이다.

◆ 재클린

　　재클린은 18세 여성이고 중도중복장애를 가지고 있다(지적 및 지체장애). 현재 일반 고등학교 3학년에 재학 중인데 바로 졸업하지 않고 21세까지 졸업을 미루고 고등학교에 남아 있을 것이다. 재클린은 학교에서 마련한 몇몇 사회 활동과 학업 활동에 그녀의 비장애 친구들과 함께 참여하고 있다. 부모님에 의하면 집에서는 TV를 보거나 오디오북 또는 음악 듣는 것을 즐긴다고 한다. 학교 밖의 지역사회 활동에는 참여하고 있지 않다. 재클린의 가족들은 재클린이 고등학교 졸업 후에 성인주간보호 센터에서 공부와 훈련을 계속하기를 바란다.

　　루크와 재클린이 고등학교를 졸업한 이후의 새로운 시도를 할 수 있도록 이들을 준비시키기 위해서는 전환이 강화된 개별화교육프로그램이 필요하다. 전환이 강화된 개별화교육프로그램은 전환평가와 현행수준을 확인하는 것으로 시작한다. 전환평가를 실시하고 현행수준을 써 봄으로써 전환이 강화된 개별화교육프로그램의 다른 요소들도 제자리를 잡기 시작한다([그림 2-1] 참조).

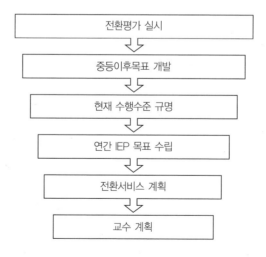

■ 그림 2-1 ■ 전환계획 과정의 절차

출처: Mazzotti et al., 2009.
핵심어: IEP, individual education program.

🕊️ 전환평가: 개별화 전환교육프로그램의 핵심

　전환이 강화된 개별화교육프로그램은 철저하고 지속적인 전환평가의 결과로서, 적절한 중등이후의 교육과 전환서비스, 그리고 연간 개별화교육프로그램의 목표로 이끈다. 이는 전환계획 절차에 있어서의 시작점이라고도 할 수 있다([그림 2-2] 참조). 전환평가는 현행 수준이 어떠한지 판별하고 측정 가능한 중등이후의 목표를 기술하며, 적절한 전환서비스가 무엇인지 찾아내고, 학생의 중등이후의 목표를 달성하는 것을 돕기 위한 연간 개별화교육프로그램을 개발하기 위한 첫 번째 단계이기 때문에, 전환중심의 개별화교육프로그램을 개발하는 데 있어서 매우 중요하다.

　전환평가의 가장 중요한 목표는 학생이 충분히 설명을 듣고 필요한 정보를 가지고 선택을 하도록 도움으로써 자신에 대한 이해를 기르고, 전환 절차에서 역할을 담당하며, 고등학교 졸업 이후의 환경에서 필요한 기술을 이해하는 것이다. 다음은 전환평가를 선택하고 실시할 때 고려해야 할 길잡이 질문이다(Colorado Department of Education, 2001).

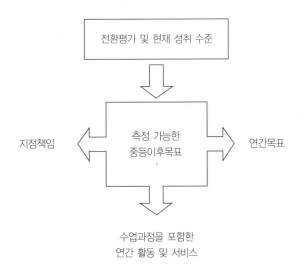

■ 그림 2-2 ■　전환중심의 개별화교육프로그램

출처: Mazzotti, V. (2007, January). *Transition-rich IEPs*. Ft. Worth, TX.

1. 현재 학생은 어디에 있는가?
2. 학생은 어디로 가고 있는가?
3. 어떻게 그곳에 이르게 할 수 있는가?

전환평가의 개념 및 유형

Sitlington, Neubert와 Leconte(1997)는 전환평가를 미래의 학습, 생활, 고용 환경에 대한 학생의 강점, 선호, 흥미, 요구에 대한 정보를 수집하기 위한 지속적인 과정이라고 정의하였다. 전환평가는 학교에서 성인기로의 전환과 관련된 모든 영역을 아우르는 방대한 개념으로, 진로 및 직업 평가, 학업평가, 지역사회 적응, 독립적 생활을 포함한다. 1992년에 개정된 재활법(Rehabilitation Act Amendments, PL 102-569), 장애인교육법(IDEA of 1990, PL 101-476), 퍼킨스직업교육법(Carl D. Perkins Vocational and Applied Technology Education Act, PL 101-392), 직무훈련개혁법(Job Training Reform Amendments, PL 102-367), 그리고 학교-직장연계법(School-to-Work Opportunity Act of 1994, PL 103-239)은 전환평가를 촉진하고 가능하도록 한 과거의 법과 정책들이다.

미국 장애인교육향상법(Individuals with Disabilities Education Improvement Act of 2004, PL 108-446)에서는 모든 학생들이 16세 이전에 중등이후의 목표를 달성할 수 있도록, 조정되고 측정 가능한 연간목표와 전환서비스를 포함한 개별화교육프로그램을 가져야 한다고 규정하고 있다. 이러한 규정을 충족하기 위해, 교사는 학생의 현재 그리고 미래의 직무, 교육, 생활, 개인적 그리고 사회적 환경에 대한 어려움과 관계된 학생의 강점과 선호, 흥미와 요구에 대한 정보를 수집하는 전환평가 절차를 시작해야만 한다.

주요 평가영역에는 흥미, 선호, 인지적 발달, 학업적 수행, 적응행동, 대인관계기술, 정서/정신발달, 일반적 또는 특별한 고용능력, 지역사회 참여(Sitlington & Clark, 2007) 등이 있다. 또한 매일 매일의 출석 기록이나 고부담시험에서의 수행(예: 수업 과정 마지막에 치르는 시험, 수학능력시험), 직무-또는 훈련-기반

(학생이 16세가 되었을 때, 또는 IEP 팀이 적절하다고 판단하면 더 이른 시기에) 작성되는 첫 번째 IEP 이전에 시작하여 매년 개정이 이루어져야 하고, IEP에는 훈련, 교육, 고용, 그리고 (필요하다면) 독립생활기술과 관련된 나이에 적합한 전환평가에 기반하여 적절하고 측정 가능한 중등이후목표를 포함해야 한다.

수행평가, 그리고 관련 기타 지표들은 유용한 정보를 제공한다.

　전환평가가 전환계획 과정에서의 장을 열기 위한 정보의 기초를 제공함에도 불구하고, 평가자료는 학생의 강점, 요구, 그리고 선호를 판별하기 위한 형식적, 비형식적 검사를 활용하는 다학문적 팀접근에 기반하여 지속적으로 수집되어야 한다고 추천된다(Neubert, 2003). 사실, 학생은 근로자로서의 정체성을 찾고 초등학교 정도의 시기부터 직업세계에 대한 일반적인 이해를 갖추어야 한다고 제안되어 왔다(Porfeli, Hartung, & Vondracek, 2008). 그러나 미국 내 많은 주들에서는 연방법에서 전환계획을 의무화할 때 16세에 시작하는 옵션을 선택하였다.

　평가 절차를 시작하는 것은 학생들로 하여금 그들이 누구인지, 어떠한 삶을 살고 싶은지에 대해 이해하기 위한 시간을 허용하는 것이다. 중학교에서의 전환평가는 학생들이 일반적인 고용기술(예: 출석/출근, 시간엄수/꼼꼼함, 책임감)의 중요성을 경험함으로써 자신의 흥미와 재능에 대해 이해할 수 있도록 돕기 위한 과정을 시작한다. 이 과정은 학생이 자신의 흥미와 선호가 무엇인지 확인하고, 직업과 지역사회 활동에 대해 인식하며, 지원과 편의를 위한 조정을 결정하고, 잠정적인 중등이후의 목표를 수립해 나가도록 돕는 발전적인 과정이다. 고등학교에서 전환평가는 학생들의 잠재적인 직업, 중등이후의 교육, 독립생활 환경에 대해 탐색하고 자신의 흥미와 선호에 대해 구체적으로 파악해 나갈 수 있도록 하는 단계다. 이러한 일련의 기술은 특정 진로와 관련된 기술 또는 고용을 가능케 하는 특정기술에 대한 개발을 포함한다.

　평가 정보는 또한 학생들이 자신의 요구와 선호, 그리고 흥미에 대해서 고용주, 중등이후교육 기관의 교수자, 그리고 지역사회 또는 성인서비스 기관의 담당자에게 분명히 표현하는 데 도움이 된다. 학생들이 졸업을 할 때, 평가 자료는 중등교육이후의 적절한 지원서비스를 계획하고 제공하는 성인서비스 제공자들에게도 유용하다(Clark, 1996; Levinson, 1994). 전환평가는 일반적으로 형식적 그리고 비형식적 평가를 모두 포함한다.

형식적 평가

　형식적 평가는 평가도구에 대한 신뢰도와 타당도 검증이 이루어진 표준화된 도구다(Walker, Fowler, Kortering, & Rowe, 2010). 형식적 검사의 장점 중 한 가지는 규준(즉 비교) 집단과 전문적인 매뉴얼이 있다는 것이다. 예를 들어, 적성이나 홍미검사의 경우, 규준 집단을 가지는 것은 학생의 수행이나 측정된 홍미의 정도를 또래 그룹, 즉 그 직업을 가지기 위해 경쟁해야 하는 사람들 또는 특정 그룹의 수행수준과 비교할 수 있다는 것이다. 예를 들어, 기계 관련 직업(예: 건설, 목공)에 홍미를 가진 학생은 그 직업에 대한 자신의 적성을 전문대학, 기술훈련프로그램, 또는 기계 관련 직업을 가진 사람들과 비교하여 평가할 수 있다. 또한, 전문적인 매뉴얼은 검사의 개발과 관련된 정보, 권장 이용 방법, 관련 자료들을 제공한다. 이러한 정보는 검사도구의 전반적인 질을 평가하는 데 도움이 된다.

많이 이용되는 대중적인 형식적 홍미검사로는 진로의사결정시스템(Harrionton-O' Shea Career Decision Making System)(Harriongton & O' Shea, 2000), 크루더 진로계획시스템(Kruder Career Planning System)(Luzzo, Rottinghaus, & Zytowski, 2006), 진로탐색검사(Self-Directed Search)(Holland, 1994, 1996; Holland & Powell, 1994), 직업홍미검사(Glutting & Wilkinson, 2003) 등이 있다. 다른 유형의 형식적 검사도구로는 우드콕-존슨성취검사(Woodcock-Johnson III Tests of Achievement)(Woodcock, McGrew, & Mather, 2000)와 같은 학업성취검사, 바인랜드 적응행동척도(Vineland Adaptive Behavior Scale)(Sparrow, Gicchetti, & Balla, 2005)와 같은 적응행동검사, 작업적성설문과 홍미검사(Occupational Aptitude Survey and Interest Schedule)(Parker, 2002), 군직업적성검사(Armed Services Vocational Aptitude Battery)(U.S. Department of Defence, 2005), 베넷기술이해검사(Bennet Mechanical Comprehension Test)(Bettent, 2006), 위센기술이해검사(Wiesen Test of Mechanical Comprehension)(Wiesen, 1997) 등과 같은 일반적 또는 특정 적성검사가 있다. 또한 마이어스-브릭스 성격유형지표(Myers-Briggs Type Indicator) (Myers & Briggs, 1998)와 같은 형식적 검사는 학생의 성격에 대한 정보를, 작업적응검사(Gilliam, 1994)와 같은 형식적 검사는 직무에 대한 학생의 적응 능력을, 베커작업적응검사(Becker' s Work Adjustment Profile)(Becher, 2000), 직업 관찰 및 행동 평가(Job Observation and Behavior Scale)(Rosenburg & Brady, 2000), 직업탐색태도검사(Job Search Attitude Survey)(Liptak, 2006), 직업성격검사(Work Personality Profile)(Neath & Bolton, 2008)와 같은 검사는 일반적 또는 특정 직무에서의 수행에 대한 정보를 제공한다.

비형식적 평가

비형식적 평가는 상대적으로 주관적이므로, 측정의 타당도를 높이기 위하여 다양한 관찰자에 의해 여러 차례 평가가 이루어지도록 하고 있다. 비형식적 평가에는 지필시험과 관찰, 면담, 환경분석, 교육과정중심평가 등이 있다(Walker et al., 2010). 비형식적 평가의 큰 장점은 비용이 저렴하고 사용하기 쉽다. 생활기술검사(Ansell-Casey Life Skill Assessment)(Ansell & Casey Family Programs, 2009)와 아이트랜지션(iTransition)(Postsecondary Education Programs Network, 2008)과 같은 몇몇 검사도구는 온라인에서 구할 수 있다.

지필검사 방식의 비형식적 평가로는 전환계획평가-개정판(Transition Planning Inventory-Revised)(Clark & Patton, 2009), 전환평정검사(Enderlee-Sevenrson Transition Rating Scales)(Enderlee & Severson, 2003), 생활중심진로교육 수행지식검사(Life-Centered Career Education Performance and Knowledge Battery)(Brolin, 2004) 그리고 전환행동검사(Transition Behavior Scale)(McCarney & Anderson, 2000) 등이 있다. 비형식적으로 직업 또는 독립생활을 평가하기 위한 다른 가치 있는 방법으로는 다양한 고용 관련 환경에서 학생을 관찰하거나(Clark, Oatten, & Moulton, 2000), 학생이 좋아하는 것과 싫어하는 것에 대해 이야기하며, 다양한 지역사회 활동과 일들을 경험할 수 있는 기회를 제공하는 것이 포함될 수 있다(Sitlington & Payne, 2004; Synatschk, Clark, & Patton, 2008). 학업기술과 전환기술은 과제분석이나 학생의 포트폴리오 평가, 작업표본 분석, 그리고 준거참조검사와 같은 교육과정중심평가를 통해서도 평가할 수 있다(Roessler, 2000; Sitlington & Clark, 2007). 또한 브리건스전환기술검사(Brigance Transition Skill Inventory)(Curriculum Associates, 2010)와 같이 준거참조교육과정과 검사가 구비된 패키지 역시 비형식적 평가의 예가 될 수 있다.

➔ 루크

- **루크의 평가** 루크는 중학교 1학년부터 고등학교 1학년까지 몇 가지 형식적 평가를 받았다. 웩슬러지능검사(Wechsler, 2004)를 비롯하여 학업성취검사(Gardner, 1989)와 같은 심리검사를 받았고, 그 결과 루크의 지능은 115 정도로 나왔다. 쓰기나

수학 영역에서의 루크의 학업성취수준은 지능수준과 비슷했지만, 읽기와 이해의 경우 기대되는 수준에 많이 못 미치는 수준으로 나타났고, 이러한 점이 루크가 읽기와 이해에 있어서 특정학습장애인 것으로 진단되게 하였다. 루크는 성취검사(Woodcock et al., 2000)에 기반한 읽기기술에서도 평균보다 낮은 수행을 보였다. 반면, 그의 쓰기나 수학은 평균보다 약간 높게 나타났다. 그는 모든 교과 수업을 이수하고 10학년의 학기말 시험 역시 통과하였다. 진로탐색검사(Holland, 1995)의 결과 루크는 사회적, 예술적, 진취적인 분야의 진로를 고려해 보도록 나왔고, 이러한 부분은 루크가 관심 있어 하는 여행이나 관광 분야와 맞는 것으로 나타났다.

루크는 면담이나 흥미검사, 전환계획평가와 같은 몇몇 비형식적 평가도 받았다. 이러한 평가 결과, 루크는 고등학교까지의 출석이 훌륭하고 고등학교 졸업장을 받을 수 있는 과정을 잘 보내고 있다고 나왔다. 그의 특수교육 사례관리자는 루크가 관광이나 여행산업 분야에 흥미가 있고, 루크의 부모님도 이를 지원하고 있다고 하였다. O*NET진로흥미검사(O*NET Career Interest Inventory)(U.S. Department of Labor, 2001)에서 루크는 사회적이고 진취적인 분야에서 가장 높은 흥미를 나타냈다. 과거에 수행한 작업적응검사(Gilliam, 1994)에서도 활동, 공감, 적응 영역에서 높은 점수를, 자기주장에서 낮은 점수를 받은 것으로 나타났다. 이러한 점수 경향은 작업일과에 있어서 규칙적인 변화가 있는 활동적인 직업이나 다른 사람에 대한 루크의 관심이나 공감을 반기고 고마워하는 동료와 함께 일하는 것에 대해 높은 선호가 있음을 의미한다. 그러나 자기주장에서의 낮은 점수는 루크가 작업이나 개인적인 상황에서 단호하게 자신을 표현하는 것에 대한 어려움을 가질 수 있음을 시사한다. 전환계획평가(Clark & Patton, 2009)를 완성했을 때, 루크는 중등이후의 교육이나 훈련 영역에 있어서 구체적인 전환 관련의 요구가 있다고 나타났다. 구체적으로 자신이 원하는 대학 또는 전문대학에 들어가기 위해 무엇을 해야 하는지, 적당한 중등이후교육 프로그램을 어떻게 마칠지에 대해 알지 못하는 것에 대한 걱정이 있었다.

◆ 재클린

• 재클린의 평가 재클린 역시 형식적, 비형식적 평가를 모두 포함하는 매우 폭넓은 영역에서 지속적인 평가 절차에 참여해 왔다. 재클린의 높은 의료적 요구는 교사와 가족과 더불어 의사 및 기타 관련서비스 제공자들이 시행하는 여러 검사를 필요로 했다. 의사가 실시한 검사결과 보고서에는 재클린의 몇 가지 심각한 의료적 문제(예: 기관절제, 인공호흡기 사용, 위루관을 통한 영양공급) 때문에 간호사의 일상적인 보조를 필요로 한다고 이야기하고 있다. 재클린은 또한 경련장애 때문에 약을 복용해야

하며 24시간 관리가 필요하다. 언어에 대한 평가 결과 재클린은 만족감을 보일 때 웃거나 관심이 없을 때 무표정하게 있는 등 얼굴 표정을 통해 좋고 싫음을 표현한다고 나타났다. 또한 수업시간 활동 중에는, 한 개의 버튼이 있는 의사소통기기의 도움을 받아 이용한다. 수동휠체어를 타고 주변을 탐색할 수 있지만, 교실 안팎을 다니거나 좁은 공간에 있을 때는 도움을 필요로 한다. 한손을 이용하여 의자를 밀 수는 있지만, 이동하기에는 많은 시간이 걸린다. 소근육운동의 사용이 매우 제한되어 있어서 모든 활동에서 소소한 보조가 필요할 뿐만 아니라 이동 시에 기기를 사용하거나 두 사람이 들어서 옮겨 주어야 한다. 또한 화장실을 가거나 양치를 하고 머리를 빗는 등의 활동에 있어서도 개인활동보조원에게 도움을 받고 있다. 지원강도검사(Supports Intentsity Scale)(Thompson et al., 2004) 결과 재클린은 생활 영역의 모든 활동에서 하루 대부분의 시간에 전반적으로 물리적 지원을 요구하는 것으로 나타났다. 또한 의료적 지원에 있어서도 강도 높은 확장적 요구(예: 기관삽관된 튜브 관리하기, 튜브를 통한 영양공급, 자세잡기, 경련관리 등)를 가지고 있는 것으로 나타났다.

  가족들과의 구조화된 면담과 교실에서의 관찰을 통해 재클린은 탐구심이 많은 학생임을 알 수 있었다. 그녀는 학교에 있는 대부분의 시간에 기민하고 생기 있는 상태였으며, 주변에서 이루어지는 대화에 참여하기를 원하는 것처럼 보였다. 또한 교사나 또래들로부터 언어적 또는 촉각적인 관심을 받는 것을 즐겼다. 또한 매트 테이블 위에서 자세를 바꾸는 것을 잘 참으며, 활동에 참여하기 위해서 계속 손을 바꿔가며, 다른 사람이 도와주는 것을 잘 받아들인다. 도움을 받아 스위치를 사용하여 다양한 기기(예: 라디오, 컴퓨터)들을 작동할 수 있다. 재클린은 어떠한 직업에 흥미가 있는지를 판단하기 위해 고용과 관련된 흥미검사(YES: Your Employment Selection)(http://yesjobsearch. com; Morgan, Morgan, Despain, & Vasquez, 2006)를 받았다. 그 결과 밝고 넓은 조용한 근무환경뿐만 아니라 사람들과 함께 일하는 직업을 선호하는 것으로 나타났다. 전환에 대한 가족면담에서는 재클린의 부모님이 의료적, 개인적 요구를 위해서 24시간 지속적인 지원을 제공할 수 있는 보조를 필요로 할 것이라고 나타났다. 가족들은 또한 재클린이 집 밖으로 나가서 누군가와 만나고 지역사회 내의 활동에 참여하며 일상적인 하루 일과를 지속해 나가기를 원하였다.

🕊 전환평가의 활용: 중등이후목표 파악

전환평가는 학생들이 자신의 중등이후목표를 판별해 내는 것을 돕는다. 비형식적, 형식적 평가는 어떠한 유형의 중등이후교육과 고용에 학생이 관심을 가지고 있는지, 고등학교 졸업 이후에 어디에서 누구와 함께 살기를 원하는지, 이러한 목표를 성공적으로 달성하기 위하여 어떠한 유형의 지원을 필요로 하는지, 어떠한 기술을 갖추어야 하는지 등을 결정하기 위해 활용될 수 있다. 중등이후의 목표를 판별하는 것은 학생의 선호와 요구를 반영하는 전환요소를 개발하는 데 있어서 필수적이다(Sitlington, 2008; Sitlington & Clark, 2001).

루크의 평가결과 자료는 그의 현재 및 미래의 교육과 훈련, 고용에 대한 계획을 수립하는 데 있어서 매우 명확하고 의미 있는 정보를 제공한다. 루크와 그의 가족들과 함께한 비형식적 면담을 통해 그가 여행이나 관광산업 분야에서 직업을 갖기를 원한다는 것을 파악하였고, 흥미검사 결과를 통해 이러한 그의 열망을 다시 한번 확인하였다. 이러한 정보로부터 개별화교육프로그램 팀은 고용에 있어서 측정 가능한 중등이후의 목표를 개발하였다. 예를 들어, 목표는 다음과 같이 진술될 수 있다. **고등학교 졸업 후에 루크는 여행 또는 관광 관련 회사에서 초기단계 직업을 가질 것이다.** 고등학교 졸업이 다가올수록 그 산업에 대해서 더 배우게 되고, 이 목표는 그의 흥미와 선호, 요구에 근거해서 보다 구체화되어야 한다. **대학을 졸업한 후에, 루크는 메이저호텔 체인의 홍보 관련 전문가로 일할 것이다.**

개별화교육프로그램 팀은 이러한 평가 정보를 활용하여 교육과 훈련 영역에서도 중등이후목표를 개발할 수 있다. 루크가 진로에 대한 다양한 선택사항들을 탐색할 때, 몇몇 직장은 전문대학 졸업 이상의 학력을 요구하였지만, 대부분의 직업들이 학사학위를 요구한다는 것을 발견하였다. 따라서 루크가 고등학교를 졸업한 이후에 교육을 지속하는 것이 필요하다면, 그의 초기 개별화교육프로그램에서 고등학교 졸업 이후의 목표는 다음과 같이 기술될 수 있다. **고등학교 졸업 후에, 루크는 4년제 대학에 다닐 것이다.** 또한 고등학교를 졸업할 무렵이 가까워질수록 그의 목표는 보다 구체화되어야 한다. **고등학교 졸업 후에, 루크는 존슨앤웨인즈 대학의 관광, 호텔경영학과에 다닐 것이다.**

재클린의 평가결과 정보는 중등이후교육, 훈련, 고용, 독립생활로의 가장 덜 일반적인 경로를 제안한다. 가족들이 함께한 전환평가를 통해 재클린이 고등학교 졸업 후에 2시간의 지원이 필요하고, 또래들과의 상호작용을 지속하고자 함을 확인하였다. 흥미검사 결과, 재클린이 다른 사람과 상호작용할 수 있는 기회를 가질 수 있는 조용한 장소에서 일하기를 선호한다고 나타났다. 이러한 모든 평가결과를 고려하여, 개별화교육프로그램 팀은 고용에 대한 중등이후의 측정 가능한 목표를 다음과 같이 개발하였다. **고등학교 졸업 후에, 재클린은 작업훈련센터에서 직업연수생으로 일할 것이다.** 재클린이 졸업할 때가 되어 더 많은 기술을 습득하였을 때, 그녀의 중등이후목표는 재클린의 흥미와 요구, 선호, 요구에 근거하여 수정될 수 있다. **고등학교 졸업 후에, 재클린은 동네 도서관에서 지역사회 재활프로그램으로부터 지속적인 지원을 받으며, 맞춤형 고용에 참여할 것이다.**

　　재클린의 개별화교육프로그램 팀은 재클린을 위한 중등이후교육과 훈련 목표를 개발하기 위한 충분한 정보를 가지고 있다. 가족 및 기관 담당자들과의 면담과 관찰에 의하면 재클린은 기본적인 일상생활기술과 지역사회참여기술, 사회통합에 있어서 지속적인 훈련이 필요하다. 따라서 교육 및 훈련에서의 적절한 중등이후의 목표는 다음과 같다. **졸업 후에, 재클린은 일상생활기술과 지역사회 및 사회성기술을 위한 훈련을 제공하는 센터중심프로그램에 참여할 것이다.** 고등학교를 떠날 준비가 되었을 때, 특정한 기관으로의 전환을 위해 지원이 제공되거나, 재클린이 그 환경에서 성공적으로 수행하기 위해 필요한 특별한 기술들에 집중할 필요가 있다. 따라서 이 목표는 고등학교 졸업 시기에 보다 구체화될 수 있다. **고등학교 졸업 후에, 재클린은 기능적 의사소통기술을 개발하기 위해 센터중심프로그램에서 일주일에 4회, 지역사회프로그램을 통해 제공하는 기능적 기술 훈련에 참여할 것이다.**

　　독립적 생활은 재클린을 위해 마련되어야 할 또 하나의 영역이다. 재클린의 장애의 상태나 정도를 고려하여 개별화교육프로그램 팀은 독립생활 영역에서의 측정 가능한 중등이후의 목표를 다음과 같이 기술할 필요가 있을 것이다. **고등학교 졸업 후에, 재클린은 자신이 원하는 것을 표현하고 독립적인 환경과의 상호작용을 위하여 가정 및 센터중심프로그램에서 보완·대체 의사소통기기를 사용할 것이다.**

➤ 전환평가의 활용: 현행수준 확인

전환평가정보에 대한 또 다른 중요한 활용은 바로 개별화교육프로그램에서의 학업적, 기능적 수행에 대한 현재 수준을 파악하는 것이다. 학업적, 기능적 수행에 대한 현재 수준은 개별화교육프로그램의 기타 요소들과도 직접적으로 연결된다(Bateman & Herr, 2006). 예를 들어, 현재 수행수준(present levels of performance, PLOP)에서 학생의 읽기 수준이나 읽기 이해와 같은 특정한 읽기기술에 있어서의 문제가 기술된다면, 이는 연간 개별화교육프로그램 목표와 전환서비스에 포함되어야 한다.

현행수준은 중등이후목표를 달성하도록 지원하기 위해 연간 개별화교육프로그램 목표를 작성하기 위한 출발점이다. 현행수준은 다음의 질문에 대한 답이 될 수 있다, "학생이 무엇을 배울 필요가 있나, 또는 무엇을 더 잘 할 필요가 있나?" 전환평가정보들을 살펴봄으로써, 학업적, 기능적 행동에 있어서의 연간 진보를 어디에서부터 평가해 내야 할지를 결정할 수 있다(Bateman & Herr, 2006).

학업수행과 관련하여, 루크의 현행수준은 다음과 같이 기술될 수 있다.

> 웩슬러지능검사(Wechsler, 2004)와 학업성취기술검사(Gardner, 1989)는 루크의 학업 수준이 쓰기와 수학에서는 지능과 비슷한 수준이며, 읽기와 이해기술은 기대되는 수준보다 많이 낮음을 보여 준다. 우드콕-존슨성취검사(Woodcock et al., 2000) 결과로부터 루크는 평균 이상의 쓰기와 수학기술을, 평균 이하의 읽기기술을 가지고 있음을 알 수 있다.

기능적 수행과 관련하여, 루크의 현행수준은 다음과 같이 기술될 수 있다.

> 직무적응검사(Filliam, 1994) 결과는 활동, 공감, 적응 영역에서의 높은 점수가 활동적인 일에 대한 선호를 가지고 있고, 다른 사람에 대한 루크의 관심이나 공감을 반기고 고마워하는 동료와 함께 일하는 것에 대해 높은 선호가 있으며, 일과와 작업 환경에서 변화를 제공해 줄 것을 제안한다. 그는 단호함과 자기주장에서 낮은 점수를 받았으며, 이는 루크가 작업이나 개인적인 상황에서 단호

하게 자신을 표현하는 것에 대한 어려움을 가질 수 있음을 의미한다.

학업수행과 관련하여, 재클린의 현행수준은 다음과 같이 기술될 수 있다.

재클린은 얼굴 표정(예: 웃기, 무표정)을 통해 좋고 싫음을 표현한다. 그녀는 다양한 활동에 참여하고 교사나 또래와 의사소통하기 위하여 도움을 받아 스위치를 작동할 수 있다.

기능적 수행과 관련하여, 재클린의 현행수준은 다음과 같이 기술될 수 있다.

가족들과의 전환에 대한 면담과 지원강도검사(Tohompson et al., 2004)의 결과는 재클린의 의료적 요구와 개인적 요구를 충족하기 위해 강도 높은 지원이 필요하나, 재클린과 그녀의 가족은 가능한 한 재클린이 다양한 활동에 많이 참여하기를 희망함을 보여 준다.

➤ 전환평가의 활용: 연간 개별화교육프로그램 목표 작성

전환평가는 학생들의 중등이후의 목표를 달성하는 것을 지원할 수 있는 적절한 연간 개별화교육프로그램의 목표를 결정하는 데 있어서도 중요하다. 각각의 중등이후목표에 있어서, 학생들의 성공적인 전환을 위해 나가거나 발전할 수 있도록 돕는 최소한 하나의 개별화교육프로그램의 목표가 있어야 한다. 고려해 볼 만한 몇몇 질문들은 다음과 같다(Walker et al., 2010).

1. 판별된 중등이후목표를 달성하기 위해, 올해 학생은 어떠한 기술과 지식을 습득해야 하는가?
2. 이러한 중등이후목표를 지원하기 위하여, 현재 학생은 어떠한 기술과 지식을 가지고 있는가?

루크의 고용에 대한 중등이후목표를 고려해 보라. 고등학교 졸업 후에, 루크는 관광이나 여행산업에서 직업을 가질 것이다. 개별화교육프로그램 팀은 그가 이 분야의 직업에 진입하기 위해 필요한 것이 무엇인지 이해하고 이 분야에서 직업을 선택하기 위한 관심 분야를 점점 좁혀 나가기 위해 올해 여행과 관광산업에 대해 탐색해야만 한다는 것을 알고 있다. 그의 전환평가결과 정보와 현행수준에 기초해서, 개별화교육프로그램 팀은 루크가 읽기와 이해기술을 증진시키기 위해 지속적으로 노력해야 한다는 것을 알고 있다. 따라서 팀은 학습전략과 보조공학, 편의를 위한 조정의 역할에 대해서 고려해 보아야 한다. 또한 작업적응검사에 따르면, 루크는 대인관계기술, 특히 단호한 의사소통을 위한 기술을 개발해야 할 필요가 있다. 예를 들어, 목표는 다음과 같이 기술될 수 있다. **직접교수와 모델링, 사회적/작업 상황에서의 의사소통의 기회가 주어졌을 때, 2학기 말까지 4번 중에 3번은 루크는 "내가 원하는 것은……." 또는 "내 기분은……."과 같은 표현을 사용해서 자신의 믿음과 기분, 의견을 표현할 것이다.**

루크의 중등이후교육 및 훈련과 관련된 목표에 대해(즉, 4년제 대학) 개별화교육프로그램 팀은 이러한 목표를 달성하기 위해, 루크가 읽기, 쓰기, 수학 등의 영역에서 충분한 수준의 학업기술을 습득할 것이라는 것을 안다. 전환평가를 통해 얻은 정보와 기술된 루크의 현행수준에 기초해 보면, 루크는 읽기과 읽기이해에 대해 지속적으로 지원이 필요할 것이다. 따라서 개별화교육프로그램 팀은 다음과 같이 루크의 읽기 능력과 이해기술을 증진시키기 위한 연간 개별화교육프로그램 목표를 세울 수 있다. 스토리맵과 짧은 이야기가 주어지면 루크는 90%의 정확도 수준으로 이야기의 요소들(예: 인물, 배경, 문제)을 판별해 낼 수 있다.

이는 루크의 전환평가정보와 현행수준에 기초하여, 루크의 중등이후교육과 고용을 지원하기 위한 개별화교육프로그램의 목표 중 몇 가지 예에 지나지 않는다. 개별화교육프로그램 팀은 학생들이 중등이후의 꿈을 이룰 수 있도록 학생들을 돕기 위한 적절한 목표를 판별하기 위하여 모든 평가정보를 주의 깊게 분석하는 것이 중요하다.

재클린 역시 중등이후의 목표들을 지원하기 위해 최소한 하나 이상의 연간목표를 가지고 있을 것이다. 그녀의 전환평가정보와 현행수준, 고용에 있어서의 중등이후의 목표(즉, 직업훈련센터에서 실습생으로 일하기)에 근거하여, 적절한 연간목표는 다음과 같이 세울 수 있다. 교실에서 여러 가지 작업 과제가 주어졌을 때, 한 학기 동안 20분의 훈련 세션 동안에 작업 시간을 측정하여, 재클린의 작업생산성을 10% 향상시킬 것이다.

재클린의 전환평가자료와 현행수준, 교육과 훈련에 있어서의 중등이후목표(일상생활기술과 지역사회 및 사회적 통합을 가르치기 위한 센터중심프로그램에 참여)에 기초하여, 적절한 연간 목표는 다음과 같다. **교실이나 지역사회 주제에 대한 두 가지 선택이 제시되었을 때, 재클린은 그녀가 원하는 활동이나 물건을 선택하기 위해, 올해 말까지 80%의 정확도로 스위치를 사용할 것이다.**

전환평가정보와 현행수준에 근거하여, 재클린의 독립생활에 대한 중등이후의 목표는 가정과 센터중심프로그램에서 자신의 원하는 것과 하고 싶은 것을 표현하기 위해, 그리고 환경과의 보다 독립적인 상호작용을 위하여 보완·대체 의사소통기기를 사용하는 것이다. 재클린은 다음과 같은 연간 개별화교육프로그램의 목표를 달성함으로써 보완·대체 의사소통기기를 작동하기 위해 필요한 기술을 배우기 시작할 것이다. **선택하기 또는 언어적 촉진을 위한 기회가 주어졌을 때, 올해 말까지 재클린은 80% 이상의 상황에서, 자신의 선호를 표현하기 위해 스위치를 사용할 것이다.**

중등이후목표를 달성하기 위해 필요한 기술이 무엇인지, 학생이 현재 어떠한 기술을 가지고 있는지, 어떠한 기술이 중등이후목표를 향해 나아가기 위해 더 개발되고 향상되어야 하는지 결정할 때 개별화교육프로그램 팀은 모든 전환 평가의 자료들과 정보들을 살펴보는 것이 중요하다.

🕊 전환평가의 활용: 전환서비스 결정

일단 개별화교육프로그램 팀이 중등이후목표를 수립하고 현행수준을 작성하며, 연간 개별화교육프로그램 목표를 개발했다면, 개별화교육프로그램 팀은 필요한 전환서비스를 결정해야 한다. 이 단계를 수행하기 위해, 개별화교육프로그램 팀은 성공적인 전환을 지원하기 위하여 학생들에게 보다 실제적이고 경험적인 기술과 지식을 제공할 수 있는 전환서비스를 판별해 낼 필요가 있다. 미국 장애인교육법에 따르면, 전환서비스는 몇몇 영역에 걸쳐서 제공될 수 있으며, 학업적 성취와 관련된 교수, 직업재활, 고용 또는 교육과 관련된 지역사회 경험, 일상생활 및 독립적 생활기술의 습득 그리고 기능적 직업평가가 이에 포함된다.

적절한 전환서비스를 결정하고자 할 때, 개별화교육프로그램 팀은 다음의 질문들을 고려해 볼 수 있다(Walker et al., 2010).

1. 교육과 훈련, 고용, 독립생활 영역에서 학생은 어떠한 특정한 기술과 지식을 이미 가지고 있는가?
2. 교육과 훈련, 고용, 독립생활 영역에서 이러한 목표를 달성하기 위해 학생이 반드시 습득해야만 하는 지식과 기술이 무엇인가?

이와 같은 질문에 대한 답은 성공적인 전환을 계획하고 적절한 전환서비스를 결정하는 데 있어서 매우 중요할 것이다. 특히, 개별화교육프로그램은 성인기로의 전환을 준비하기 위해 학생들이 지식과 기술을 가장 많이 증진시켜야 하는 영역에 대해서 다루어야 한다.

루크를 위한 전환서비스는 다음의 내용을 포함할 수 있다.

• 호텔경영 및 관광 관련 교수(예: 근처의 전문대학에서 열리는 호텔 관련 수업)
• 학업적으로 더 향상될 수 있도록 돕기 위한 전략
• 대학입학 시험에 대한 지원과 편의 및 조정을 위한 요청
• 자기결정 교수
• 호텔 및 관광산업에 종사하는 사람들과의 면담
• 대학과 장애학생지원센터 방문

이러한 모든 전환서비스는 루크가 4년제 대학에 다니고 홍보전문가가 되는 꿈을 이루도록 도울 것이다.

전환서비스는 결과 중심의 과정 내에서 고려되어야 한다. 이러한 과정은 장애학생이 학교에서 학교 이후의 활동으로의 이동을 지원하는 데 초점을 두어야 한다. 이는 아동의 강점과 선호, 흥미를 고려하며, 학생의 요구에 기초하여 이루어져야 한다(IDEA 2004).

재클린의 전환서비스는 자조기술 교수, 지역사회중심의 독립적 생활 지도, 보완·대체 의사소통평가를 위한 언어 및 작업치료, 학교와 고등학교 졸업 이후의 환경에서 사용하기 위한 적절한 보완·대체 의사소통기기의 선택을 위한 활동이 포함된다. 재클린의 경우 간호서비스 역시 필요할 것이다. 재클린을 위한 기타 적절한 전환서비스로는 지역사회의 여가 및 레크리에이션센터와 성인주간프로그램을 방문해 보거나 장애관리

를 위한 지원, 사회보장보조에 지원하는 데 필요한 도움 등이 포함될 수 있다. 이러한 모든 전환서비스는 재클린의 중등이후의 교육과 훈련, 고용, 독립적 생활 영역의 목표를 지원할 것이다. 이 모든 전환서비스들은 루크와 재클린, 그리고 그들의 가족이 성인기 세계를 탐색하고, 계획하고, 성인기 세계로의 연결고리를 구축할 수 있도록 할 것이다.

🕊 전환평가의 활용: 교수 계획

마지막으로, 전환평가는 어떠한 기술을 가르칠 것인지, 그러한 기술들을 어떻게 가장 잘 가르칠 것인지 교수를 위한 안내의 방향을 제시한다. 학생의 중등이후목표를 지원하기 위해 고등학교에서 반드시 배우고 완수해야 할 필요가 있는 수업과 관련 경험들이 무엇인지 결정하는 데 활용될 수 있다.

기술개발과 관련하여 다음의 세 가지가 고려되어야 한다. 첫째, 전환평가정보는 현재 기술, 잠재적인 능력, 그리고 한계점에 대해 파악할 수 있게 한다. 이 정보는 기술과 관련하여, 학생이 졸업을 하고 선택한 진로에서 미래의 성공을 위해 준비할 수 있도록 돕기 위해, 무엇이 필요한지를 바탕에 두고 고려되어야 한다. 전자(즉, '졸업을 할 수 있게 하는 것')는 주나 지역의 필수 졸업기준에 의해서 정해진다. 필수요건은 특정기술 교수 또는 교정(예: 읽기 또는 수학기술 증진), 부수적인 학습경험 또는 지원(예: 온라인 학습 기회), 학업적 지원(예: 방과후 지원) 등이 보장된다. 진로에 대한 필수요건은 이미 미국 노동부(http://www.onetoonline.org/)와 노동통계청(http://www.bls.gov)에서 지원하는 웹사이트를 통해 파악할 수 있다.

둘째, 전환평가정보는 학생이 성공적인 전환을 준비하는 데 필요한 교수를 수정하는 데 활용될 수 있다. 예를 들어, 기계 및 기술 분야에서 적성과 흥미, 재능을 보이는 학생은 교사가 수학 수업의 내용을 기계 분야와 연계함으로써(예: 둘레와 넓이 개념을 가르칠 때, '목공' 작업 개념을 적용), 수학시간에 보다 성공적인 수행을 위해 동기부여를 할 수 있다.

세 번째 고려점은 수업과 관련된 것이다. 전환평가로부터의 수집된 정보는 학생들이 그들의 중등이후목표를 위해 최선의 준비를 하기 위해, 선택과목을 포함하여 어떤 수업을 들을지 결정하는 것을 도울 수 있다. 이러한 수업들은 학생의 중등이후교육 및 훈련(예: 기술훈련을 위한 진로 수업, 대학 입시 준비), 고용 영역에서의 중등이후목표에 영향을 받는다. 또한 이러한 정보는 학생들에게 필요하고 적절한 여름방학 기간을 활용하여 참여할 수 있는 고용과 지역사회 경험(Carter et al., 2010), 시간제 아르바이트, 자원봉사 또는 서비스 기회 등을 포함하는 방과 후 또는 주말 경험, 그리고 관련된 직업 및 진로 경험(Lapan, 2004) 등을 파악해 내는 데 유용하다.

　　루크와 재클린을 위한 교수는 학업 및 기능적 수행에 대한 그들의 현행수준과 연간 개별화교육계획 목표에 의해 정해질 수 있다. 형식적, 비형식적 전환평가를 통한 매일 매일의 진보에 대한 점검은 특정 기술에 대한 교수의 방향을 정한다. 예를 들어, 루크의 연간 개별화교육프로그램 목표 중 한 가지는 이야기의 스토리맵과 짧은 이야기가 주어졌을 때, 90%의 정확도 수준에서 요소(예: 인물, 배경, 문제)를 파악하는 것이다. AIMS웹 프로 읽기(PsychCorp, 2010)와 같은 교육과정중심평가를 사용하여, 교사는 루크의 향상 정도를 점검하고 그 결과에 기초하여 교수 내용을 조정할 수 있다. 만약, 평가결과, 루크가 이야기의 요소를 파악해 내는 것에서 여전히 어려움을 가진 것으로 나타난다면, 교사는 교수방법을 바꾸어 보거나(예: 소집단 교수와는 다르게 직접적인 1:1 교수로) 과제를 수정하거나, 혹은 크게 읽기와 같은 조정을 제공할 수 있다.

　　재클린의 개별화교육프로그램 목표 중 한 가지는 선택을 해야 하거나 언어적 촉진이 주어졌을 때, 80% 이상의 상황에서 스위치를 사용하여 선호를 표시하는 것이다. 이 경우, 교사는 무엇을 선택할지에 대한 후보를 늘려 주거나 촉진을 소거함으로써 교수에 변화를 줄 수 있다. 또한 수행에 대한 완수 기준을 80%에서 90%나 100%로 조정해 볼 수도 있다.

　　전환평가는 중등이후의 목표와 현행수준, 연간 개별화교육프로그램 목표, 전환서비스, 그리고 교수를 개발하기 위한 방향을 제시하는 지속적인 과정이다([그림 2-1] 참조). 이러한 절차를 통해, 교사는 지표 13의 필수요건들을 충족하도록 준비할 수 있을 것이다.

➤ 전환평가와 지표 13

미국 장애인교육법(IDEA 2004)의 가이드라인을 따르기 위해서 미국 특수교육국(Office of Special Education Programs, OSEP)에서는 법령의 PART B(3세에서 22세에 해당하는 장애아동에 대한 내용)에 대한 20가지의 지침을 제시하고 각 주에서 이 지침들을 반드시 지키도록 하였다. 이 중 지표 13(Indicator 13)은 전환관련 지표로서 개별화교육프로그램에서 반드시 포함되어야 한다.

> 매년 개정되고 연령에 적합한 전환평가에 기초하여 수립된 적절하고 측정 가능한 중등이후의 목표와 전환서비스, 교육과정은 장애청소년들의 중등이후 목표를 달성할 수 있도록 한다. 전환서비스가 논의되는 개별화교육프로그램 팀 회의에 학생과 가능하다면 성년에 도달한 학생 또는 그들의 부모의 사전 동의를 얻어 참여하는 기관의 대표를 참석시켜야 하는 것은 분명하다(20 U.S.C.§1416 [a][3][B]; U.S. Department of Education OSEP, 2009).

교육자들이 연간 자료 보고를 위한 필수조건을 충족시킬 수 있도록 돕기 위해서 미국 중등전환기술지원센터(NSTTAC)에서는 미국 특수교육국과의 협력을 통해, 지표 13에 대한 체크리스트(〈표 2-1〉 참조; NSTTAC, 2009)를 개발하였다. 이 체크리스트는 장애학생의 전환과 관련된 8개의 문항을 포함하고 있다. 체크리스트의 여섯 가지 요소는 측정 가능한 중등이후목표를 기술하고 이 목표가 전환서비스 및 연간 개별화교육계획 목표와 함께 실행되도록 돕기 위한 전환평가의 활용과 관련되어 있다.

1. 이 영역(예: 고용, 교육/훈련, 독립생활)에서의 적절한 측정 가능한 중등이후 목표(들)이 있는가?
2. 중등이후목표(들)는 매년 개정되는가?
3. 측정 가능한 중등이후목표(들)가 연령에 적합한 전환평가에 기초하여 만들어지는 것에 대한 근거가 있는가?
4. 개별화교육프로그램 내의 전환서비스는 학생의 중등이후 목표를 달성할 수

■ 표 2-1 ■ 미국 중등전환기술지원센터의 지표 13 체크리스트

지표 13 체크리스트

질문	중등이후목표		
	교육/훈련	고용	독립생활
1. 이 영역(예: 고용, 교육/훈련, 독립생활)에서의 적절한 측정 가능한 중등이후목표(들)이 있는가?	Y N	Y N	Y N N/A
• 목표(들)를 셀 수 있는가(측정할 수 있는가)? • 졸업 이후에 목표(들)가 달성될 수 있는가? • 이 학생에 대한 정보에 비추어 볼 때, 중등이후목표들이 적절하다고 판단되는가? • 위 3가지에 대한 답변이 모두 '그렇다'이면, Y에 표시하고, 중등이후목표가 기술되지 않았다면 N에 표시하시오.			
2. 중등이후목표(들)는 매년 개정되는가?	Y N	Y N	Y N N/A
• 중등이후목표(들)는 현재 수립된 IEP와 함께 기술되거나 추가되었는가? • 만약 그렇다면, Y에 표시하고, 중등이후목표가 현재 IEP에 추가되지 않은 경우 N에 표시하시오.			
3. 측정 가능한 중등이후목표(들)가 연령에 적합한 전환평가에 기초하여 만들어지는 것에 대한 근거가 있는가?	Y N	Y N	Y N
• IEP에 기술된 중등이후목표에 대한 전환평가가 실시되었거나 학생의 파일에 그러한 내용이 들어가 있는가? • 만약 그렇다면 Y, 그렇지 않다면 N에 표시하시오.			
4. 개별화교육프로그램 내의 전환서비스는 학생의 중등이후목표를 달성할 수 있도록 돕기에 타당한가?	Y N	Y N	Y N
• 일련의 교수, 서비스, 지역사회 경험, 고용 및 고등학교 졸업 이후의 성인기 생활과 관련된 목표, 그리고 기능적 직업 평가에 대한 준비 등이 중등이후의 목표와 부합할 수 있도록 작성되어 있는가? • 만약 그렇다면 Y, 그렇지 않다면 N에 표시하시오.			
5. 수업과정을 포함한 전환서비스는 학생의 중등이후목표를 달성할 수 있도록 돕기에 타당한가?	Y N	Y N	Y N
• 전환서비스는 학생의 중등이후의 목표에 맞는 수업과정을 포함하고 있는가? • 만약 그렇다면 Y, 그렇지 않다면 N에 표시하시오.			
6. 개별화교육프로그램 목표는 학생의 전환서비스에 대한 요구와 관련이 있는가?	Y N	Y N	Y N
• IEP에 포함된 연간 목표가 학생의 전환서비스에 대한 요구와 관련이 있는가? • 만약 그렇다면 Y, 그렇지 않다면 N에 표시하시오.			

7. 전환서비스가 논의되는 IEP 팀회의에 학생을 참여시키고 있는가?	Y N	Y N	Y N
• IEP 또는 학교의 학생 자료에, 올해 IEP 팀회의에 학생이 참석한 것이 명백하게 나타나 있는가? • 만약 그렇다면 Y, 그렇지 않다면 N에 표시하시오.			
8. 필요하다면, 성년이 된 학생이나 그들의 부모로부터 사전 동의를 얻은 후, 참여 기관의 대표를 IEP 팀회의에 초청한 것이 분명한가?	Y N	Y N	Y N N/A
• 학생의 IEP에, 올해 IEP를 개발하고 논의하기 위한 팀회의에 다음 중 어떠한 기관 또는 서비스 담당자가 참석한 것이 분명하게 나타나 있는개[중등이후교육, 직업교육, 기관 간 고용(지원 고용 포함), 성인계속교육, 성인서비스, 독립생활 또는 지역사회참여를 포함한 (그러나 이러한 서비스만을 제한하지 않는 모든 내용의 서비스 포함) 기관 및 서비스]? • 부모(또는 학생이 성년이 지난 경우 학생)의 동의를 구하였는가? • 모두 그러한 경우, Y에 표시하시오. • 초청하지 않은 경우, 참여 기관이 전환서비스를 제공하기 위한 책임이 있고 IEP 회의에 이들을 초청하기 위한 동의가 있었다면, N에 표시하시오. • 학생이 외부 기관에 참여해야 할지 판단하는 것이 너무 이르거나 적절한 전환서비스를 제공할 외부 기관이 없는 경우 N/A에 표시하시오. • 부모나 학생이 동의를 구하지 못한 경우 N/A에 표시하시오.			
개별화교육프로그램이 지표 13의 필수요건을 충족시키고 있는가? 그렇다([1–8]번 문항에서 모두 Y 또는 N/A로 표시한 경우) 또는 아니다(하나 이상의 N에 표시한 경우)			

출처: Natonal Secondary Transiton Technical Center. (2009). *Indicator 13 Checklist*. Retrieved from http://www.nsttac.org/indicator13/ChecklistFormB.pdf

　　있도록 돕기에 타당한가?

5. 수업과정을 포함한 전환서비스는 학생의 중등이후목표를 달성할 수 있도록 돕기에 타당한가?

6. 개별화교육프로그램 목표는 학생의 전환서비스에 대한 요구와 관련이 있는가?

　　연령에 적합한 전환평가는 지속적으로 이루어지며, 개별화교육프로그램의 의사결정 과정을 이끄는 데 활용되고, 이는 지표 13의 6가지 요소에 따른 전환중심의 개별화교육프로그램이 될 것이다.

🕊 요 약

전환평가는 중학교 초기에 시작해서 고등학교에 이르기까지 지속되어야 하는 과정이다(Neubert, 2003; Sitlington, 2008). 전환평가의 목표는 장애학생과 그들의 가족들이 고등학교에서 성인기로의 전환의 시기를 거치는 데 필요한 의사결정의 과정을 이끄는 것이다. 다양한 유형의 평가를 사용하는 것은 장애학생의 중등이후교육과 고용, 독립생활과 관련된 그들의 흥미와 요구에 대한 명확한 그림을 그리기 위해서 필요하다. 학생과 부모, 지원 인력들이 쉽게 이해할 수 있도록 자료를 구성하는 것은 중요하다. 중단 없이 지속적인 전환의 절차를 만들기 위해 협력은 필수적인 요소이고, 중등이후 기관은 전환평가 및 의사결정 과정에 있어서 반드시 참여해야 한다(Sitlington & Clark, 2007; Sitlington & Payne, 2004).

🕊 관련 정보

• 미국 중등전환기술지원센터(National Secondary Transition Technical Assistant Center)

http://www.nsttac.org

연방정부에 의한 지원이 이루어지는 기술지원센터로서 주정부에서 학생들의 개별화교육프로그램에 포함된 전환요소들을 증진시키도록 지원한다. 전환평가와 관련하여 다음의 자료를 제공하고 있다.

전환평가 참고문헌(Transition Assessment Annotated Bibliography)
http://www.nsttac.org/products_and_resources/TransitionAssessmentAnnotatedBibliography.aspx

전환평가 소개 가이드(Transition Assessment Presenter Guide)
http://www.nsttac.org/products_and_resources/PresenterGuides/TransitionAssessmentPResenterGuides/Default.aspx

전환평가 도구모음(Transition Assessment Toolkit)

http://www.nsttac.org/products_and_resources/tag.aspx

• Transition Coalition

http://transitioncoalition.org

미국 캔자스 대학 특수교육과의 전환프로젝트로서 중등전환과 관련된 온라인 정보와 지원, 전문성개발을 위한 정보를 제공한다. 전환평가와 관련된 정보는 다음과 같다.

온라인 전환평가 트레이닝 모듈(Online Transition Assessment Training Module)

http://www.transitioncoalition.org/transition/module_home.php

전환평가 리뷰(Transition Assessment Reviews)

http://transitioncoalition.org/transition/assessment_review/all.php

03
Sharon M. Richter, April L. Mustian,, & David W. Test

교수전략

교사는 가치 있는 교수내용을 선택하고 효과적인 교수전략을 사용함으로써 의미 있는 방법으로 학생의 지식과 기술을 향상시킬 수 있다. 교사는 학생을 가장 잘 도울 수 있는 교수계획을 세울 때 다음 두 가지 주요 문제에 직면한다. 무엇을 가르칠 것인가와 어떻게 가르칠 것인가. 전환기 장애학생을 위해 이러한 결정은 공교육에서 벗어나 곧 성인기로 진입할 학생에게 특히 중요하다.

이 장에서는 전환프로그램의 분류체계(Taxonomy for Transition Programming, Kohler, 1996)의 두 영역과 밀접한 관련이 있는 정보를 담았다. 첫째, 교수내용의 결정은 일상생활교수, 고용기술교수, 진로 및 직업 교육과정, 구조화된 작업 경험처럼 학생역량개발을 위해 판별된 기술과 지식을 반영해야만 한다. 다음은 장애학생의 성공적인 성인기 전환을 촉진하기 위해 훈련 및 자원을 제공하는 인력을 양성하고 지원하는 주정부 및 지역교육기관(state and local education agencies)은 전환중심프로그램 구조를 반영한다.

🕊 교수내용: 균형 찾기

아동낙오방지법(No Child Left Behind Act, PL 107-110)은 모든 학년 수준에서 장애학생을 포함한 모든 학생에게 각 주의 학업내용 기준이 제시하는 교수내용을 갖추도록 의무화했다. 교수내용과 관련해 아동낙오방지법은 주정부가 유치원부터 고등학교 3학년(12학년)까지 각 학년수준을 위해 특정한 학업내용 지침을 제공하도록 의무화했다. 그 결과 장애학생은 주정부 및 지역 책무성 평가에 포함되는 등의 많은 이점을 갖게 되었다. 처음으로 지역 및 주정부와 연방정부는 학교 시스템이 전반적으로 얼마나 잘 기능하는지에 대한 하나의 척도로서 모든 장애학생의 전국 수준에서의 수행 및 대안평가에서의 수행에 대해 관심을 갖게 되었다. 게다가 장애학생은 이제 교사가 학생역량개발을 위해 더 중요하다고 간주했던 기술 때문에 그동안 무시되어 온 연령에 적합한 교육내용을 배우게 되었다(예: 중학교 1학년[7학년] 학생을 위한 안네 프랑크의 일기).

그러나 중도 지적장애학생을 가르치는 특수교사는 이 법이 이러한 학생에게 제공되는 모든 상세한 교수내용에 대해 적용되도록 의도한 것은 아니라는 점을 인식해야 한다. 지적장애학생을 가장 잘 가르치기 위해 특수교사는 연방정부에 의해 의무화된 학년수준의 학업기술과 중도 지적장애학생의 독립성과 삶의 질에 중요한 연방정부 의무사항 너머의 핵심 교육내용 간의 균형을 잘 찾아야 한다(〈표 3-1〉 참조). 다음은 이러한 교육내용의 예다.

> 특수교사는 주정부 의무사항과 함께 독립성 및 삶의 질을 위해 중요한 비학업적 기술과 지식에 대한 학생의 개별적인 요구를 모두 반영하는 교육내용을 고려한 결정을 해야 한다.

1. 사회적 기술과 옷입기와 같은 비학업적 교육내용
2. 전반적으로 주정부 학업적 교육내용 기준에는 있지만 중학교 3학년(9학년)을 위한 화폐기술과 같이 특정 학생의 생활연령은 아닌 학업적 교육내용
3. 아동낙오방지법상의 의무적인 교육내용은 고등학교 3학년(12학년)까지의 학생에게만 해당되므로 고용기술, 여행기술과 같이 18~21세의 전환기 학생에게 적합한 교육내용

■ 표 3-1 ■ 학년수준의 학업 안내 이외의 필수 교육내용의 예

학생	학년	필요한 교수	연방정부 지침이 내용결정에 정보를 주는가?	이유는?
사라, 9세	초등학교 3학년	옷입기	아니요	해당 기술은 어떤 학년 기준에도 없음
조시아, 16세	고등학교 1학년	물건구입 시 지폐 사용하기	아니요	화폐기술은 고등학교 1학년 보다는 초등학교 1학년 기준에 포함되어 있음
타이리, 19세	전환기	전 영역	아니요	전환기 내용에 대한 기준은 없음

지역사회중심교수와 지역사회참조교수

성공 여부를 측정하는 하나의 방법은 학생들이 자신의 고등학교 수업에서 배운 기술을 적절하게 사용하는지 학생의 학교 졸업 후 역량을 평가하는 것이다. 특수교사는 학생들의 성공적인 지역사회참여를 위해 학생들이 졸업 후에 자신의 기술과 지식을 사용할 환경에 대해 반드시 고려해야 하며 이는 소위 지역사회중심교수(community-based instruction: CBI)라 불린다.

지역사회참조교수(commynity-referenced instruction)는 주위의 지역사회를 교수설계를 위해 참조하여 사용하기 때문에 학생들은 현재 및 다음 지역사회 환경에서 필요한 기술을 준비하게 된다. 지역사회참조교수는 지역사회 환경에서 학생의 성공에 필수적인 교육내용을 사용한다. 지역사회참조교수를 통해 병원진료 받기, 대중교통 이용하기, 현금자동입출금기(ATM)에서 현금 인출하기, 안전하게 직무 수행하기, 도서관에서 책 빌리기, 스포츠 경기 보러 가기, 식료품 구입하기 등과 같은 기술을 가르친다.

좋은 점

해당 기술이 필요한 환경에서 지역사회참조기술을 가르치는 이유는 많다. 지역사회중심교수는 장애학생에게 기술을 가르칠 때 사용되어 온 증거기반의 실

> 지역사회에서 가르침으로써 교사는 부가적으로 일반화훈련을 할 필요를 최소화하게 되며 이러한 점들은 지역사회환경에서 제공된 교수의 고유한 특성이다.

제(evidence-based practice)다(Test et al., 2009a). 〈표 3-2〉는 지역사회중심교수의 사용을 지지하는 여러 증거에 대한 간단한 개요다. 자연스러운 환경에서 학생들은 교사에 의해 계획된 특별 교구가 필요 없을 만큼 지역사회환경에서 자연스럽게 제시된 교구와 경험의 장에 노출된다. 또한 지역사회에서 훈련함으로써 교사는 기술이 사용될 환경에서 학생이 이를 적용하도록 촉진하게 된다.

■ 표 3-2 ■ 지역사회중심교수의 사용을 지지하는 연구

연구	교수내용	장소
Ferguson & McDonnell (1991)	마트에서 장보기기술	서로 다른 마트 세 곳
Berg et al.(1995)	샌드위치 가게에서 음식 주문하고 원하는 품목 구입하기	쇼핑몰, 패스트푸드점, 쇼핑몰에 있는 쿠키가게, 마트 안 정육점
Souza & Kennedy (2003)	지역사회환경에서 사회적 상호작용하기	버스와 식당에서 훈련하기

어려운 점

지역사회중심교수는 장애학생의 중등이후 삶에 필요한 기능적 기술을 향상하고 유지하는 데 효과적이다. 그러나 지역사회중심교수의 계획과 실행은 전통적인 교실 수업으로는 어려움이 있다(Wissick, Gardner, & Langone, 1999). 지역사회중심교수를 계획할 때 교사는 다음과 같은 계획을 마련해야 한다.

1. 교수 장소까지의 학생 이동(예: 걷기, 학교버스, 대중교통)
2. 정기적으로 학교를 나가는 것에 대해 허락받기(예: 학교장 허락, 부모 허락)
3. 이동수단과 지역사회서비스와 관련된 재정적 자원 찾기(예: 식료품점에서 쇼핑을 함으로써 물건사기 기술을 연습할 때 학생에게 필요한 돈)
4. 학교와 지역사회 장소 모두 일정잡기(예: 점심시간, 이동수단 가능성, 지역 상점이 가장 바쁜 시간 혹은 한가한 시간, 작업치료)

지역사회중심교수를 계획할 때 교사는 이동 및 장소 문제 이외에도 지역사회

에 적절한 교수계획을 위한 환경 또한 고려해야 한다. 첫째, 특별히 계획된 교수는 사회의 자연스러운 비율을 고려하여 계획되어야 한다. 둘째, 교사는 주의를 끌지 않는 전략과 교구를 사용해야 한다. 이러한 원칙을 이끄는 논리는 다음과 같다. 교사는 지역사회에서 자연스럽게 나타나는 기대와 어려움 모두를 고려한 교수를 반드시 제공해야 한다는 것이다.

자연스러운 비율   교사는 다음과 같은 여러 이유로 지역사회에서 비장애인과 장애인이 전형적으로 출현하는 자연스러운 비율(natural ratios)을 위반하지 않도록 해야 한다. 첫째, 대규모의 장애인이 사회적으로는 환영받을지라도 장애인과 함께하는 지역사회중심교수는 버거우며, 결과적으로는 문제가 있는 교수 환경이 된다. 학생이 수행해야 하는 기술을 경험하도록 준비하려면 환경과 교구 등이 해당 환경에서 전형적으로 연계되어 있는 기대와 어려움이 모두 제시되어야 한다. 둘째, 그러한 큰 집단에 교수를 제공하는 것 자체가 실제 매우 어려울 수 있다. 〈표 3-3〉은 자연스러운 비율이 위배된 상황과 잠재적 결과를 요약한 것이다.

■ 표 3-3 ■ 자연스러운 비율 위반의 결과

상황   당신과 친한 교사가 전환기에 있는 20명의 지적장애학생과 교직원 6명이 함께 동네 레스토랑으로 점심식사를 하러 나가자는 계획을 제안했다. 이 계획은 자연스러운 비율 원칙을 따르는 것에 위배될 것이다.

	~대신에	~을/를 선택하기
'전형적인' 지역사회 경험을 흉내내기	20명의 학생이 레스토랑의 큰 테이블 하나에 앉기 혹은 한 번에 10명씩 짝지은 학생과 한 명의 교직원이 레스토랑에 앉기	좀 더 작은 집단(예: 학생 3명과 교직원 1명)으로 나누어 각각 다른 날 혹은 다른 레스토랑으로 외식하러 가기
잠재적 결과		
교수환경상의 문제	4명의 학생이 두 개의 테이블에서 각각 기다리는 중에, 식당직원은 학생 중 몇 명이 말로 음식 주문을 하는 데 어려움이 있다는 사실을 알았다. 그 순간부터 식당직원은 도움이 되고자 모든 학생들에게 원하는 메뉴의 그림을 '건드리도록' 요청했다. 목표가 변경됨: 만일 한 명의 장애학생이 한 명의 친구와 점심을 먹으러 갔다면 이 수준의 지원은 제공되지 않았을 것임.	
제공되는 교수의 문제	테이블 근처에서 점심 회의를 하던 세 명의 손님이 있었고 현장에 많은 학생과 함께 있던 교직원은 무심코 우선순위를 가르치는 것에서 조용히 시키고 주문을 하는 것으로 바뀌게 됨.	

적절한 전략과 교구 선택하기   교사는 비장애인이 하는 '전형적인' 경험이 무엇인지 판별해야 하며 이를 교수설계에 참고해 활용해야 한다. 그렇게 하기 위해서 교사는 지역사회중심교수를 위한 전략과 교구를 선택할 때, 다음의 네 가지 추가적인 원칙을 지켜야 한다.

1. 교사는 불필요하게 개입하고 통제함으로써 교수 상황의 충실도를 감소시키기보다는 지역사회 교수환경에 내재된 '교수 가능한 순간(teachable moments)'을 이용해야 한다.
2. 교수는 자기촉진과 자기점검 전략을 통해 학생의 독립성을 증진하는 데 목표를 두어야 한다.
3. 교수는 중등이후 삶에서 학생에게 유용할 수 있는 항목을 포함해야 한다.
4. 교수는 일반적인 대중의 관심을 끌지 않으면서 훈련받는 학생의 존엄성과 학습수행능력을 지킬 수 있도록 해야 한다.

🕊 모의교수

지역사회중심교수는 해당 기술이 전형적으로 수행되는 지역사회를 참조하여 지역사회에서 발생하는 것이다. 그러나 지역사회참조교수는 교실과 같은 모의환경에서도 실행될 수 있다. 모의교수는 지역사회를 참조하지만(예: 지역사회의 기대) 대개 교실과 같은 지역사회환경이 아닌 곳에서 일어난다. 예를 들면 물건구매는 지역사회에서 필요한 기술이며 따라서 지역사회참조교수의 한 유형이다(예: 지역사회는 교수내용의 참고가 됨). 교실에서 구매기술을 가르치는 것은 모의교수라 할 수 있다. 반대로 지역사회에서 구매기술을 가르치는 것은 지역사회중심교수다.

좋은 점

특수교사들은 모의교수가 여러 이유에서 지역사회참조기술을 가르치는 데 좋은 전략이라는 것을 인식해야 한다. 첫째, 연구결과 장애학생은 모의교수를 통해 여러 기술을 습득한다고 한다. 〈표 3-4〉는 모의교수의 긍정적 영향을 설명하는 연구의 간단한 개요다. 둘째, 교사는 모의교수와 연계된 교수결정에 익숙하며 모의교수는 대부분의 학교환경에서 대부분의 시간에 대집단, 소집단, 개별화 교수 등 교사에게 익숙한 여러 전략을 사용하여 실행될 수 있다. 셋째, 교사는 집중연습(massed trial)이나 분산된 시도(distributed trials)를 통해 학교 일과 중에 필요한 기술을 빈번하게 교수함으로써 학생이 기술을 습득하는 효율성(예: 속도)을 증진할 수 있다. 반면 지역사회환경에서는 특정한 기술을 연습하기 위해 자연스럽게 발생하는 기회의 수가 빈번하지 않기 때문에 느리게 기술을 습득하게 된다. 〈표 3-5〉는 모의교수와 지역사회중심교수 모두와 관련된 효율성을 보여 준다.

■ 표 3-4 ■ 모의교수의 사용을 지지하는 연구

연구	교수내용	교수방법
Montague(1988)	고용을 위한 사회성기술	스크립트를 활용한 수업
Mechling & Cronin(2006)	패스트푸트점에서 음식 주문하기	비디오 활용교수
Alberto, Cihak, & Gama (2005)	은행 현금인출기 사용하기	비디오 활용교수
Mechling, Gast, & Langone (2002)	대형마트에 있는 어휘 읽기	비디오 활용교수

■ 표 3-5 ■ 지역사회중심교수와 모의교수 비교

상황   자료수집을 통해 교사는 어떤 학생이 팁 남기기를 제외하고 식당에서 외식하기와 관련한 모든 기술을 독립적으로 완수했는지 판별하였음(예: 음식 주문, 필요하다면 음료나 양념, 추가 요청하기, 계산하기)

목표기술 식당에서 팁 남기기		
교수유형	교수방법	예상 결과
지역사회중심교수	학생을 일주일에 한 번 식당에 데려가 기술교수하기	학생은 실제 지역사회환경에 노출됨(긍정적 결과) 팁 남기기를 일주일에 한 번 배우는 것은 충분하지 않음(부정적 결과)
모의교수	다양한 계산서 금액(예: 9,420원, 15,120원, 6,300원, 36,150원)으로 매일 10번 기술교수하기	매일 10번씩 연습기회를 통해 충분히 학습함(긍정적 결과) 실제 지역사회환경 노출이 적음(부정적 결과)

어려운 점   모의교수를 계획하기 위해 교사는 해당 환경에서 학생이 사용하게 될 기술을 모방하도록 시도해야 하지만 학생이 실제 지역사회환경의 특성에 노출되는 경험을 개발하기란 어렵다. 첫째, 모의교수를 사용할 때 교사는 사실적인 교수자료를 만들어야 하지만 한편으로는 비용, 시간, 기술이라는 측면에서 합리적인 수준으로 개발해야 한다. 둘째, 자연스러운 환경에서 일어나는 상황은 예측이 어려우며 따라서 모의교수에 포함하기 힘들다. 예를 들어, 학생이 지역사회에서 현금인출기(ATM)를 사용하도록 가르칠 때 현금인출기를 사용하려는 또 다른 이용자의 등장이나 기계에 잔액이 부족한 상황 등 가치 있는 '교수 가능한 순간(teachable moments)'은 모의교수에서 모방하기는 어렵다. 또 다른 예측이 불가능한 교수 가능 순간의 예는 소방훈련, 식당에서 받은 잘못된 계산서, 직장에 가는 중 마주친 공사 중 우회표시 등이 있다.

추천: 모의교수와 지역사회중심교수를 함께 사용

최근 연구는 모의교수와 결합된 지역사회중심교수가 모의교수나 지역사회중심교수 중 한 가지만을 사용했을 때보다 더 효과적이라고 지적한다(Cihak, Alberto, Kessler, & Taber, 2004).

모의교수와 지역사회중심교수를 계획하고 실행할 때 존재하는 방해물에도 불구하고, 지역사회참여를 위한 기술은 장애학생에게 필수적이다. 자연스러운 환경과 모의환경 모두를 결합한 교수는 장애학생에게 지역사회참여기술을 가르치는 데 효과적이다(Alberto, Cihak, & Gama, 2005).

■ 표 3-6 ■ 모의교수와 결합한 지역사회중심교수를 사용한 연구

연구	교수내용	교수방법
Pattavina Bergston, Marchand-Martella, & Martella(1992)	안전하게 길 건너기	도로 사진을 포함한 모의교수와 지역 도로에서의 지역사회중심교수
Taber, Alberto, Hughes, & Seltzer(2002)	길을 잃었을 때 휴대폰 사용하기	마트, 공공도서관, 백화점에서 실제 연습하기 전에 교실에서 기술 배우기를 포함한 모의교수

좋은 점

모의교수와 결합된 지역사회중심교수의 효과는 많은 연구를 통해 입증되었다. 〈표 3-6〉은 모의교수와 결합된 지역사회중심교수의 사용을 지지하는 연구의 개요다. 모의교수와 지역사회중심교수를 함께 사용하는 것은 학생이 지역사회에 있는 교수자료에 노출되기 때문에 지역사회에서의 학습기회를 대체하기 위한 교수자료를 만드는 데 요구되는 교사의 시간과 비용을 줄여 준다. 또한 두 방법을 함께 사용하는 것은 학생의 기술개발에 중요하지만 교사가 예측 불가능한 상황에 학생을 노출시키기가 희박하다는 문제를 줄여 준다. 지역사회중심교수와 결합된 모의교수는 여러 지역사회환경에서 가르치는 데에서 오는 장벽(예: 대중교통, 승낙받기, 비용, 일정상 제한점)으로 인해 수업은 더 줄어들고 학생의 학습은 더 느려지는 결과를 가져오는 것에 대한 좋은 해결책이다. 마지막으로 이 두 유형의 교수를 병행하는 것은 교사가 더 큰 집단을 교실에서 가르칠 수 있도록 하고, 자연스러운 비율을 유지하면서도 가장 효과적인 교수전략을 사용할 수 있게 하며, 지역사회 교수를 위해 너무 눈에 띄지 않는 전략과 교수자료를 사용할 수 있게 한다. 〈표 3-7〉은 모의교수와 지역사회중심교수를 결합한 주별 교수계획이다.

■ 표 3-7 ■ 현금인출기 사용기술을 가르치기 위해 지역사회중심교수와 모의교수를 결합한 주별 계획의 예

월요일	기술영역: 현금인출기 사용기술

모둠 1(교사와): 세인, 더번티, 제시카
활동: 은행에 있는 현금인출기에서 돈을 인출하기 위한 17단계가 제시된 사진을 제공하면 학생들은 이 사진을 순서대로 정렬하고 교사에게 각 단계를 말로 설명할 것이다.
교수자료: 17개 사진 세 묶음
모둠 2(보조교사와): 맥스, 루시아, 후안
활동: 교사가 제작한 현금인출기를 사용하는 역할극을 하면서 학생들은 20불을 인출하기 위한 단계를 완성할 것이다.
교수자료: 교사 제작 현금인출기, 20달러 지폐 세 장
모둠 3(독립적으로): 지니, 멜리사
활동: 노트북을 통해 동영상과 사진을 활용한 컴퓨터기반교수(Mechling, 2004)
교수자료: 각 학생을 위한 시디롬(CD-ROM)과 노트북

화요일	기술영역: 현금인출기 사용기술

모둠 1(보조교사와): 맥스, 루시아, 후안
활동: 은행에 있는 현금인출기에서 돈을 인출하기 위한 17단계가 제시된 사진을 제공하면 학생들은 이 사진을 순서대로 정렬하고 교사에게 각 단계를 말로 설명할 것이다.

교수자료: 17개 사진 세 묶음

모둠 2(교사와 함께): 지니, 멜리사

활동: 교사가 제작한 현금인출기를 사용하는 역할극을 하면서 학생들은 20달러를 인출하기 위한 단계를 완성할 것이다.

교수자료: 교사 제작 현금인출기, 20달러 지폐 세 장

모둠 3(독립적으로): 셰인, 더번티, 제시카

활동: 노트북을 통해 동영상과 사진을 활용한 컴퓨터기반교수(Mechling, 2004)

교수자료: 각 학생을 위한 시디롬(CD-ROM)과 노트북

수요일	기술영역: 현금인출기 사용기술

모둠 1(보조교사와): 지니, 멜리사

활동: 은행에 있는 현금인출기에서 돈을 인출하기 위한 17단계가 제시된 사진을 제공하면 학생들은 이 사진을 순서대로 정렬하고 교사에게 각 단계를 말로 설명할 것이다.

교수자료: 17개 사진 세 묶음

모둠 2(교사와 함께): 셰인, 더번티, 제시카

활동: 교사가 제작한 현금인출기를 사용하는 역할극을 하면서 학생들은 20달러를 인출하기 위한 단계를 완성할 것이다.

교수자료: 교사 제작 현금인출기, 20달러 지폐 세 장

모둠 3(독립적으로): 맥스, 루시아, 후안

활동: 노트북을 통해 동영상과 사진을 활용한 컴퓨터기반교수(Mechling, 2004)

교수자료: 각 학생을 위한 시디롬(CD-ROM)과 노트북

목요일	기술영역: 현금인출기 사용기술

월요일 계획과 동일

금요일	기술영역: 현금인출기 사용기술

지역사회중심교수 장소: 윌모어 애비뉴에 있는 은행

교수자료: 각 학생별 개별번호가 적힌 작은 카드

모둠 1(교사와): 지니, 셰인

모둠 2(보조교사와): 제시카, 후안

모둠 3(작업치료사와): 멜리사, 더번티

모둠 4(자원봉사자와): 맥스

어려운 점

모의교수와 결합된 지역사회중심교수를 사용하는 경우 대부분의 어려움은 두 곳의 교수환경에서의 교수기술에 의해 경감된다. 한 가지 중요한 고려사항은 지역사회참여기술을 위한 자료수집이다. 첫째, 자료는 모의교수 중에 수집되어야 하는데 이는 이러한 교수는 매일(혹은 적어도 매주 몇 번) 일어날 수 있기 때문이다. 더욱이 학생의 기술일반화를 측정하기 위해서는 자료가 자연스러운 환경에

서 수집되어야만 한다(Alberto et al., 2005; Mechling & Cronin, 2006). 다시 말해, 해당 기술이 필요한 환경에서 이를 사용할 수 있는 학생의 능력에 대한 정보를 얻기 위해서는 자료수집이 모의환경에서만 진행되기보다는 지역사회중심교수 환경에서 일어나야 한다. 〈표 3-8〉은 지역사회교수 환경에서 자료를 수집하는 방법에 대한 안내다.

■ 표 3-8 ■ 모의교수와 지역사회중심교수를 함께 사용한 자료수집의 예

교수내용	모의교수	지역사회중심교수	자료수집
진료실에 개인정보를 제공하고 보이는 곳에서 기다리기	학교에서 행정직원에게 이름을 말하고 보이는 곳에서 대기하는 역할극	동네 진료소 예약을 위해 방문하기	진료소와 모의환경에서 매일(과제분석 사용)
농구장에서 좌석 찾기	좌석을 찾기 위해 좌석배치도 활용하기와 필요한 경우 도움 요청을 위한 적절한 예절에 대해 학교에서 교사와 역할극하기	농구경기를 관람해서 최소-최대촉진법(least-to-most prompting)으로 자리 찾기	농구경기장과 모의환경에서 매일(과제분석 사용)
마트에서 진열대 통로 표지 구별하기	교실에 마련된 다양한 통로에 있는 품목을 분류하는 연습뿐 아니라 진열대 통로 표지 어휘에 대한 고정시간 지연 교수	마트에 가서 진열대 통로 표지를 사용해 사려는 물품목록에서 해당 물건을 찾기	마트와 모의환경에서 매일(과제분석 사용)

🕊️ 모의교수와 지역사회중심교수를 위한 증거기반교수 선택하기

지역사회참여를 증진하기 위한 교수를 계획하고 실행할 때 특히 중요한 네 가지 제언사항이 있다. 첫째, 고정시간지연법(CTD)은 무오류학습(errorless learning)을 보장한다. 둘째, 과제분석 계획은 복잡한 과제를 분리된 단계로 쪼갠다. 셋째, 청각 촉진지원을 통해 학생에게 자기점검을 하도록 가르치는 것은 다양한 환경에서 학생의 독립성을 지원한다. 마지막으로 일반화 훈련은 실제 해당

기술이 필요한 여러 환경과 상황에서 학습자의 기술 사용을 촉진한다.

고정시간지연

고정시간지연법(constant time delay)은 두 단계를 포함하는 교수전략이다. 고정시간지연법의 첫 단계인 시작 교수는 목표자극을 제공하고 동시에 자극을 통제한다. 이후 시도(두 번째 단계)에서 교사는 목표자극을 제공하고 미리 결정된 시간 동안 기다려 준다(시간지연). 마지막으로 교사의 다음 활동은 학생의 수행에 기초한다. 학생이 반응하지 않거나 부정확한 반응을 한 경우 교사는 통제자극(controlling stimulus)을 제공하게 된다. 만일 학생이 적절하게 반응했다면 교사는 피드백(예: 언어적 칭찬, 미소짓기)을 제공하게 된다.

지연 없는 시도(zero-second delay trial)는 학생이 질문이나 지시를 받음과 동시에 적절한 반응을 제공받기 때문에 무오류학습의 기회를 제공한다. 예를 들면 어떤 학생에게 고정시간지연법을 사용해 '출구(exit)'라는 단어 읽기를 가르치기 위해 교사는 인쇄물에 있는 단어를 가리키며 "무슨 단어지?"(목표자극)라고 말한다. 그런 다음 교사가 즉시 "출구"(통제자극)라고 말한다. 이후 시도에서는 목표자극과 통제자극 사이에 미리 정해진 시간(3~5초)이 삽입된다. 예를 들어, 교사가 인쇄물에 있는 단어를 가리키며 "무슨 단어지?"(목표자극)라고 말한다. 그런 다음 교사는 어떠한 촉진도 받지 않은 학생의 반응을 약 4초간 기다려 준다. 만일 학생이 반응을 하지 않으면 교사는 "출구"(통제자극)라고 말한다. 만일 학생이 "입구"와 같은 부정확한 반응을 한다면 교사는 즉시 "출구"라고 말하며 자극통제를 제공해야 한다. 이어진 수업에서 교사는 해당 단어에 대해 지연 없는 시도를 다시 한 번 실행한다. 만약 학생이 정반응을 보였다면 교사는 언어적 칭찬이나 기타 보상의 형태로 피드백을 제공하도록 한다. 학생이 정반응을 했을 때 교사는 이어진 수업에서 4초 지연을 계속 실행한다.

고정시간지연법을 통해 무오류학습을 학생에게 제공하는 것은 교실 안팎으로 유용한 전략이다. 또한 선행연구들은 시간지연이 지역사회참여에 중요한 여러 기술을 가르치는 데 효과적이라고 지적한다. 〈표 3-9〉는 그 예를 보여 주며, 〈표 3-10〉은 고정시간지연법의 효과를 보여 주는 연구의 개요다.

■ 표 3-9 ■ 고정시간지연법

상황	멜리사는 출구라는 단어를 읽지 못한다. 교사는 고정시간지연법을 이용하려고 한다.

교수유형	모의상황과 지역사회상황에서의 고정시간지연법

1단계   지연 없는 시도(zero-second delay trial)

지침: 교사는 목표자극과 통제자극을 동시에 제공한다. 이 첫 단계에 지연 혹은 '기다리는 시간'은 없다.	예시: 교사는 인쇄물에 있는 단어를 가리키며 다음과 같이 말한다. "무슨 단어지? 출구" '무슨 단어지?'는 목표자극이다. '출구'는 통제자극이다.

교사활동	학생활동
1. 인쇄물에 있는 단어 '출구'를 가리킨다. 2. "무슨 단어지? 출구"라고 말한다.	1. 교사에게 주의집중한다. 2. "출구"라고 말한다.

2단계   4초 지연시도

지침: 교사는 목표자극을 제공한다. 지연 혹은 '기다리는 시간'이 2단계에 삽입된다. 학생의 활동에 따라 교사는 다음 중 하나를 실행한다. • 어떠한 반응도 하지 않거나 부적절한 반응을 한 학생에게 통제자극을 제공 • 정해진 시간 내에 정반응을 한 학생에게 학생이 정반응을 한 것을 인식하도록 함	예시: 교사는 인쇄물로 된 단어를 가리키며 "무슨 단어지?"라고 말한다. 4초 지연이 실행된다. 만일 학생이 반응을 하지 않거나 부적절하게 반응하면 교사는 "출구"라고 말한다. 만일 학생이 정반응을 한 경우 교사는 "잘했어!"라고 말하며 피드백을 제공할 수 있다.

교사활동	학생활동

1. 인쇄물에 있는 '출구'라는 단어를 가리킨다.
2. "무슨 단어지?"라고 말한다.
3. 미리 정해진 시간만큼 기다린다. 이 경우 4초간
4. 다음과 같이 반응한다.
  a. 정반응(예: '출구') 학생에게 교사는 칭찬을 해 준다.
  b. 오반응(예: '출고') 혹은 무반응 학생에게 단어(예: '출구')를 말해 준다.
	1. 교사활동에 주의집중하기
	2. 다음 중 하나로 반응
	  a. 정반응
	  b. 오반응
	  c. 무반응

■ 표 3-10 ■ 고정시간지연법을 사용한 연구

연구	교수내용	교수방법
Cuvo & Klatt(1992)	일견단어[1]	학교에서 플래시카드를 사용한 집단, 학교에서 비디오 동영상을 활용한 집단, 지역사회에서 자연스럽게 보이는 표지를 사용한 집단 등 각 세 집단에 연구자는 고정시간지연법을 사용해 아홉 개의 단어 교수
Branha, Collins, Schuster, & Kleinert(1999)	은행 이용, 길 건너기, 우편 업무기술	모의학급과 지역사회중심교수, 비디오 모델링과 지역사회중심교수, 비디오 모델링과 모의학급 및 지역사회중심교수 중 하나의 기술과 고정시간지연법을 함께 이용
Morse & Schuster (2000)	장보기기술	장보기를 할 때 사용되는 연속기술로 구성된 스토리보드를 사용한 모의훈련과 고정시간지연법 사용

🕊 전체과제연쇄법을 사용한 과제분석

복잡한 과제의 구성요소를 확인하기 위해 교사는 과제분석을 사용한다. 과제분석을 하기 위해 교사는 여러 단계를 수행해야 한다. 첫째, 교사는 완수할 과제를 확인한다. 둘째, 교사는 과제완수를 위해 요구되는 관찰 가능한 단계의 목록을 만든다. 마지막으로 해당 과제의 모든 단계가 적절한 순서로 포함되었는지 확인하고 현장에서 과제분석을 점검한다. 이 단계를 거친 후에 과제분석은 사용이 가능하다. 과제분석에 사용할 기술을 습득하기 위해 학생들은 개별 단계를 연쇄적으로 수행하고 과제 전체를 완수하기 위한 과정을 배운다. 전체과제연쇄법(whole task chaining)을 사용함으로써 학생들은 각 순서를 완수하여 모든 단계를 과제분석 순서대로 완성한다. 교수자는 학생이 도움을 요청하면 해당 단계에 대해 필요한 경우에만 보조를 제공한다.

---

1 보는 즉시 알아야 하는 단어로 사이트워드(sight words)라고도 한다.

학급에서 교사는 학생이 계산기를 사용하거나 외투를 옷장에 넣는 것을 가르치기 위해 과제분석을 사용할 수 있다. 더 나아가 과제분석은 이동을 위해 버스를 이용하거나 직장에서 선반 물건 쌓기와 같이 지역사회를 위한 과제뿐 아니라 빨래하기나 개인 위생과제 완수와 같이 가정에서 필요한 기술을 가르치는 데에도 사용될 수 있다. 풍부한 선행연구는 과제분석 교수를 효과적인 지역사회참조기술 교수라고 제시한다(〈표 3-11〉 참조).

> 과제분석은 교실뿐 아니라 여러 다른 환경에서 복잡한 기술을 가르치기 위한 필수적인 도구다.

　전체과제연쇄법(Certo, Mezzullo, & Hunter, 1985)을 지역사회에서 가르치는 것은 여러 이점이 있다. 첫째, 학생들은 해당 기술을 배울 때마다 과제분석의 매 단계를 연습한다. 둘째, 각 단계는 자연스럽게 발생하는 순서대로 교수·학습된다. 셋째, 전체과제연쇄법을 사용함으로써 학생들은 개별 단계에 대해 실패하거나 지루할 수 있는 반복 수행을 하지 않아도 된다. 하지만 만약 학생이 일관되게 과제분석 중 특정 단계를 수행하지 않는 경우 해당 단계만 독립적으로 연습하는 것은 도움이 된다. 넷째, 과제의 부분보다 전체과제를 연습하는 것은 지역사회 중심교수를 위해 할당된 시간에 일어나야 한다는 점을 고려했을 때 가장 효율적이다. 각 훈련 회기별로 해당 과제는 완수된다(예: 물건 구입하기, 빨랫감 세탁하기, 목적지에 도착하기).

■ 표 3-11 ■ 과제분석을 사용한 연구

연구	교수내용	교수방법
Vandercook(1991)	볼링, 핀볼 등의 여가기술	볼링 게임 과제분석 사용하기
Haring, Breen, Weiner, Kenney, & Bednersh (1995)	물건 구매하기기술	서점, 편의점, 약국, 선물가게, 마트, 취미용품 전문상점, 음반가게에서 과제분석 사용하기
Taber, Alberto, Hughes, & Seltzer(2002)	길을 잃었을 때 휴대폰 사용하기	마트, 공공도서관, 백화점에서 과제분석 사용하기

청각 촉진을 통한 자기관리

　청각 촉진을 통한 자기관리는 지역사회참조기술을 가르칠 때 자주 사용되는 전략이다. 이 전략은 과제연쇄의 각 단계를 기록하기 위한 청각 장치(예: 테이프

녹음기, 디지털 녹음기, MP3 플레이어, 컴퓨터)를 사용해 특정기술을 위한 과제분석(이 장 앞부분에 설명)을 만들어 사용하는 것이다. 첫째, 이 전략은 모의 및 지역사회교수 환경에서 사용될 수 있다. 또한 이 전략은 학생에게 과제완수를 위한 속도의 유연성을 주며; 교사의 활동 시간을 덜 필요로 한다. 마지막으로 이 전략은 학생이 한 단계를 성공적으로 완수한 후 과제연쇄의 각 연속 단계로 나아가도록 학생에게 책임감을 부여한다.

　청각 촉진이 제공된 자기관리는 주로 최소-최대촉진법의 위계를 동반한다. 어떤 학생이 청각적 교수가 제공된 후 연쇄적인 어떤 과제를 올바로 시작하지 못했을 때 교사에 의한 최소-최대촉진 과정이 시작될 수 있다. 자기평가전략 또한 청각 촉진 안에 포함될 수 있다. 예를 들어, 만약 빨래하기를 위한 과제분석의 한 단계로 '건조기 앞에 세탁바구니 놓기'가 포함된다면 청각 촉진은 "세탁기가 비어 있니? 좋았어! 자 그럼 건조기 앞에 세탁바구니를 놓자."가 될 수 있다. 이 예는 교사의 직접 지원 요구 없이도 이전 단계에 대한 자기평가와 언어적 칭찬을 통한 강화를 제공한다.

　경도 및 중등도 장애학생에게 지역사회참조기술을 가르치기 위해 청각 촉진을 통한 자기점검전략의 활용을 지지하는 많은 선행연구가 있다. 전자레인지로 케이크 굽기(Grossi & Heward, 1994), 세탁기 사용하기(Briggs et al., 1990)와 같은 일상생활기술의 습득이 청각 촉진을 통한 자기점검법을 사용했을 때 성공적이었음이 증명되었다. 〈표 3-12〉는 일상생활기술을 가르치기 위해 청각 촉진을 통한 자기점검을 사용한 연구들의 개요를 보여 준다.

■ 표 3-12 ■ 청각 촉진 체계를 사용한 연구

연구	교수내용	교수방법
Alberto, Taber, & Fredrick(1999)	직장환경에서 혹은 환경 간 전이시간에 과제 이외의 행동이나 과제를 벗어난 행동 감소를 위한 자기점검	지역사회나 직장환경에서 스스로 청각 촉진 체계 사용하기
Briggs et al.(1990)	가정관리 과제	학교(예: 화장실, 생활관)와 지역사회환경(예: 빨래방)에서 스스로 청각 촉진 체계 사용하기
Trask-Tyler et al.(1994)	요리 기술	조리법을 녹음한 과제분석 사용하기

일반화 훈련

일반화 훈련은 학생이 처음 훈련한 환경과 상황과는 다른 상황과 환경에서 기술을 사용하도록 교수하는 것을 포함한다. 기술일반화를 촉진하기 위해 연구자들은 다음을 포함하는 한편, 이에 국한되지는 않는 여러 전략을 입증하였다 (Strokes & Baer, 1977).

1. 공통자극 프로그램 만들기
2. 일반화 촉진하기
3. 기능적 목표행동 교수하기
4. 유연하게 훈련하기(training loosely)
5. 자연스러운 유지 결과(maintaining contingency) 사용하기
6. 충분한 사례 훈련하기

> 교사가 지역사회참조교수를 계획할 때에는 일반화 계획을 세워 학생이 여러 다른 사람들과 다른 교수자료로 다른 환경과 상황에서 해당 기술을 수행할 수 있도록 계획해야 한다.

교사가 지역사회참조교수를 계획할 때에는 이러한 전략 중 적어도 한 가지를 선택해 일반화 지원계획을 세워야 한다.

공통자극 프로그램 만들기

공통자극 프로그램 개발(Programming common stimuli)을 위해 교사는 일반화 환경에서의 상황을 동일하게 구성하여 초기 교수에 포함해야 한다. 다시 말해, 교수하는 동안 교사는 학생이 일반화된 환경에서 사용하게 될 것과 똑같은 교수자료나 이를 모사한 상황을 사용한다. 예를 들어, 교실에서 모의교수를 하는 동안 교사는 실제 물건을 사는 상황에서 나오는 실제 교수자료처럼 학급에서 하는 역할 활동시간에 가짜 지폐 대신 진짜 돈을 사용할 수 있다. 이 전략을 실행하는 데 있어 한 가지 어려움은 교수자료를 만드는 어려움일 수 있다.

일반화 촉진하기

일반화 촉진을 위해 교사는 동반행동에 대해 교수한다. 이 동반행동 교수는

학생이 새로운 환경과 상황에서 목표기술을 일반화하도록 돕기 위해 설계된다. 특히 동반행동은 해당 기술이 처음 훈련되는 환경에서 수행되는 것과 실제 기술이 사용되는 일반화된 환경과 상황에서 수행되는 것 사이를 중개하는 역할을 한다. 예를 들어, 학급 교수 시간에 교사는 학생에게 숙제목록을 쓰도록 하고 완수한 과제를 표시하도록 할 수 있다. 이 목록 만들기 전략은 장보기(장보기 목록 사용)나 직무 완수(할 일 목록)와 같은 부가적인 기술의 일반화를 촉진할 수 있다.

기능적 목표행동 교수하기

학생이 매일 매일 필요로 하고 사용하는 기술(지역사회참조)을 배울 때 학생들은 자연스러운 환경에서 좀 더 강화되며 이는 기술 일반화에 도움이 된다. 거꾸로 학생들이 일상생활에 필수적이지 않은 기술을 배울 때에는 이러한 기술이 새로운 상황이나 환경에서 잘 일어나지는 않는다. 예를 들면, 학급 교수 시간에 교사는 직접적이기보다는(예를 들면 "'우유 주세요' 라고 말해 봐.") 해당 목적에 대한 언어(예를 들면 음료수 요청하기)를 사용해 학생을 가르쳐야 할 것이다.

유연하게 훈련하기

유연하게 훈련(training loosely)함으로써 교사는 정확한 촉진이나 특정 유형의 강화를 제공하여 개입하는 것과는 대조적으로 학생의 수행을 촉진하고 강화하기 위해 자연스럽게 일어나는 상황을 허락한다. 유연하게 훈련하기 위해 교사는 학생이 여러 다양한 환경과 상황에서 기술을 수행하는 조건으로 교수 상황을 엄격하게 통제하지 않는다. 예를 들어 일주일에 두 번씩 다른 마트에 갈 때 학생은 해당 마트에서 다양한 점원을 만나고 진열대를 찾아야 한다. 이때 교사는 정확한 촉진과 강화를 제공하기 위해 개입하는 일이 없도록 한다. 그 대신 교사는 학생이 해당기술의 수행을 가장 잘 준비할 수 있는 이러한 여건에서 해당 상황이 자연스럽게 촉진과 강화가 되도록 한다.

자연스러운 유지 결과 사용하기

자연스러운 유지 결과를 사용하기 위해 교사는 교수할 기술을 선택하고 추후 해당 행동이 전형적으로 일어나는 환경에서 자연스럽게 강화되도록 한다. 반대로 인공적인 수단(예: 사탕, 스티커)을 통해 전형적으로 강화되는 기술은 이러한 강화물이 주기적으로 가능하지 않은 지역사회환경에서는 일반화를 촉진하는 데 어려움이 있을 것이다. 예를 들면, 물건사기 기술은 학교 매점에서 교수되어야 한다. 이때 자연스러운 유지 결과란 음식을 사서 소비하는 것이 된다.

충분한 사례 훈련하기

훈련 시 충분한 사례를 활용하는 것은 어떤 의미에서는 목표 기술이 필요한 많은 상황에서 학생이 이를 수행하도록 준비시키는 것이다. 학생이 해당 기술을

■ 표 3-13 ■ 기술의 일반화

전략	예시
공통자극 프로그램	패스트푸드점에서 음식 주문과 관련한 교수를 하는 동안 교사는 패스트푸드점에서 점원이 전형적으로 사용하는 용어(예: 주문하시겠어요?)를 포함(혹은 프로그램)하여 해당 기술을 배우고 결과적으로는 이 기술이 요구되는 장소마다 이 단서(혹은 자극)를 일관되게 사용한다.
일반화 촉진	블랙잭 게임(카드놀이의 일종)을 할 때, 카드를 다루는 것을 포함해 다양한 주제로 물건을 왼쪽에서 오른쪽으로 정렬하는 것을 가르친다. 직장에서 학생은 동일한 '왼쪽에서 오른쪽으로'의 순서를 사용해 수저 등을 감싸는 데 필요한 물건 정리기술을 배울 것이다(예: 천 냅킨, 칼, 포크, 스푼).
기능적 목표행동 교수	다양한 환경과 상황에서 기능일 수 있는 기술로서 학생이 학교 매점에서 물건을 살 때 돈을 사용하도록 가르친다.
유연한 훈련	고용을 위한 면접기술을 가르친다. 학생이 친숙하지 않는 사람들과 모의 면접을 진행하게 한다. 이때 학생이 입사지원 시 다양한 질문과 면접 방식에 직면하는 것처럼 면접관에게 학생을 위한 질문을 제공하지 않도록 하게 한다.
자연스러운 유지 결과 사용	학생이 개인위생과 청결을 유지하도록 가르친다. 자연스러운 유지 결과는 학생이 또래나 다른 사람들로부터 받게 되는 용모에 대한 칭찬이다.
충분한 사례 훈련	휴대폰 사용기술을 가르친다. 교수 시 다양한 휴대폰을 사용하도록 해 학생들이 한 가지 특정 업체의 모델이 아닌 여러 휴대폰을 사용할 수 있는 준비를 하게 한다.

수행해야 하는 여러 상황을 제시하기 위해 교사는 학생이 해당 기술을 수행해야 하는 많은 환경과 상황을 평가하고 교수에 이러한 특징을 체계적으로 반영해야 한다. 예를 들어 은행이용기술을 가르칠 때 학생은 하나의 특정 장소보다는 여러 다양한 현금인출기를 사용하도록 해야 한다.

연구기반의 이러한 전략은 학생들이 새로운 환경에서 해당 기술을 더 잘 일반화하게 되며 이는 그 기술이 요구되는 다양한 환경에서 기술을 수행한다는 것을 의미한다. 〈표 3-13〉은 각각의 일반화전략의 예가 어떻게 지역사회참조교수에 사용되었는지 보여 준다.

➤ 요 약

특수교사는 학업내용표준(academic content standards)과 장애학생의 독립성과 중등이후 참여 증진을 위해 필수적인 기술 교수 간 균형 잡기라는 독특한 어려움에 직면한다. 전형적인 발달을 보이는 대부분의 학생은 자연스러운 환경에 노출되면서 이러한 기능적 기술을 습득하지만, 많은 장애학생들은 이러한 기술을 배우고 유지하며 일반화하기 위한 명시적 교수가 필요하다. 이런 교수유형을 제공할 때 어려운 점은 쉬운 해결책이 없다는 것이지만 이 장에서 설명된 효과적인 교수전략은 이러한 어려움을 좀 더 해결 가능하게 한다. 아마 더 중요한 것은 이 장에서 논의된 전략들이 학생으로 하여금 이러한 기술을 습득하게 할 뿐 아니라 이러한 기술이 학교 졸업 후에도 학생의 독립성과 삶의 질을 높일 수 있는 가능성을 증진시킨다는 점일 것이다.

➤ 관련 정보

• 생활중심진로교육 교육과정(Life-Centered Career Education: LCCE)

http://www.cec.sped.org

생활중심진로교육은 미국 특수아동학회가 승인한 전환중심교육과정이다. 주요 구성요소에는 일상생활기술, 개인 사회성기술, 직업기술 교수를 위한 제언이 포함되어 있다.

- 장애학생 교수 및 평가를 위한 도구모음(Tool Kit on Teaching and Assessing Students with Disabilities)

http://www.osepideasthatwork.org/toolkit

미국 교육부 산하 특수교육국(Office of Special Education Programs, OSEP)에서 개발한 것으로 특수교사가 장애학생의 교수 및 평가를 위해 적절한 전략을 선택할 때 도움이 되는 최근 연구 개요와 교수자료가 포함되어 있다.

04
Valerie L. Mazzotti, David W. Test

자료수집 전략

최근 관심이 집중되고 있는 학생과 교사의 책무성과 더불어 교사들은 학생이 학습한 것에 대한 자신들의 교수효과를 명확히 문서화할 수 있어야 하는 것이 중요하다. 결국 학생이 새로운 기술을 배우고 있다는 것을 보여 줄 수 있는 의미 있는 자료수집이 교사에게 중요해진 것이다. 또한 자료수집은 특히 전환을 위한 분류체계의 일환으로, 학생역량개발 영역으로 포함된다. 이 영역에서 자료수집은 학업기술, 일상생활기술, 고용기술과 관련된 학생의 기술 습득을 평가하는 데 사용될 수 있다. Alberto와 Troutman(2009)은 왜 교사가 자료를 수집해야만 하는지에 대해 다음과 같은 세 가지 이유를 제안하였다.

1. 자료수집은 교사가 중재 혹은 교수효과를 정확하게 판단할 수 있도록 한다.
2. 지속적인 자료수집은 누진적이며, 공식적으로 자료에 기반한 의사결정을 가능하게 한다. 중재가 일어나는 동안 자료를 수집함으로써 교사는 자신의 교수를 학생의 요구에 적합하게 조정할 수 있다.
3. 자료를 모으고 보고하는 것은 궁극적인 책무성 도구다.

교사의 책임을 늘리는 동시에 효과적이면서 효율적인 자료수집 전략을 교사에게 제공하는 것이 중요하다. 이 장에서는 이를 위한 절차를 설명한다. 먼저 어떤 자료를 모을 수 있는지에 대해 여러 행동의 유형(혹은 차원)을 설명한다. 일단 교사가 행동의 유형에 대해 결정하면 이는 자료수집 전략으로 연결될 것이다. 마지막으로 교사는 누가 자료를 수집할 것인지, 자료를 얼마나 자주 수집해야 하는지, 모은 자료를 어떻게 나타낼 것인지 결정해야만 한다.

➤ 행동의 차원

중등장애학생에게 효과적인 교수방법(instructional practices)을 결정하는 데 있어 교사는 실행 중인 특정 교수전략이 효과적인지를 결정하기 위한 자료 수집과 지속적인 평가를 사용해야 한다. 학생의 전환 관련 기술 습득에 대한 자료수집의 과정은 교사가 가르칠 새로운 기술을 판별하고, 학생이 어려움을 보이는 특정 기술(예: 표적행동)을 결정하고, 바람직한 행동 변화를 평가하기 위한 측정 체계를 판별하면서 시작된다. 특정한 자료수집 체계(data collection system)를 선택하는 것은 중등장애학생에게 효과적인 교수를 계획하고 개발하기 위한 정보를 교사에게 제공하기 위해 특정한 전환 관련 기술 평가를 할 수 있게 한다(Alberto & Troutman, 2009; Cooper, Heron, & Heward, 2007). 그럼으로써 이러한 자료수집 체계는 2장에 설명된 지속적이고 비형식적인 전환평가 절차의 일부가 된다.

자료수집 체계를 개발하는 첫 번째 단계는 가르칠 행동의 차원을 판별하는 것이다. 차원이란 다음 두 가지 형태로 나눌 수 있는데 셀 수 있는 것과 시간을 잴 수 있는 것이다. 자료수집을 위해 어떤 행동의 차원을 결정하는 것은 자료수집 절차의 첫 단계이며 표적행동은 셀 수 있거나 시간을 잴 수 있는 것이어야 한다.

횟수 세기

만약 행동이 셀 수 있는 범주에 있는 것으로 판단되면 교사는 표적행동을 발생한 횟수에 기초해 개별적으로 셀 수 있는 것인지(예: 완성된 과제분석의 단계 수, 탈석 횟수, 수업 중 호명당한 횟수) 고려해야 한다. 행동의 횟수를 셀 때 이를 빈도 측정이라고 한다.

　　빈도　빈도 측정은 학생이 표적행동(target behavior)을 한 횟수를 단순히 세는 것이다(Alberto & Troutman, 2009; Cooper et al., 2007). 다음은 중등학생의 전환 관련 기술 개발(표적행동)의 빈도에 대한 자료 보고의 예시다.

- 지역사회중심교수를 시행 하는 동안 식료품 일견단어를 읽은 수
- 현금인출기(ATM)에서 현금을 인출하기 위한 과제분석에서 정확하게 완수한 단계의 수
- 취업지원서 작성 시 정확하게 완수한 항목 수
- 지역사회중심교수 중에 고용주를 만났을 때 학생이 부적절한 신체적 접촉을 한 횟수

　　표적행동의 빈도를 결정하기 위해 교사는 정해진 관찰 기간에 일어난 표적행동의 횟수를 세야만 한다. 항상 동일한 길이의 시간 동안 행동의 횟수를 셈으로써 교사는 그날그날의 횟수를 비교할 수 있게 된다. 만일 측정 시간의 길이가 변하면 각 횟수를 서로 비교할 수 없다.

　　비율　관찰 기간의 길이가 다양하다면 비율(rate)을 사용해야 한다. 비율이란 시간과 비교하여 표현된 빈도를 의미한다. 예를 들어, 30분 동안 발생한 행동의 횟수를 60분 동안 발생한 행동의 횟수와 비교할 때 자료는 비율로 환산되어야 한다. 비율을 측정 체계로 사용하고자 할 때 교사는 학생이 표적행동을 한 횟수를 센 다음 이를 그 행동이 관찰된 시간의 총길이로 나누어야 한다(Alberto & Troutman, 2009; Cooper et al., 2007). 특정한 전환 관련 기술을 측정하기 위해 비율을 사용한 예시는 다음과 같다.

- 1일차에 2분 동안 여가 관련 일견단어를 정확하게 읽은 횟수 8번(비율＝분당 4회)과 2일차에 4분 동안 정확하게 읽은 횟수 4번(비율＝분당 2회)
- 어느 학생은 1일차에 45분의 수학 수업시간 동안 5번의 탈석행동(비율＝분당 0.11회)을 하였으며, 30분의 읽기 수업시간 동안 2번의 탈석행동(비율＝분당 0.07회)을 하였다.

시간 재기

만약 어느 표적행동이 일정 시간 동안 일어나는 것이 중요하거나(예: 숙제를 끝마치는 데 걸리는 시간, 과제수행을 지속한 시간) 혹은 시기적절하게 표적행동을 시작하는 것(예: 직무 과제를 시작하는 데 걸리는 시간, 준비물을 구하는 데 걸리는 시간)이 중요하다면 교사는 표적행동을 측정하기 위한 방법으로 시간을 사용해야 한다. 어떤 행동이 일어난 시간의 길이를 지속시간(duration)이라고 하며 어떤 행동이 시작하기까지 걸리는 시간을 지연시간(latency)이라고 한다.

지속시간   지속시간이란 어떤 학생이 특정 표적행동에 관여한 시간의 총량이다. 또한 전형적으로 표준시간단위(standard units, 예: 시, 분, 초)를 사용해 측정된다. 지속시간은 어떤 학생이 특정 표적행동에 얼마 동안 혹은 몇 개의 시간대(number of times, 예: 빈도)에 걸쳐 관여했는지 재야 할 때 고려되어야 한다(Alberto & Troutman, 2009; Cooper et al., 2007). 다음은 특정한 전환 관련 기술을 측정하기 위해 지속시간을 사용한 예시다.

- 어떤 학생이 직무 관련 과제에 집중한 시간
- 어떤 학생이 취업지원을 완수하는 데 걸린 시간
- 어떤 학생이 자기옹호 과제를 하는 데 걸린 시간

지연시간   지연시간이란 학생이 표적행동을 수행하도록 교수가 제공된 순간부터 그 학생이 실제 표적행동을 시작하기까지 걸린 시간을 의미한다. 지연시간은 교사가 지시를 한 이후 해당 학생이 표적행동을 시작하기까지 얼마나 걸리는지를 판단하고자 할 때 사용될 수 있다(Alberto & Troutman, 2009; Cooper et al., 2007). 다음은 특정 전환 관련 기술을 측정하기 위해 지연시간을 사용한 예시다.

- 직무코치(job coach)가 학생에게 과제를 시작하도록 요구한 이후 학생이 해당 과제를 시작하기까지 걸린 시간
- 교사가 학생에게 읽기 시작을 요청한 후 해당 학생이 기능적 읽기 일견단어(functional reading sight words)의 목록을 읽기 시작하는 데 걸린 시간

• 고용주가 학생에게 시작 요청을 한 후 해당 학생이 자료를 입력하기 시작하는 데 걸린 시간

➤ 자료수집 전략

일단 행동의 특정한 차원이 결정되었다면 다음 단계는 표적행동에 대한 자료를 수집하는 최선의 방법을 결정하는 것이다. 횟수를 세야 할 때 사건기록법(event recording)은 특정 표적행동에 대한 자료수집을 위해 사용되는 주요 방법이다. 시간을 측정해야 할 때는 순간시간표집법(momentary time sampling), 지속시간기록법(duration recording), 지연시간기록법(latency recording) 등이 사용된다. 〈표 4-1〉은 행동의 차원과 자료수집 체계다.

■ 표 4-1 ■ 행동의 차원과 자료수집 체계

행동의 차원	자료수집 체계
횟수 세기 정해진 시간 동안 일어난 행동의 횟수에 관심이 있을 때 빈도 측정을 사용 매일 다른 시간에 관찰했을 때 비율 측정을 사용	**사건기록법** 특정 기간에 일어난 행동의 횟수를 세기
시간 재기 행동이 일어난 총 시간 혹은 요청 후 과제가 시작될 때까지의 시간에 관심이 있을 때 사용	**지속시간기록법** 행동이 일어난 총 시간을 합산하기 위해 스톱워치 사용 **순간시간표집법** 미리 정해진 간격 마지막 순간에 관찰하여 행동이 일어나고 있는지를 기록 **지연시간기록법** 촉진과 행동 시작 사이의 총 시간을 기록

사건기록법

횟수를 세는 자료수집을 할 때 사용해야 하는 기록체계는 일명 사건기록법이다. 사건기록법은 사전에 정해진 기간에 표적행동이 일어난 시간대의 수를 기록하는 것이다(Alberto & Troutman, 2009; Cooper et al., 2007). 사건기록법은 교사가

사용하는 데 있어 쉽고 효율적인 방법인 횟수, 비율, 그리고/혹은 백분율 등으로 계산될 수 있다.

사건기록법의 자료수집 방법은 학급 교사에게 간단하고 효과적일 수 있다. 단순한 합산표기법(tally marks), 과제분석, 보조도구(counting devices)를 포함한 사건기록 체계를 사용해 자료를 수집하는 방법은 여러 가지다.

합산표기법

특정 시간 동안 일어난 표적행동의 횟수를 셀 때 교사는 단순한 빗금 표시를 사용할 수 있다. 합산표기법(tally marks) 체계란 표적행동이 발생한 횟수에 대한 자료수집을 위해 빗금, 숫자, 혹은 기타 방법(예: 종이 클립, 동전)을 사용하는 것을 말한다. 예를 들어, 수업 중에 해당 학생이 몇 번이나 탈석행동을 했는지 결정할 때 교사는 합산표기법을 사용할 수 있다. 합산표기법은 행동의 비율을 결정할 때도 사용될 수 있다. 예를 들면, 어떤 학생이 수업 시작 15분간 탈석행동을 몇 번이나 했는지 결정하기 위해 교사는 합산표기법을 사용한 다음, 분당 몇 번의 탈석행동이 있었는지 계산할 수 있다.

과제분석   사건기록법을 활용해 자료를 수집하는 또 다른 방법은 과제분석을 사용하는 것이다(3장 참조). 과제분석은 복잡한 기술을 좀 더 작고 교수 가능한 단위로 쪼개는 단계별 형식일 뿐 아니라 특정 과제를 완수하는 데 요구되는 필수 단계의 목록을 제공한다. 과제분석을 사용할 때 교사는 간단하게 학생이 정확히 완수한 단계의 개수를 센다. 만일 과제분석 단계의 총계가 항상 똑같다면 교사는 정확한 수를 기록해야만 한다. 만약 단계의 총계가 변한다면 교사는 정반응 단계의 수를 측정 가능한 총 단계 수로 나누어 정반응 비율을 계산한다.

마지막으로 미국 중등전환기술지원센터(NSTTAC, 2009)는 전체과제연쇄법(total task chaining)을 중·고등학교의 장애학생에게 다양한 기능적 기술을 가르치기 위한 증거기반실제의 하나로 판별하였다. 특히 이 방법은 기능적 생활기술(예를 들면, 물건 사기, 집 관리하기, 여가기술)을 가르치는 데 사용된다.

과제분석은 연구자들이 학생의 중등 전환 관련 기술 습득에 대한 자료수집에 사용한 방법 중 하나다. 예를 들어, Mechling, Gast와 Langone(2002)은 모의 및 실제 식료품점 환경에서 통로의 품목표시를 정확히 찾고, 식료품 목록에 있는 12개의 항목을 제자리에 놓는 과제에 대한 학생의 정반응 수에 대한 자료수집을 할 때 과제분석을 사용했다.

수 세기 보조도구　　교사가 표적행동의 빈도 혹은 비율에 대한 자료수집을 하는
데 있어 다양한 보조도구(예: 손목시계형 계수기, 디지털 계수기)가 도움이 될 수 있
다(Alberto & Troutman, 2009). 손목시계형 계수기(wrist counters)는 학생의 표적
행동 빈도에 대한 자료를 수집하면서 교사가 해당 표적행동의 발생 시 그 각각을
변별하여 셀 수 있도록 하는 데 사용될 수 있다. 교사가 자료수집을 위해 손목시
계형 계수기를 사용할 때에는 표적행동을 99개의 반응까지 표기가 가능한 합산
표기 방법이 있다. 표적행동이 일어난 횟수에 기초해 손목시계형 계수기는 표적
행동 빈도를 세는 데 활용된다.

손에 들고 사용할 수 있는 휴대용 디지털 계수기(digital tally counters)는 손목시
계형 계수기와 마찬가지로 행동 발생을 단계별로 기록할 수 있게 한다. 휴대용
디지털 계수기는 특정한 표적행동들의 빈도나 비율 자료를 수집하는 데 사용할
수 있는 또 다른 효과적이면서 효율적인 도구다. 예를 들어 이러한 디지털 계수
기들은 지역사회중심교수를 하는 동안 어떤 학생의 표적행동을 합산하는 데 사
용될 수 있다.

이 외에도 교실에서 교사가 사용하기에 좀 더 경제적이면서 효과적인 단순한
사건기록 자료수집 방법도 있다. 이러한 방법으로는 행동의 발생 횟수를 교사가
자신의 옷에 마스킹테이프(masking tape)로 표시를 하거나 행동 발생 시마다 한
쪽 주머니에서 다른 쪽 주머니로 클립을 옮기거나 아니면 단순하게 주머니나 책
상 같은 별도의 장소에 작은 계산기를 놓고 사용하는 것 등이 포함된다.

순간시간표집법

순간시간표집법은 자료수집 시 교사가 사용할 수 있는 가장 시간 효율적인 방
법일 것이다. 순간시간표집법을 이용하면 관찰 시간을 동일한 구간(단, 3분 이상
을 넘지 않음)으로 자른다. 그런 다음 교사는 각각의 시간 구간의 가장 마지막 순
간에 표적행동이 일어났는지 아닌지를 기록한다. 순간시간표집법을 사용할 때
교사는 표적행동의 발생을 관찰 및 기록해야 하는 시간인 특정 구간(예: 1분, 2분,
3분) 마지막 순간에 알람이 울리도록 타이머를 맞추어 놓을 수 있다.

지속시간과 지연시간기록법

어떤 표적행동의 지속시간 혹은 지연시간에 대한 자료를 수집할 때에는 특정한 표적행동이 지속되는 시간의 길이 또는 학생이 그 표적행동을 시작하는 데까지 걸린 시간과 관련한 주의를 기울여야 한다. 지속시간과 지연시간은 표준시간 단위(예: 분 혹은 초 단위)를 사용해 측정한다. 지속시간이나 지연시간 자료를 수집하기 위해 어떤 방법을 사용할지 결정할 때에는 다음 두 가지 문제를 고려해야 한다.

1. 표적행동을 얼마나 오래 지속되는지 대해 관심이 있는가? 그렇다면 지속시간기록법을 사용한다.
2. 표적행동이 시작되기까지 얼마나 오래 걸리는지에 대해 관심이 있는가? 그렇다면 지연시간기록법을 사용한다.

지속시간기록법 교사가 어떤 표적행동이 얼마나 오래 지속되는지에 관심이 있다면 지속시간기록법을 사용할 수 있다. 지속시간은 표준시간 단위를 사용해 측정한다. 예를 들어, 만약 교사가 어떤 학생이 과제와 관련한 일(예: 욕실 청소하기, 코딩 혹은 복사하기, 사무용품 분류하기)을 얼마나 오랫동안 지속하는지에 관심이 있다면 해당 학생이 실제 수행한 분 혹은 초를 세어 과제 관련 행동의 수행시간을 기록할 수 있다.

지속시간기록법을 사용할 때 교사는 해당 표적행동을 기록할 시간의 길이(예: 10분간)를 결정해야 한다. 학생의 과제 관련 행동 수행의 예에서 교사는 학생이 해당 과제 관련 일을 수행한 시간을 10분간 기록할 수 있다. 해당 학생은 10분 동안 초반 2분 동안과 마지막 1.5분 동안에만 과제 관련 일을 수행했을 수 있다. 이 경우 총 3.5분의 지속시간 동안 과제수행을 했다고 볼 수 있다.

지연시간기록법 교사가 어떤 표적행동이 일어나기까지 걸린 시간에 관심이 있을 때 지연시간기록법을 사용할 수 있다. 지속시간과 비슷하게 지연시간 역시 표준시간 단위(예: 분 혹은 초 단위)를 사용하여 측정한다. 학생의 과제 관련 행동 수행의 예에서 직무코치는 지역사회중심교수를 하는 동안 학생에게 해당 과제

의 수행을 시작하라고 요청할 수 있다. 그러면 교사는 그 직무
코치가 지시를 한 후 실제 학생이 해당 과제를 수행하기 시작
하기까지 얼마나 걸리는지를 잰다. 지연시간 자료를 기록하기
위해 교사는 학생이 일련의 지시에 대한 반응이 일어난 실제
시간과 특정 반응을 시작하도록 단서가 제공된 시간을 기록한
다. 이 방법을 사용한 자료수집의 예는 〈표 4-2〉를 참조한다.

지연시간기록법은 다양한 행동에
관한 자료를 수집하기 위해 사용될
수 있다. Shevin과 Klein(2004)은
학생들이 선택한 과제에 참여하는
동안 학생들의 과제수행행동에 대
한 자료를 수집하기 위한 방법으로
서 지연시간기록법을 사용할 수 있
다고 제안하였다.

■ 표 4-2 ■ 표적행동, 차원, 기록체계의 예

표적행동	차원	기록체계 및 사용방법
여가 관련 일견단어를 소리내어 읽기	수 세기	사건기록법: 합산표기법을 사용해 여가 관련 일견단어를 정확하게 읽은 횟수 세기
지역사회중심교수를 하는 동안 세탁하기	수 세기	사건기록법: 과제분석을 사용하여 세탁하는 동안 과제분석을 완수한 단계의 수를 세기
교실에서 방해행동하기(예: 수업 중에 탈석행동, 소리내기, 의자 흔들기)	수 세기	사건기록법: 보조도구를 사용하여 지역사회 직무를 하는 동안 학생이 방해행동을 보인 횟수를 클립을 한쪽 주머니에서 다른 쪽 주머니로 옮기면서 세기
과제를 독립 수행하는 시간에 또래에게 말걸기	시간 재기	순간시간표집법: 각 시간 간격의 마지막인 3분마다 타이머를 맞추고 학생을 관찰하고 표적행동 횟수를 세기
지역사회중심교수를 하는 동안 욕실 청소하기	시간 재기	지속시간기록법: 학생이 욕실 청소를 완수할 때까지 걸린 시간 기록하기
취업지원 완수하기	시간 재기	지연시간기록법: 교사가 요청한 이후 취업지원 업무를 시작하기까지 걸린 시간 기록하기

자료수집 관련 쟁점

교사는 활동을 방해하지 않으면서도 훈련효과를 결정하는 데 충분한 자료를
제공할 수 있는 자료수집 전략을 선택할 필요가 있다. 교사가 자료수집을 위한
계획을 할 때에는 다음과 같은 문제를 고려해야 한다.

1. 누가 자료수집을 할 것인가?

2. 얼마나 자주 자료수집을 할 것인가?
3. 어떻게 수집된 자료를 보여 줄 것인가?

누가 자료수집을 할 것인가? 자료수집은 교사 혹은 학생이 수집할 수 있다. 학생이 자신의 수행을 기록하는 것(일명 자기점검 혹은 자기기록법)만으로도 독립적인 수행을 증진시킬 수 있다. 또한 자기점검법은 학생이 자신의 자료를 기록한 다음 교사가 나중에 이를 검토하기 때문에 수행을 방해하지 않게 된다.

얼마나 자주 자료수집을 할 것인가? 예전에는 교사가 손에 기록판을 들고 학생 앞에 서서 모든 행동을 기록하기도 했다. 이런 자료수집 전략은 학교나 작업장에서 가르친 각 단계에 대한 자료수집이 필요하다는 것 때문에 정당화되었다. 하지만 모든 반응이 기록될 필요는 없으며 이제 교사들은 학습자의 수행에 대한 정보 획득을 위해 회기(probes) 수행의 효율성을 알게 되었다. 회기를 사용하여 교사는 교수를 제공하고 뒤로 물러서서 도움 없이 학생이 과제를 수행하는 것을 관찰하고 자료수집을 한다. 회기를 사용하는 방법은 교사가 교수와 자료수집을 동시에 할 때 생기는 어려운 문제를 피할 수 있도록 돕는다. 이 방법은 교수적인 결정, 다시 말해 어떤 학생이 해당 기술을 학습하였는지를 결정할 만큼 충분한 자료를 모으기 위한 것이다.

예를 들면, 어떤 교사가 과제분석을 통해 학생에게 촉진하기(prompting)를 사용하여 새로운 기술을 세 번 가르친 다음 자료수집 회기를 수행한다. 이를 위해서 교사는 과제분석을 사용한 자료수집을 하는 동안 학생에게 도움을 주지 않고 학생이 해당 과제를 수행하도록 요구해야 한다. 교사는 해당 기술을 가르치고 매일 적어도 한 회기 자료수집을 시작한다. 일단 기술이 숙달되었다면(예: 연속 세 번 정반응), 교사는 주당 1회 회기로 변경한다. 주당 세 번의 회기 이후에 교사는 월별 회기로 변경할 수 있다.

어떻게 수집된 자료를 보여 줄 것인가? 가장 좋은 방법은 자료를 그래프로 그려 보여 주는 것이다. [그림 4-1]은 현금인출기 사용하기를 10단계로 과제분석하여 정확히 완수한 단계의 수를 보여 주는 전형적인 그래프다. 그래프를 보면 알 수 있듯이 라숀드라(LaShawndra)의 현금인출기 사용 수행은 매일 향상되었다. 그러

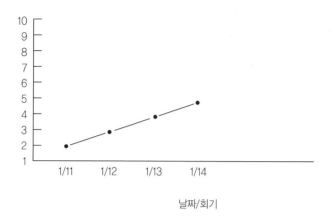

학생 이름: 라숀드라
행동: 현금인출기 사용하기

날짜/회기

■ 그림 4-1 ■ 현금인출기를 사용하기 위한 10단계 과제수행에
따른 학생의 수행을 보여 주는 그래프

나 정반응 단계 수가 증가함에도 불구하고 이 그래프는 라숀드라의 수행을 정확하게 보여 주지는 않는다. 이를 알기 위해 교사는 자료수집 기록지와 해당 그래프를 함께 보아야 한다.

〈표 4-3〉은 이 문제의 답을 보여 준다. 자기기록 형식을 사용함으로써 정반응을 한 단계의 총 횟수뿐 아니라 정반응과 오반응 단계를 모두 볼 수 있다. 다음과 같은 단계로 자기기록 과제분석 자료수집 기록지를 개발한다.

1. 기록지의 맨 위에 가장 마지막 단계가 오도록 과제분석 단계를 역순으로 쓴다.
2. 학생이 각 단계를 수행하면서 정반응을 한 단계에 ×표시를 한다.
3. 일단 학생이 전체 과제를 완수하면 ×표시의 수를 세면서 기록지에 해당하는 수에 동그라미를 친다.
4. 그래프에 자료의 점수를 표시하기 위해 각 동그라미를 연결한다.

■ 표 4-3 ■ 현금인출기 사용하기에 대한 10단계 과제분석의 수행에 대한 자기점검그래프

학생 이름: 라숀드라
행동: 현금인출기 사용하기

10	영수증을 꺼낸다.	1̶0̶	1̶0̶	1̶0̶	1̶0̶	10	10
9	카드를 꺼낸다.	9	9̶	9̶	9̶	9	9
8	거래종료 버튼을 누른다.	8	8	8̶	8̶	8	8
7	돈이 나오는 곳의 뚜껑을 열고 돈을 꺼낸다.	7	7	7	7	7	7
6	'확인' 버튼을 누른다.	6	6	6	6	6	6
5	금액을 입력한다.	5	5	5	⑤	5	5
4	현금인출 버튼을 누른다.	4	4	④	4	4	4
3	'비밀번호를 정확히 눌렀습니다' 버튼을 누른다.	3	③	3	3̶	3	3
2	비밀번호를 누른다.	⊗	2̶	2̶	2̶	2	2
1	카드를 넣는다.	1	1	1	1	1	1
	날짜	1/11	1/12	1/13	1/14		

⟿ 요 약

　자료수집은 교사의 업무를 좀 더 쉽게 해 준다. 가르친 기술을 학생들이 어떻게 수행하고 있는지를 알면 교사는 가능한 한 효과적이고 효율적으로 자신의 교수를 필요한 만큼 조정할 수 있다. 학생들의 자료를 맥박이나 체온과 같은 활력징후(vital sign)처럼 생각해야 한다. 만약 의사가 환자의 이러한 활력징후에 대한 자료를 수집하지 않는다면 환자의 상태가 좋은지 나쁜지 말할 수 없을 것이다. 이와 마찬가지로 교사에게도 학생의 수행자료는 활력징후와 같다. 수행자료는 교사로 하여금 학급에서 자신의 교수가 효과적인지, 효율적인지, 믿을 수 있는 것인지 알게 해 준다.

❧ 관련 정보

- **자료수집 관련정보(Doing What Works)**

  http://dww.ed.gov

  미국 교육부의 지원으로 운영되며, 교육과학원에 의해 판별된 연구기반실제들을 교사들이 학급에서 사용할 수 있는 실제적인 자료로 제시한다. 이 웹사이트는 증거기반 및 연구기반 실제의 실행과 관련하여 학생들이 자신의 수행을 어떻게 모니터하고 자료를 수집하는지에 대한 정보를 제공한다.

- **긍정적 행동중재 및 지원센터(The Center on Positive Behavioral Interventions and Supports)**

  http://www.pbos.org

  미국 특수교육프로그램국의 지원으로 운영되는 기술지원센터다. 학교 차원의 효과적인 행동지원 실제들을 판별하고 조정하며 지속시키기 위한 역량을 강화하기 위한 정보와 기술지원을 제공한다. 학생의 행동에 대한 자료수집 절차와 관련하여 교사와 학교를 위한 다양한 자원과 정보를 제공한다.

- **미국 중등전환기술지원센터(National Secondary Transition Technical Assistance Center)**

  http://www.nsttac.org/Lesson PlanLibrary/StudentFocusedPlanning.aspz

  미국 교육부의 특수교육프로그램국에 의해 지원되는 기관으로 장애학생들의 증거기반의 중등전환실제와 관련된 정보를 제공한다. 웹사이트에서는 교사들이 중등의 장애학생들에게 일상생활, 고용기술, 자기결정기술, 학업기술을 가르치기 위해 사용할 수 있는 교수학습계획안 개발도우미를 제공한다. 교수학습계획안 교수목표와 환경, 교수자료, 교수내용, 교수절차, 그리고 학생의 기술 습득에 대한 자료수집을 위한 평가방법을 포함한다.

05

Nicole Uphold & Melissa Hudson

학생중심계획

대부분의 학생들은 학교를 다니면서 고등학생에서 성인기로의 성공적인 전환을 위한 지식과 기술을 충분히 습득한다. 이러한 지식과 기술에는 독립생활, 구직 및 직업유지, 지역사회 대학·4년제 대학·기술학교와 같은 중등교육이후의 교육기관에 참여하는 것이 포함된다. 그러나 장애학생들은 다른 경험을 하기도 한다(Blackorby & Wagner, 1996).

미국 종단전환연구 2(National Longitudinal Transition Study 2, NLTS 2) 자료는 2000년에 13~16세 사이의 학생을 전국적인 표본으로 하여 중·고등학교에서 성인기로 이동한 경험을 기록하였다. 졸업 후 2년 동안 중등이후의 교육을 받고 있거나 고용된 장애학생은 비장애학생에 비해 현저히 낮은 비율이었다. 특히 비장애청소년은 40%의 참여율을 보고한 것에 비해, 장애청소년은 19%만이 중등이후의 교육을 받았다. 또한 비장애 또래 63%가 고용된 것에 비해, 장애청소년은 41%의 고용률을 보고하였다(Wagner et al., 2005). 더불어 장애학생의 28%는 고등학교에서 중도탈락을 하였기 때문에 졸업장을 받지 못했다(National Center for Special Education Research, 2005). 특정학습장애와 정서 및 행동장애가 있는 학생들의 경우 학업을 마치지 못한 비율은 이보다 더 높아 각각 35%와 61%에 이른다(U.S Department of Education, 2003).

고등학교를 마치지 못한 장애학생들의 미래는 비관적이다. 고등학교 졸업장이 없는 청소년은 고등학교를 졸업한 또래에 비해 더 낮은 임금을 받고, 감옥에 갈 확률이 더 높으며, 건강이 더 좋지 않을 가능성이 많다(Cataldi, Laird, & KewalRamani, 2009). 학생중심계획은 교사가 고등학교에서 장애학생을 지속적으로 교육할 수 있는 하나의 전략이다(Benz, Lindstrom, & Yovanoff, 2000). 이 장에서는 학생중심계획과 그 중요성 및 교사가 학생과 함께 학생중심계획을 하는 데 사용할 수 있는 전략에 대해 설명한다.

🕊 학생중심계획

학생중심계획은 전환프로그램의 분류체계(Kohler, 1996)에서 효과적인 전환실제의 다섯 가지 범주 중 하나다. 학생중심계획에는 학생의 개별화교육프로그램을 개발하는 것과 전환계획에 학생참여를 촉진하는 전략이 포함된다. 학생중심계획에서 이루어지는 교육적 결정은 학생의 목표와 흥미에 기반한다. 적절한 목표가 정해지면 학생들은 계획하고 의사를 결정하며, 그들의 목표를 성취해 나가는 것에 대한 진전도평가를 하게 된다(Martin, Marshall, & Maxson, 1993; Ward & Kohler, 1996). 전환계획을 하는 동안 학생을 위해 고려해야 할 질문은 〈표 5-1〉에서 제시한다.

■ 표 5-1 ■ 전환계획 중에 학생들을 위해 고려되어야 할 질문

내가 생활하는 학교, 직장, 지역사회에 대한 나의 흥미와 기술은 무엇인가?
고등학교를 졸업한 이후 어느 지역에서 배우고, 살고, 일할 것인가?
미래를 준비하기 위해 어떤 과목들을 수강할 것인가?
나의 강점은 무엇이며 개선해야 할 점은 무엇인가?
학교 졸업이후 목표를 이루기 위해 무엇을 배워야 하는가?

출처: Martin, J. E., van Dycke, J., D'Ottavio, M., & Nickerson, K. (2007). The student-directed summary of performance: Increasing student and family involvement in the transition planning process. *Career Development for Exceptional Children, 30*, 14.

학생참여의 중요성

고부담시험을 대비하여 학생을 준비시키는 것에서부터 특수교육 적법절차와 개별화교수에서 요구되는 서류작업을 마치는 것까지 교사들은 여러 많은 업무에 시간을 쏟고 있다. 전환계획에 학생을 포함시킬 시간을 찾기란 어렵고 불필요해 보일 수 있다. 그러나 자신의 전환과정에 학생이 참여함으로써 교사는 짧게는 곧 일어날 급한 과제(예: 학생에게 의미 있는 전환계획하기)를 해결하게 될 뿐만 아니라, 길게는 학생들이 앞으로 수년간 살아가면서 도움이 될 행동들을 가르치게 되는 것이다. 〈표 5-2〉는 문헌에 제시된, 장애학생이 자신의 전환계획에 참여하는 것에 대한 여섯 가지 이유다.

■ 표 5-2 ■ 전환계획에 장애학생들을 포함시켜야 하는 이유

학생들 스스로 자신의 삶의 중요한 결정들을 할 수 있는 기회를 제공
학업완수율 증가
중등이후교육에서의 참여와 성공 향상
가족참여 장려
학생들에게 목표설정 및 달성 등과 같은 평생 동안의 기술교수
독립성 장려(예: 자율성)

출처: Martin, J. E., Van Dycke, J., D' Ottavio, M., & Nickerson, K. (2007). The student-directed summary of performance: Increasing student and family involvement in the transition planning process. *Career Development for Exceptional Children, 30*, 14.

첫째, 전환계획에 학생을 포함시키면 학생들은 자신의 삶에 대한 중요한 결정들을 할 수 있는 기회를 갖게 된다. 2장에서 언급한 바와 같이, 학생중심계획에서는 교육 및 훈련, 고용, 성인생활, 지역사회경험의 영역에 대한 학생의 선택, 선호도, 요구가 매우 중요한 역할을 한다. 또한 계획과정 중에 학생들의 책임감을 고양시켜 주면, 학생들은 스스로 중요한 결정들을 내리는 것을 연습할 수 있는 기회를 갖게 된다.

둘째, 전환계획에 학생이 참여하게 되면 학생들의 학업완수율이 증가한다. 어떤 연구에서는 학생들이 학생중심전환계획에 참여하는 경우, 학생들이 고등학교를 졸업하게 될 가능성이 더 높다고 보고하였다(Test, Folwer, White, Richter, & Walker, 2009b). 예를 들어, Repetto, Pankaskie, Hankins와 Schwartz(1997)는

설문연구를 통해 경도장애학생들의 개별화교육프로그램 개발 참여가 학교 중도 탈락 예방에 효과적인 실제임을 밝혔다. Benz 등(2000)은 장애학생들의 학업완수 및 고용의 성과와 청소년 전환 프로그램의 요소들을 조사하였더니, 학생중심계획 전략과 학업완수율이 높은 정적 상관관계를 가지고 있음을 입증하게 되었다. 더불어, Izzo, Yurick, Nagaraja와 Novak(2010)은 학업적 기술과 직업적 기술을 동시에 가르치면 그들의 삶과 직결되며 의미가 부여되기 때문에, 학생들이 내용을 습득하고 이해하는 데 더 향상된 능력을 가지게 된다고 보고하였다. 학생들은 학업과정이 그들의 삶과 직결된다는 것을 알게 될 때, 학교생활을 지속하려는 경향을 보였다.

셋째, 전환계획에서의 학생참여는 학생들의 중등이후교육의 참여와 성공을 높인다. 거의 절반에 가까운 장애학생들의(예: 47%) 주된 전환목표는 대학에 입학하는 것이지만, 비장애학생보다 현저히 낮은 입학률(예: 40%), 즉 19%의 장애학생만이 2년 과정의 중등이후의 교육기관에 참여하게 된다(Cameto, Levine, & Wager, 2004). 전환계획과 개별화교육프로그램 개발에 학생들을 참여시키는 것은 학생들 스스로 중등이후교육의 참여와 성공을 위하여 세운 계획에 대한 목표를 달성할 수 있도록 도와준다.

넷째, 가족참여는 학생의 전환과정에 있어 학교 이후의 긍정적인 성과를 가져온다. 직업역량개발과 학교 이후의 고용결과에 있어서 초기성인기 학습장애인의 가족역할에 대한 질적 연구의 결과, Metheny, Johnson과 Zane(2007)은 학생들이 고등학교를 다닐 때 학생들을 적극적으로 옹호한 가족의 자녀가 졸업 후에도 더 높은 임금을 받는 직장에 취직한 것을 알게 되었다. Morningstar 등(2010)은 전환과정 중의 가족참여와 가족지지는 중등이후교육 시기에 학생의 자기결정과 밀접한 연관이 있음을 보고하였다. 〈표 5-3〉은 전환계획에 대한 개별화교육프로그램 회의에 참여하려고 준비하는 부모들에게 도움이 될 질문들을 열거하고 있다.

다섯째, 학생들은 계획과정을 통해 목표설정 및 달성과 같은 일생 동안의 필요한 기술들을 습득하게 된다. 학생들은 그들의 의견을 알리고 긍정적인 학교 이후의 성과를 얻을 수 있도록 전환계획에 참여해야 한다. 또한 학생들은 졸업 이후뿐만 아니라 미래의 삶에도 전반적으로 사용할 기술들을 배워야 한다. 예를 들어, 학생들이 고등교육기관이나 직장 상황에서 자신을 지지하고 옹호할 수 있

■ 표 5-3 ■ 전환계획을 위한 개별화교육프로그램 회의에 참여하기 위해 준비하는 부모들을
위한 질문

자녀들의 삶을 위해 자녀들이 하고 싶어 하는 것은 무엇인가요?

자녀들의 요구, 능력, 기술은 무엇인가요?

자녀들에게 어떠한 프로그램, 서비스, 조정, 수정이 필요한가요?

자녀들이 고등교육이나 고용된 상태에서 어떠한 조정이 필요한가요?

어떻게 자녀들의 학업적 및 전환적 프로그램에 실제적이고 학업적인 목표가 동시에 포함될 수
있을까요?

학교에서 자녀들에게 어떠한 지역사회중심 훈련 기회들이 제공되나요?

일을 경험하는 수업들이 자녀들의 고용 목표에 도달하는 데 적합한가요?

자녀들의 교육적 및 전환적 프로그램들이 일상적 프로그램에 어떻게 더 통합될 수 있을까요?

출처: PACER Center, ALLIANCE National Parent Teachnical Assistance Center. (2007). Parent tips for
transition planning. Retrieved April 1, 2011, from http://www.pacer.org/publications/pdfs/
ALL14.pdf. PACER Center, Inc., Minneapolis, MN (952)838-9000. http://www.pacer.org.All
rights reserved.

핵심어: 개별화교육프로그램

기 위해서는, 자신들의 장애를 이해하고 성공을 위해 어떤 지원이 필요한지 알
아야 한다. 또한 학업적 목표를 어떻게 설정하는지 학습하고 목표달성을 위해
수행하는 것은 일생 동안 모든 상황에 일반화될 수 있는 목표설정 과정이다.

마지막으로, 전환계획은 학생들에게 독립성을 길러 준다. 특수교육의 궁극적
목표는 학생이 독립할 수 있도록 해 주는 것이다(Shevin & Klein, 1984). 학생중심
계획에서는 전통적으로 성인들에게 주어진 역할들이 학생들에게 점진적으로 넘
어가며, 이는 학생들의 독립성을 향상시킬 수 있는 기회를 마련한다. 그럼에도
불구하고, 학생들에게 그들의 독립성을 더 키울 수 있는 기술을 가르쳐야 한다.
Martin 등(2006)은 학생들에게 개별화교육프로그램 참여에 관한 구체적인 교수
를 제공했을 때, 학생들이 개별화교육프로그램 회의를 더 많이 주도하며 개별화
교육프로그램 회의에서 지도력이 필요한 단계(예: 자기소개하기, 팀 구성원 소개하
기, 회의의 목적 설명하기)에 적극적으로 참여한다고 보고하였다. Izzo 등(2010)은
학생들이 전환계획활동 안에서의 IT 관련 웹기반 교수를 받게 된 경우, IT 기술
습득뿐만 아니라 목표설정, 구직 활동 지식, 대학에 관련된 정보를 획득하는 기
술들을 배우게 되었음을 보고하였다.

또한 Woods, Sylvester 그리고 Martin(2010)은 학생주도전환계획(student-
directed transition planning) 교수를 받은 학생들이 고등학교 졸업 이후 자신의 교

육적 목표를 개별화교육프로그램 팀 구성원들에게 전달할 수 있는 학생 자신의 능력에 대한 인식이 향상됨을 발견하게 되었다.

🕊️ 전환계획과정에 학생을 참여시키는 단계

전환계획과정은 종종 한 회기에 걸쳐 중등이후교육의 성과를 개발하고, 학생이 원하는 결과를 얻을 수 있도록 필요한 활동과 서비스를 결정하며, 장단기 목표를 적을 수 있도록 이끄는 개별화교육프로그램 회의로 여겨지기도 한다. 그러나 계획과정은 학생의 장기적인 계획에 초점을 둔 한 회기 이상의 연중으로 이루어지는 회의다.

학생들은 직접 전환과정에 참여하기 이전에 참여를 위한 관련된 기술들을 습득해야 한다(〈표 5-4〉 참조). 또한 학생들은 질문하는 방법, 다른 사람들의 의견을 경청하는 방법, 의사결정 및 문제해결 방법을 알아야 할 것이다. 더 나아가 학생들은 강점, 필요한 영역, 좋아하는 것, 좋아하지 않는 것을 포함하는 기본적인 자기인식이 필요할 것이다.

■ 표 5-4 ■ 교수를 위한 선행기술과 전략

기술	교수전략
질문하기	역할극을 통해 학생들이 개별화교육프로그램 회의 중에 받을 수 있는 질문들을 연습한다.
도움 요청하기	학생들에게 언제 도움이 필요하며 학생 스스로 도움을 요청하기 위한 질문을 할 수 있도록 상황을 제공해 준다.
경청하기	학생들이 제시되는 지시들을 따를 수 있도록 연습시킨다(예: 3단계의 지시를 주고, 학생들이 그 지시들을 수행할 수 있도록 도와준다). 학생들이 들은 것을 반복적으로 말할 수 있도록 연습하게 한다(예: 전화 교환원 게임).
의사결정하기	학생에게 의사결정의 예시를 제공하고 그 과정을 통해 결정을 해본다.
문제해결하기	학생에게 문제 상황을 제공하고 그 과정을 함께 해결해 나간다.
자기인식	학생들에게 자신이 인지하고 있는 강점, 약점, 좋아하는 것, 좋아하지 않는 것의 목록을 완성하게 한다. 학생들에게 다른 사람이 자신을 보는 관점과 자신의 관점이 일치하는지 알아보도록 다른 사람들을 인터뷰하게 한다.

■ 표 5-5 ■ 계획과정에서의 참여자 역할을 촉진시키는 방법

참여자	참여자의 역할 촉진시키는 방법
부모	전환계획과정에 대한 정보를 제공한다. 학생의 미래에 대한 부모님의 비전에 대해 물어본다. 또래멘토를 제공한다(즉, 전환과정을 경험한 학생의 부모).
일반교육교사	전환계획과정에 대한 정보를 제공한다. 관심사를 의논하기 위해 교사(특수교사가 아닌)가 학생을 만날 것을 요구한다.
행정가	행정가에게 교육적 전문용어를 삼가는 것을 요구한다. 행정가가 모든 교사들에게 학생중심계획을 사용하도록 장려한다.
성인서비스 제공자	제공자의 기관에 대한 정보를 부모가 아닌 학생에게 제공하도록 한다. 학생에게 우선적으로 모든 질문들을 하도록 요구한다. 학생들이 서비스에 대해 더 알기 위해 인터뷰하고 방문하는 것을 허용해야 한다.

또한 계획 과정의 다른 참여자들(예: 교사, 부모, 교육 관련 종사자, 성인 서비스 제공자들)은 학생중심계획 과정에 있어서의 자신들의 역할에 대한 분명한 책임을 가져야 한다. 특수교사는 학생중심계획에 대한 정보를 제공해야 하며, 각 참여자가 학생을 어떻게 지원해야 하는지 알려 주어야 한다. 〈표 5-5〉는 특수교사가 학생중심계획에서 다른 참여자들을 어떻게 지원할 수 있는지에 대해 명시되어 있다.

전환계획과정은 계획하기, 개별화교육프로그램 초안 작성하기, 개별화교육프로그램 수정을 위한 회의하기, 개별화교육프로그램 적용하기를 포함하고 있다(Konrad & Test, 2004). 각각의 과정에 대한 자세한 정보는 차례대로 제시될 것이다.

계획하기

계획하기에는 강점 및 요구 결정, 장기적인 비전 수립, 개별화교육프로그램 자료 조직화, 학생에게 전환과정 가르치기가 포함된다.

시중에서 구입할 수 있는 교육과정과 개인중심계획(person-centered planning)을 사용함으로써, 학생들은 그들의 강점과 요구를 내세우고, 미래에 대한 장기적인 비전을 개발하며, 그들 자신의 전환인식을 향상시킬 수 있다(Cross, Cooke, Wood, & Test, 1999; Keyes & Owens-Johnson, 2003; Powers, Turner, Matuszewski, Wilson, & Phillips, 2001). 예를 들어, Konrad와 Test(2004)의 개별화교육프로그

Konrad와 Test(2004)는 중학생들이 개별화교육프로그램의 양식을 이용하여 본인들의 개별화교육프로그램 초안을 쓸 수 있도록 가르쳤다. 이 과정을 통하여 학생들은 개별화교육프로그램 양식을 완성함과 동시에 개별화교육프로그램에 대한 지식도 증가하였다.

개인중심계획은 역방향(backward)의 계획하기다. 이 계획에서 팀 구성원들은 학생이 장기적인 비전을 발전시킬 수 있도록 도움을 준다. 이러한 비전을 통해 팀은 학생이 이 비전에 도달할 수 있도록 돕는 장기적계획을 수립하기 위한 계획을 마련한다.

램 양식은 학생들이 학생들 자신의 강점과 요구를 열거하고, 학교 졸업 이후에 대한 비전을 개발할 수 있게 해 준다([양식 5-1] 참조).

시중에서 구입할 수 있는 교육과정들은 경도장애학생들에게 초점이 맞추어져 있지만, 개인중심계획은 중도장애학생들에게 많이 사용되었다. 이러한 계획을 사용하는 데 있어서는 지원팀이 각 학생에게 편성되어야 하며, 팀에서는 학생들이 장기적인 비전을 개발할 수 있도록 지원하고 각 학생의 비전에 도달하기 위해 학생들에게 필요한 지원을 제공해 주어야 한다. 계획에 있어서 중요한 점은 학생을 알고 지역사회에서 필요한 자원들을 지원해 줄 수 있는 구성원들을 초대하는 것이다. 이러한 구성원들은 학생들의 강점, 요구, 희망사항, 꿈에 대한 심도 있는 관점을 제공할 수 있기 때문이다. 개인중심계획의 한 예로 맥길실행계획체계(McGill Action Planning System, Forest & Lusthaus, 1990, 〈표 5-6〉 참조)를 들 수 있으며, 이는 촉진자가 각 참여자에게 답을 할 수 있는 기회를 제공할 수 있도록 질문하는 것이다.

■ 표 5-6 ■ 맥길실행계획체계의 안내 질문의 예

1. 해당 학생의 개인사(individual history)는?
2. 당신의 꿈은?
3. 당신의 악몽은?
4. 해당 학생은 누구인가?
5. 해당 학생의 강점, 달란트, 능력은 무엇인가?
6. 해당 학생의 요구는 무엇인가?
7. 학교에서 해당 학생의 이상적인 하루는 어떠하며 무엇이 일어나야 하는가?

출처: Forest & Lusthaus, 1990.

초안 작성하기

과정에 있어서의 두 번째 단계는 학생들이 자신들의 목표, 세부 목표, 현행수준, 학교 졸업 이후 목표, 이러한 목표들을 성취할 수 있는 서비스들을 선택하고

나의 목표

당신의 미래는 무엇입니까? 당신이 생각하는 꿈과 목표는 무엇입니까? 당신의 목표가 그것을 반영하면서도 자신에게 현실적인 것인지 확인하세요. 그리고 다른 사람이 당신을 위해 갖고 있는 기대와 탐색 결과도 쓰세요.

내 진로탐색 결과 내가 잘하는 것은

_____

나는 찬성/반대(하나에 동그라미)한다. 왜냐하면

_____

_____

나의 _____ (부모/보호자)가 희망하는 것은

_____

_____

나의 _____ 선생님이 생각하시는 것은

_____

_____

고등학교 졸업 후 나의 계획은

사는 곳 _____

배울 것 _____

직업 _____

여가활동 _____

이 목표를 달성하기 위해 나를 위한 최선의 고등학교 과정은

_____

_____

■ 양식 5-1 ■ 개별화교육프로그램 양식의 예

출처: Konrad, M., Test, D. W. (2004). Teaching middle-school students with disabilities to use an IEP template. *Career Development for Exceptional Individuals*, *27*, 101-124. In *Evidence-Based Instructional Strategies for Transition* by David W. Test. (2012, Paul H. Brookes Publishing Co., Inc.)

적을 수 있는 개별화교육프로그램의 초안을 작성하는 것이다. 이러한 활동들은 개별화교육프로그램 회의 전에 이루어진다.

개별화교육프로그램 회의의 모든 구성원을 통해 공식적인 개별화교육프로그램 문서가 완성된다는 것을 명심해야 한다. 교사들은 대부분 학생들에게 개인적으로 목표를 물어보고, 그 정보를 바탕으로 공식적인 개별화교육프로그램 문서에 학생의 목표로 기록을 한다. 그러나 연구자들은 학생들에게 어떻게 개별화교육프로그램의 목표 및 세부목표를 개발해야 하는지 가르쳤다. Konrad와 Test(2004)는 학생들에게 개별화교육프로그램 양식([양식 5-2] 참조)을 사용하여 현행 수준, 목표, 세부목표, 서비스 및 필요한 조정을 기입하도록 하였다.

또한 자기조절 쓰기전략(self-regulated writing strategy)을 개발하여, 학생들에게 개별화교육프로그램 목표, 4개의 세부목표, 계획표를 작성하도록 가르쳤다(Konrad & Test, 2007). 학생들은 이 정보들을 개별화교육프로그램 문서 안에 넣기 위해 한 단락으로 정리를 하게 된다([양식 5-3] 참조).

계획수정을 위한 회의

개별화교육프로그램 과정의 세 번째 단계는 개별화교육프로그램 회의에 학생을 참여시키는 것이다. 교육자들은 학생이 개별화교육프로그램 회의에 참여하는 것이, 학생들이 적극적으로 회의에 참여한다거나 팀 구성원들이 학생의 흥미, 강점, 선호도를 전적으로 고려할 것이라는 것을 보장하지는 않을 것이라는 점을 인지하고 있어야 한다. 반대로, 연구자들은 학생들이 최소한으로 회의에 참여해야 하는 팀 구성원이라는 것(Martin, Huber Marshall, & Sale, 2004)과 학생들이 다른 어떤 구성원들보다도 발언할 기회가 적어야 한다(Martin et al., 2006)고 보고하기도 하였다.

다행히도 개별화교육프로그램 회의에 대한 계획 및 참여를 위한 교수가 학생들의 개별화교육프로그램 회의에 대한 참여를 증가시키고 있다. 예를 들어, Martin 등(2006)은 구체적인 개별화교육프로그램 회의 교수를 받은 학생들이 교사주도 개별화교육프로그램 교수(teacher-directed IEP instruction)를 받은 학생들보다 개별화교육프로그램 회의에서 더 발언을 하고, 시작하고, 주도한다는 것을 보고하였다. Woods 등(2010)은 전환계획 교수를 받은 학생들이 받지 않은 학생

연간목표

당신의 목표는 어렵고도 현실적이어야 합니다. 내년 말까지 당신이 할 수 있는 일은 무엇입니까? 목표는 명확하고 측정 가능해야 하며, 당신의 요구와 일치하여야 합니다.

1. 나는 _____ 을/를 할 것입니다.
2. 나는 _____ 을/를 할 것입니다.

세부목표

이것은 당신의 목표에 도달하게 해 주는 단계입니다. 이 단계는 명확하고 측정 가능해야 합니다. 당신이 각 목표를 달성했을 때 자신뿐 아니라 선생님, 가족이 모두 주저없이 말할 수 있어야 합니다.

나의 첫 번째 목표를 달성하려면
1a. 나는 _____ 을/를 할 것입니다.
1b. 나는 _____ 을/를 할 것입니다.
1c. 나는 _____ 을/를 할 것입니다.
1d. 나는 _____ 을/를 할 것입니다.

나의 두 번째 목표를 달성하려면
2a. 나는 _____ 을/를 할 것입니다.
2b. 나는 _____ 을/를 할 것입니다.
2c. 나는 _____ 을/를 할 것입니다.
2d. 나는 _____ 을/를 할 것입니다.

■ 양식 5-2 ■ 개별화교육프로그램 양식의 예

출처: Konrad, M., Test, D. W. (2004). Teaching middle-school students with disabilities to use an IEP template. *Career Development for Exceptional Individuals, 27*, 101-124. In *Evidence-Based Instructional Strategies for Transition* by David W. Test. (2012, Paul H. Brookes Publishing Co., Inc.)

GO 4 IT....NOW!

글쓰기 전단계(prewriting)를 위해 이 활동지의 처음 부분을 사용하세요.

Goal(목표)
Objectives(세부목표)
4(4가지 세부목표)   1. _____
                        2. _____
                        3. _____
                        4. _____

Identify
Timeline(계획 일정 정하기) _____

Name your topic(제목 정하기).
Order your details(세부사항 순서 정하기).
Wrap it up and restate topic(정리하고 제목 다시 정하기).

전환의 피라미드를 사용하는 것을 기억하자!

첫째

그리고 둘째

그리고 그다음 셋째

그리고 마지막으로 넷째

_____

_____

_____

_____

■ 양식 5-3 ■ GO 4 IT...NOW! 활동지

출처: Konrad, M., Test, D. W. (2007). GO 4 IT...NOW!
   In *Evidence-Based Instructional Strategies for Transition* by David W. Test. (2012, Paul H. Brookes Publishing Co., Inc.)

■ 표 5-7 ■ 자기옹호전략 행동들

전략 실행을 위한 절차(IPARS)	
I	회의 전에 완성된 강점, 약점, 요구, 목표를 열거한 목록(Inventory)
P	회의 중에 목록을 제공(Provide)
A	질문하기(Ask)
R	질문에 응답하기(Respond)
S	목표 정리하기(Summarize)

출처: Van Reusen, Bos, & Schumaker (1994).

들보다 전환계획에 대해 더 많은 지식을 갖고, 더 높은 자기효능감을 인지하고 있다는 것을 찾아내었다. 출판되어 판매되는 다양한 교육과정들은 학생들 스스로 그들의 개별화교육프로그램 회의를 주도하도록 가르쳤고, 이러한 교육과정에는 자기옹호전략(Self-Advocacy Strategy, Van Reusen, Bos, & Schumaker, 1994), 누구의 미래인가?(Whose Fusutr Is It Anyway? Wehmeyer, Lawrence, Garner, Soukup, & Palmer, 2004), 자기주도 개별화교육프로그램(Self-Directed IEP, Martin, Marshall, Maxon, & Jerman, 1996)이 포함된다.

자기옹호전략(Van Reusen, 1994)은 학생들에게 개별화교육프로그램 회의 참여를 가르치는 교육과정으로, 미국 중등전환기술지원센터(NSTTAC)에 의해 정해진 증거기반실제다. 이 전략의 핵심은 학생들에게 개별화교육프로그램 회의에서 필요한 의사소통을 위한 행동과 학생들이 개별화교육프로그램 회의를 주도하기 위한 기술을 동시에 가르친다는 것이다. 〈표 5-8〉은 이 전략을 사용하여 개별화교육프로그램 회의 참여를 가르친 교수학습계획안 개발도우미를 제공한다.

자기주도 개별화교육프로그램(Martin, Marshall, Maxon, & Jerman, 1996)도 증거기반실제이며, 학생들의 개별화교육프로그램 회의 참여를 위하여, 다중매체를 통해서 학생들이 개별화교육프로그램 회의를 주도할 수 있도록 가르친다. 이 교육과정은 학생들이 각 단계를 직접 시연하는 동영상, 학생 작업 일지, 교사 지도서로 이루어져 있다. 〈표 5-10〉은 이 전략을 사용하여 개별화교육프로그램 회의 참여를 가르친 교수학습계획안 개발도우미를 제공한다.

Wu, Martin과 Isbell(2007)은 시각장애학생들에게 자기주도 개별화교육프로그램을 통해 본인들의 개별화교육프로그램 회의를 주도하도록 가르쳤다. 더불어, 그들은 개별화교육계획 회의의 다른 참여자들에게도 자기주도 개별화교육프로그램을 훈련시켰다. 학생들은 이 훈련을 받은 참여자들이 있는 개별화교육프로그램 회의에서 훈련받지 않은 참여자들이 있는 회의에서보다 더 많이 발언하고 그 외의 모든 것들을 더 주도한다는 것을 보여 주었다.

■ 표 5-8 ■ 자기옹호전략을 위한 교수학습계획안 개발도우미

개별화교육프로그램 회의 참여
자기옹호전략 사용하기

목표: 학생들을 개별화교육프로그램에 참여할 수 있도록 가르치기

환경: 고등학교 상황에서 교수

교수자료: 학생들과 부모들이 학급에서의 학습과 스스로 공부하는 것에 대한 학생의 학업적 강점, 개발이 필요한 약점, 목표 및 흥미, 선호도에 대한 인식과 정의를 적을 수 있도록 목록조사표를 이용함

교수내용

중재는 참여자들에게 개별화교육프로그램 참여 전략(IPARS)을 가르치는 데 초점을 둔다.

I	회의 전에 완성된 강점, 약점, 요구, 목표를 열거한 목록
P	회의 중에 목록을 제공
A	질문하기
R	질문에 응답하기
S	목표 정리하기

이러한 단계들은 적극적 경청, 눈으로 의사소통하기, 듣기 좋은 목소리 톤 내기, 열려 있는 몸 동작하기, 들은 것에 대해 동의하는지 안 하는지에 대해 말하기, 명확함을 위해 질문하기, 질문에 대답하기, 정보 제시를 위해 목록조사표 사용하기, 참여자들의 동의를 통한 목표 요약하기 등의 의사소통 및 사회성기술을 포함한다.

교수절차

1. 소개하기는 전략의 전반적 정보를 제공한다.
2. 묘사하기는 개별화교육프로그램 과정을 정의하는 것, 전략과 관련된 주요 행동을 간단히 설명하는 것, 전략의 각 단계에 대한 당위성을 제시하는 것을 포함한다.
3. 시연하기와 준비하기는 참여자들이 목록조사표를 완성하고 전략 안에서 교사가 각 단계들을 모델링하며 행동의 좋은 예와 나쁜 예를 구분하는 것을 포함한다.
4. 언어적 예행연습은 전략들의 각 단계들과 그와 연관된 행동에 대해 그들이 이해한 것을 기억하고 정교화하는 것을 포함한다.
5. 전략 연습 및 피드백 주기는 참여자들에게 개별화교육프로그램 회의에 대한 간략한 전반적 절차를 알려주는 것과 가상 회의를 통해 전형적인 연간 개별화교육프로그램 회의에서 주고받을 수 있는 질문과 답변을 해 보고 서로에게 피드백을 주는 것을 포함

한다.

6. 일반화 단계에서는 다양한 상황에서 언제 어떻게 전략이 사용될 수 있는지 의논하게 되며, 이 단계에서는 학생의 개별화교육프로그램 회의로 즉시 넘어가게 된다. 5분 동안의 일반화 회기 동안에 학생들은 전략단계와 목록조사표를 훑어보게 되며, 학생들은 회의를 위한 '준비하기' 질문들에 답할 수 있는 기회를 갖게 된다.

3가지 종류의 훈련 회기는 학생 회기, 파트너(부모와 학생) 회기, 일반화 회기가 있다.

1. 학생 회기는 50분 회기로 3일 연속으로 이루어진다. 한 번에 3~5명의 학생들이 참여하며 학교 일과 시간 중에 이루어진다. 이 회기 동안 학생들은 인식단계를 사용함으로 전략들을 배우게 된다.

2. 파트너 회기에서는 2~4명의 학생들과 그들의 부모들이 학교 일과 후의 시간에 대략 2시간 동안의 만남으로 이루어진다. 첫째, 교사와 학생들은 전략을 부모들에게 설명하고, 학생들이 부모들을 도와서 목록조사표를 완성한다. 그다음에는 각 학생들과 파트너들이 정보들을 훑어본 뒤, 어떠한 목표들이 학생이나 부모에게 일반적이고 어떠한 목표들이 특별한지 알아보며 '파트너 협상'을 하게 된다.

3. 마지막으로 학생들과 부모들은 가상 회의에 참여하게 된다. 일반화 회기는 회의가 바로 시작되면서 이루어지는 것이다.

평가

효과적인 학생의 개별화교육프로그램 회의 참여를 결정하기 위해서는 4개의 종속변수가 수집되어야 한다.

1. 목록조사표에 정의된 양적인 학생의 목표
2. 개별화교육프로그램 회의 동안의 학생의 양적 및 질적인 언어적 참여
3. 개별화교육프로그램 회의 중의 학생 수행에 대한 평가
4. 회의 시간

교수학습계획안 출처

Van Reusen, A. K., Bos, C. S. (1994). Facilitating student participation in individualized education programs through motivation strategy instruction. *Exceptional Children*, 60, 466-475.

출처: National Secondary Transition Technical Assistance Center. (2008). *IEP meetings participation using Self-Advocacy Strategy.* Charlotte, NC: Author.
In *Evidence-Based Instructional Strategies for Transition* by David W. Test. (2012, Paul H. Brookes Publishing Co., Inc.)

핵심어: 개별화교육프로그램

■ 표 5-9 ■　자기주도 개별화교육프로그램 교육과정의 단계들

목표를 말하며 회의를 시작한다.
회의에 있는 모든 구성원들을 소개한다.
과거의 목표와 수행에 대한 보고를 한다.
다른 사람들의 피드백을 물어본다.
학업 및 전환 목표를 말한다.
이해하지 못한 경우 질문을 한다.
다른 의견들을 다루게 된다.
필요한 지원을 말한다.
목표를 요약한다.
모든 구성원들에게 감사하며 회의를 마친다.
연중 내내 목표를 향해 노력한다.

출처: Martin, J. E., Marshall, L. H., Maxon, L. M., & Jerman, P. L. (1996). *The self-directed IEP* (p. 113). Longmont, CO: Sopris West, Cambium Learning Group-Sopris.
핵심어: 개별화교육프로그램

■ 표 5-10 ■　ChoiceMaker 자기주도 개별화교육프로그램을 위한 교수학습계획안 개발 도우미(핵심어: 개별화교육프로그램)

개별화교육프로그램 회의 참여
ChoiceMaker 자기주도 개별화교육프로그램 사용하기

목표: 글을 읽지 못하는 학생들을 위해 수정된 ChoiceMaker 자기주도 개별화교육프로그램의 다중매체 패키지를 이용하여 학생들이 개별화교육프로그램 회의에 참여할 수 있도록 가르치기

환경: 고등학교 안의 특수학급

교수자료: ChoiceMaker 자기주도 개별화교육프로그램 다중매체 패키지(교사 지도서, 학생 작업일지, 2개의 동영상 포함). 자기주도 개별화교육프로그램을 구입하기 위해서는 Sopris West 회사로 전화를 걸어주시기 바랍니다(전화번호: 1-800-657-6747, 비용: $120).

교수내용

4개의 교수 단위는 다음과 같다.

교수 단위 1: 회의 이끌어 가기
　단계 1: 목적을 언급하며 회의를 시작하기
　단계 2: 모든 구성원 소개하기
　단계 3: 지난 목표와 수행 검토하기

단계 10: 모든 구성원들에게 감사하며 회의 마무리하기

교수 단위 2: 흥미 보고하기
단계 5: 당신의 학교 및 전환 관련 목표 명시하기

교수 단위 3: 기술 보고하기
단계 5: 당신의 학교 및 전환 관련 목표 명시하기

교수 단위 4: 선택권 제시하기
단계 9: 당신의 목표 정리하기

교수절차
각 단계에 따른 양식은 다음과 같다.

1. 필요한 경우, 이전의 단계들을 검토한다.
2. 사용된 새로운 단어에 대한 학습내용과 교수를 미리 검토한다.
3. 동영상 자료는 실습지도를 위해 모형과 상황적 예시를 제공한다.
4. 연습문제집 활동은 각 단계를 연습하기 위해 사용된다(교사가 큰 소리 내어 읽기, 오버헤드에 쓰기, 필요한 경우 연습문제집 활동 대신에 학급 회의를 이끌기).
5. 실제 개별화교육프로그램 회의를 위해 교사가 시연하고 학생이 연습한다.
6. 학생의 간단명료한 평가
7. 학생에게 다른 상황에도 기술들을 연관시킬 수 있는지 물어보고 정리한다.
8. 읽기, 쓰기, 인지적 기술이 제한된 학생들에게 단계 1, 2, 3을 그림으로 촉진해 본다.

평가
다섯 개의 모의 개별화교육프로그램 회의의 각 교수 단위를 마친 후에, 모의 개별화교육프로그램 회의가 다음의 절차를 통해 이루어진다.

1. 회의의 목적 명시하기
_____(학생의 이름), 우리는 오늘 왜 회의를 하러 모였습니까?
2. 모든 구성원들에게 소개하기
_____(학생의 이름), 이 회의에 누가 참석합니까?("저 사람은 누구입니까?/나는?"과 같이 자신이나 다른 구성원들을 가리키며 물을 것이다)
3. 지난 수행과 목표 검토하기
_____(학생의 이름), 지금까지 학교생활을 열심히 해 왔다고 생각합니까? 지금까지 무슨 일을 위해 노력해 왔습니까?

4. 학생 선호도

좋습니다, _____(학생의 이름). 새로운 목표들을 살펴보기 이전에 당신이 흥미로워 하는 것들에 대해 이야기해 봅시다. 이 논의를 통해 새로운 목표를 결정할 수 있게 될 것입니다.

· 학교에서 무엇을 배우고 싶습니까?

· 여러 직업현장을 방문하였습니다. 고등학교 졸업 후에 무엇을 하고 싶습니까?

· 개인적으로 선호하는 것들은 무엇입니까? 어떤 운동을 좋아하며, 어떤 활동에 참여 하는 것을 좋아합니까? (필요한 경우 운동이나 활동 등의 예시를 제공하도록 한다.)

· 혼자 혹은 룸메이트와 살게 된다면, 어떠한 일상생활기술을 배우고 싶습니까?

· 고등학교를 졸업한 후에, 어디에 살고 싶습니까?

· 어떠한 지역사회 활동에 참여하고 싶습니까?

5. 기술과 제한점

학생들에게 각 영역에 대해 자신 있는 기술과 부족한 기술에 대해 물어본다.

6. 선택사항과 목표들

자, 그렇다면 이제부터 교육을 위한 여러 선택사항들을 열거할 것입니다(교육 대신 다 른 영역으로 대체해도 된다). 이러한 선택사항들을 통해 각 전환영역에 대한 목표들을 서술할 것입니다.

· 당신은 흥미 있는 과목들을 언급하였습니다. 배우고 싶은 다른 과목들은 어떤 것이 있 습니까? (모든 영역에 이 과정을 반복한다. 필요한 경우 학생에게 그림을 제시한다.)

· 당신의 선택사항 중에 당신의 목표를 정하게 될 것입니다. (학생에게 합리적인 목표 를 설명한다.)

7. 회의 마무리하기

당신의 목표 정하기를 마쳤다면, 회의를 마칠 시간입니다.

검토를 합시다.

_____(학생의 이름)의 새로운 목표는 무엇입니까? 잘했습니다!

_____(학생의 이름), 이 회의를 마치도록 마무리해 주겠습니까? (학생에게 신호를 주기 위해 손을 흔든다거나 '고맙습니다'라고 말한다.)

8. 모의상황과 실제 개별화교육프로그램 회의 중의 학생 수행도는 ChoiceMaker 교육과 정 체크리스트를 통해 측정된다.

교수 단위	측정되는 기술
회의 주도하기	• 목적을 명시하며 회의 시작하기
	• 구성원들 소개하기
	• 이전 목표와 수행 검토하기
	• 의사결정을 요약하며 회의 마무리하기
선호도 보고하기	• 교육적 선호도를 제시한다(예: 교내활동, 수업과목, 운동, 학업)

- 고용 선호도를 제시한다(예: 직업, 직장생활)
- 개인적 선호도를 제시한다(예: 건강, 관계, 여가)
- 일상적 생활에 대한 선호도를 제시한다(예: 요리하기, 교통수단)
- 주거에 대한 선호도를 제시한다(예: 그룹홈, 독립생활, 생활지도원이 관리하는 아파트)
- 지역사회참여에 대한 선호도를 제시한다(예: 운동, 동호회활동)

기술 보고하기
- 교육적 기술 제시
- 교육적 제한점 제시
- 고용기술 제시
- 고용에 있어서의 제한점 제시
- 개인적 기술 제시
- 개인적 제한점 제시
- 일상생활기술 제시
- 일상생활기술의 제한점 제시
- 주거기술 제시
- 주거기술에 대한 제한점 제시
- 지역사회참여기술 제시
- 지역사회참여에 대한 제한점 제시

선택사항 보고하기
- 교육적 선택사항들 명시
- 교육적 목표 선택
- 고용적 선택사항 명시
- 고용목표 선택
- 개인적 선택사항 명시
- 개인적 목표들 선택
- 일상생활 선택사항 명시
- 일상생활 목표 선택
- 주거선택사항 명시
- 주거선택사항 선택
- 지역사회참여 선택사항 명시
- 지역사회참여 목표 선택

9. 실제 개별화교육프로그램의 첫 번째 회의는 그 어떤 교수가 시작되기 전에 이루어진다. 두 번째 개별화교육프로그램 회의는 모든 교수와 모의 개별화교육프로그램 회의가 끝난 후에 이루어진다.

· _____, 우리가 오늘 왜 이곳에 있는지 알고 있습니까? 우리에게 말해 주시기 바랍니다.

- _____, 이 회의에 참석한 사람들을 소개해 주시기 바랍니다.
- 지난 목표와 진전 상황을 알아봅시다. (학생이 지난 목표를 달성하기 위해 얼마나 잘 해 왔는지 말할 수 있도록 촉진한다.)
- 자, _____(학생의 이름), 그럼 시작하기 전에 당신이 흥미로워하는 것들에 대해 이 야기해 봅시다. 학교에서 더 배우고 싶은 것에는 무엇이 있습니까?
- 졸업한 후에 무엇을 하고 싶습니까?
- 스스로 배우고, 생활하고, 일하기 위해서 어떤 기술이 필요합니까?
- 가지고 있는 기술들에 어떠한 제한점을 가지고 있습니까?
- (미팅 전에 끝내야 한다.) 각 전환영역에 대해 여러 선택사항들이 있다는 것을 알 수 있었습니다. 우리에게 조금 말해 주시기 바랍니다.
- 좋습니다. 앞으로 일해야 할 목표를 정하기로 합시다. (각 전환영역에서 목표를 명시 할 수 있도록 학생에게 신호를 준다.)
- 잘했습니다. 모든 문서에 서명하고 회의를 마무리합시다. _____(학생의 이름), 모든 문서에 서명을 다 했습니다.
- 성취해 나가고 싶은 어떠한 목표가 있습니까? 고맙습니다. (학생이 고맙다고 말하고 악수를 하도록 신호를 준다.)

교수학습계획안 출처:

Allen, S., Smith, A., Test, D., Flowers, C., & Wood, W. (2002). The effects of self-directed IEP on student participation in IEP meetings. *Career Development for Exceptional Individuals, 24*, 107-120.

출처: National Secondary Transition Technical Assistance Center. (2008). *IEP meetings participation: Using ChoiceMaker Self-Directed IEP.* Charlotte, NC: Author.
In *Evidence-Based Instructional Strategies for Transition* by David W. Test. (2012, Paul H. Brookes Publishing Co., Inc.)

계획 적용하기

개별화교육프로그램 과정의 마지막 단계는 문서화된 개별화교육프로그램을 학생이 적용하는 것이다. 이 단계에서는 학생들이 그들의 개별화교육프로그램 목표를 달성할 수 있도록 전략들을 가르침으로써 학생들을 지원하는 것이다. 이 기간에 학생들은 목표설정 방법, 목표달성을 위한 행동, 진전도 점검, 목표달성을 위한 수정 방법을 배워야 한다. 자기결정교수학습모형(Self-Determined Model for Instruction, SDLMI)과 실행하기: 목표 이루기(Take Action: Making Goals Happen)

와 자기결정실행안(self-determination contract)들은 학생들이 개별화교육프로그램을 스스로 적용하기 위해 모두 사용하며 도움을 받게 될 것이다.

자기결정교수학습모형(SDLMI)은 학생들에게 목표설정하기, 목표달성을 위해 계획 세우기, 행동에 기반한 목표나 계획을 조정하는 것을 가르치기 위한 교수모형이다(Wehmeyer, Palmer, Agran, Mithaug, & Martin, 2000). 이 모형은 학생의 교육적 목표달성을 위해 사용되었으며, 미국 중등전환기술지원센터에 의해 정해진 증거기반실제다. 학생들은 이 모형을 통해 목표설정 및 달성을 도와주는 일련의 질문에 답한다(〈표 5-11〉 참조).

> 목표설정과 목표달성은 학생들이 일생 동안 배워야 하는 기술이다. 한 연구(Agran, Blanchard, & Wehmeyer, 2000)에서는 고등학생들이 자기결정교수학습모형을 사용하여 개별화교육프로그램의 목표를 달성할 수 있도록 가르쳤다. 이 과정을 통해 대부분의 학생들은 자신들이 직접 정한 목표들에 대한 수행도를 높일 수 있었다.

■ 표 5-11 ■ 자기결정교수학습모형 단계들

단계	학생 질문
단계 1: 목표 설정하기	
나의 목표는 무엇인가?	내가 무엇을 배우고자 하는가? 내가 그것에 대해 현재 무엇을 알고 있는가? 내가 모르는 것을 배우기 위해 무엇을 바꾸어야 하는가? 이 모든 것이 일어나기 위해서 나는 무엇을 할 수 있는가?
단계 2: 실행하기	
나의 계획은 무엇인가?	내가 모르는 것을 배우기 위해 내가 무엇을 할 수 있는가? 실행하는 데 있어서 장애물이 되는 것은 무엇인가? 장애물을 어떻게 제거할 것인가? 언제 실행할 것인가?
단계 3: 목표나 계획 조정하기	
나는 무엇을 학습하였는가?	어떤 행동들을 실행하였는가? 어떠한 장애물들이 제거되었는가? 내가 모르는 것들 중 무엇이 바뀌었는가? 내가 알고 싶어하는 것을 알게 되었는가?

출처: Wehmeyer, Palmer, Agran, Mithaug, & Martin(2000).

실행하기: 목표 이루기 교육과정은 계획, 실행, 평가, 조정 즉, 4가지의 단계로 구성되어 있다(Marshall et al., 1999). 이 전략을 통해 학생들은 그들의 일간 목표에 도달하기 위해 계획하기, 목표를 향해 일하기, 그들의 진전을 평가하기, 평가를 기반으로 목표를 조정하기를 배우게 된다(〈표 5-12〉 참조). 〈표 5-13〉은 학생

들에게 실행하기: 목표 이루기를 사용하여 목표달성을 가르친 교수학습계획안 개발도우미를 제공한다.

■ 표 5-12 ■ 실행하기: 목표 이루기 학생 질문들

전략	어떠한 방법을 사용할 것인가?
지원	어떠한 도움이 필요한가?
계획	나는 그 목표를 언제 실행할 것인가?

출처: Marshall, Martin, Maxson, Miller, McGill, Hughes, & Jerman(1999).

■ 표 5-13 ■ 실행하기: 목표 이루기를 위한 교수학습계획안 개발도우미

개별화교육프로그램 일간 목표달성

목표: 경도 및 중등도 인지장애 중·고등학생들이 개별화교육프로그램 일간 목표를 달성할 수 있도록 가르치기

환경: 학급 상황에서 가르치기

교수자료: 실행하기: 목표 이루기(Marshall, Martin, Maxson, Miller, McGill, Hughes, & Jerman, 1999; Sopris West에서 구할 수 있음) 교수자료 사용

교수내용

실행하기: 목표 이루기에서 일간 목표달성 양식 사용하기

1. 학생들은 일간 계획을 수행하기 위해 3개의 질문에 답해야 한다.
   ① 전략: 나는 어떠한 전략을 사용할 것인가?
   ② 지원: 나는 어떠한 도움이 필요한가?
   ③ 일정: 나는 언제 그것을 할 것인가?
   학생들은 주간단위보다는 일간단위로 그들의 계획을 평가하고 조정하는 과정을 배우게 된다.

2. 학생의 습득 속도에 따라 다르게 진행되지만, 보통 1~2주 동안 6~10시간의 교수가 이루어진다. 학생들이 일간 목표달성 양식을 사용하게 되면서부터는, 장기적인 목표를 단기적인 세부목표로 나누지 않고, 매일 달성할 수 있는 목표들을 세우게 된다.

3. 학생의 개별화교육프로그램에 기반하여 학급교사는 각 학생들이 수행할 수 있으나, 능숙하거나 이미 습득하여 유지하는 단계에 있지 않는 다양한 과제들을 열거한 30개의 일간 목표 단어장을 만들게 된다. 3″×5″ 크기의 단어장에 각 목표들을 쓴다. 일간 목

표의 예는 다음과 같다.

① 주머니나 가방에 버스카드 지참하기
② 학교 가정·실습 요리시간에 조리법 지참하기
③ 장 볼 때 준비한 목록에서 다섯 개의 물건 찾기
④ 일간신문에서 원하는 광고를 찾기
⑤ 대화 방해하지 않기
⑥ 스크램블 에그 만들기
⑦ 신문에서 영화 관련 정보 찾기
⑧ 촉진 없이 5개의 과제를 연달아 수행하기

교수절차

3주 동안 일간 목표달성을 가르치기 위해 **실행하기** 수업들이 이루어진다. 학생들은 90분 분량의 **실행하기** 수업을 4번 받게 된다.

수업 1: 4가지 단계(계획, 실행, 평가, 조정)의 **실행하기** 과정을 배우기 위해 일련의 활동들을 완수하게 된다.

수업 2: 학생들은 **실행하기** 동영상을 관람하게 된다. 교사는 계획을 세울 수 있는 3가지의 구성요소(전략, 일정 짜기, 지원)도 가르치게 된다.

수업 3: 학생들은 상호작용적으로 계획의 예시들을 검토하고, 모의 계획을 써 보고, 그들 자신의 목표를 달성하기 위한 계획을 개발한다.

수업 4: 학생들은 그들의 전략, 지원, 일정들을 통해 목표가 달성되었는지 결정하기 위해 평가 전략들을 배우게 된다. 그렇지 않은 경우, 학생들은 목표를 달성하기 위해 계획을 어떻게 조정해야 하는지 배워야 한다.

1. 교수 전반에 걸쳐, 학교 일정이 시작할 즈음에, 학생들은 자신에게 해당하는 30개의 목표 카드 중에서 3개의 목표를 선택하게 된다. 그들은 그 목표들을 읽고, 필요하다면 교사가 학생을 도와 읽을 수 있도록 해 준다. 학생들은 하교 전까지 그 목표들을 달성할 수 있도록 한다.
2. 이러한 교수를 통해 학생들은 **실행하기** 과정을 사용하며, 일간 목표를 달성하기 위한 연습을 최대 6일 동안 해 나가게 된다. 학생들은 교사의 촉진과 피드백으로 그들의 **실행하기** 계획을 완수하고 목표를 달성해 간다. 학생들은 하루의 일과 마지막에 교사들의 지원과 교수와 피드백으로 평가와 조정 부분을 완성한다.

> **평가**
>
> 학생이 선택한 3개의 일간 목표들 중 달성한 일간 목표들의 개수를 기록한다.
>
> **교수학습계획안 출처**
>
> German, S. L., Martin, J. E., Marshall, L. H., & Sale, P. R. (2000). Promoting self-determination: Using TakeAction to teach goal attainment. *Career Development for Exceptional Individuals, 23*, 27-38.

출처: National Secondary Transition Technical Assistance Center. (2008). *IEP daily goal attainment*. Charlotte, NC: Author.

In *Evidence-Based Instructional Strategies for Transition* by David W. Test. (2012, Paul H. Brookes Publishing Co., Inc.)

핵심어: 개별화교육프로그램

이와 비슷하게도 자기결정실행안들은 학생들의 학급 활동에 대한 계획, 작업, 평가, 조정에 사용되어 왔다(Martin et al., 2003). 작업계획표를 사용함으로써, 학생들은 특정 활동 시간 정하기, 완수할 활동량 정하기, 활동을 정확하게 완수한 경우 얻게 되는 점수 점검하기를 통해 하루 일과를 계획하게 된다(점수는 학생들에게 보상으로 사용되는 것이다). 학생들이 활동을 시작하면서 위와 같은 방식으로 그들의 완성을 점검하게 된다. 그러고 나서 학생들은 정확한 시간에 시작하고 끝났는지, 계획한 만큼의 활동을 마쳤는지, 계획한 점수를 얻게 되었는지를 점검하면서 그들의 일을 평가하게 된다. 마지막 단계는 현재 평가를 통해 다음날을 위해 필요한 조정을 하는 것이다. [양식 5-3]은 실행안 예시다.

🕊 요 약

전환계획에 학생들이 참여할 수 있도록 가르치는 것은 연중으로 이루어지는 과정이다. 학생들은 개별화교육프로그램 과정의 모든 단계에 참여해야 하며, 학생들이 목표를 이룰 수 있도록 필요한 강점·약점·중등이후교육의 결과·개별화교육프로그램 목표·서비스를 결정하는 것, 개별화교육프로그램 회의에 참여하고 주도하는 것, 목표달성을 위해 일하는 것이 포함되어야 한다. 학생들에게 이러한 기술들을 가르칠 수 있는 상업적 교육과정과 교육자가 만든 교육과정이 유효하니 참조하기를 바란다.

자기결정실행안

이름: _____　　　날짜: _____
쪽수 #: _____　　　문제 #: _____
_____ 나는 마지막으로 결정된 사항들을 읽었다.

계획

시작 시각	일정	과목	세부목표			끝난 시각	승인
(시계)	____	읽기	쪽수 ____	맞은 개수 ____	획득 점수 ____	(시계)	____
(시계)	____	수학	문제 개수 ____	맞은 개수 ____	획득 점수 ____	(시계)	____
(시계)	____	받아쓰기	단어 개수 ____	맞은 개수 ____	획득 점수 ____	(시계)	____
(시계)	____	창의력	이야기 개수 ____		획득 점수 ____	(시계)	____
(시계)	____	사회	사건 개수 ____		획득 점수 ____	(시계)	____

작업

시작 시각	일정	과목	세부목표			끝난 시각	승인
(시계)	____	읽기	쪽수 ____	맞은 개수 ____	획득 점수 ____	(시계)	____
(시계)	____	수학	문제 개수 ____	맞은 개수 ____	획득 점수 ____	(시계)	____
(시계)	____	받아쓰기	단어 개수 ____	맞은 개수 ____	획득 점수 ____	(시계)	____
(시계)	____	창의력	이야기 개수 ____		획득 점수 ____	(시계)	____
(시계)	____	사회	사건 개수 ____		획득 점수 ____	(시계)	____

평가

	읽기	수학	받아쓰기	쓰기	사회
정시에 시작했는가?	예 아니요	예 아니요	예 아니요	예 아니요	예 아니요
계획한 횟수를 완수하였는가?	예 아니요	예 아니요	예 아니요	예 아니요	예 아니요
계획한 횟수를 오류 없이 완수하였는가?	예 아니요	예 아니요	예 아니요	예 아니요	예 아니요
계획한 점수를 얻었는가?	예 아니요	예 아니요	예 아니요	예 아니요	예 아니요
정시에 마쳤는가?	예 아니요	예 아니요	예 아니요	예 아니요	예 아니요

조정

다음 회기	읽기	수학	받아쓰기	쓰기	사회
작업 시작하기:					
· 더 일찍	___	___	___	___	___
· 더 늦게	___	___	___	___	___
· 같은 시각에	___	___	___	___	___
완성하기:					
· 더 많은 쪽수/문제 개수	___	___	___	___	___
· 같은 양의 쪽수/문제 개수	___	___	___	___	___
___ 개의 문제들/쪽수들을 실수 없이 작업하기:					
· 더 많이	___	___	___	___	___
· 같은 양으로	___	___	___	___	___
점수 ___ 점을 획득하기:					
· 더 많이	___	___	___	___	___
· 같은 수준으로	___	___	___	___	___
작업 끝내기:					
· 더 일찍	___	___	___	___	___
· 더 늦게	___	___	___	___	___

■ 양식 5-3 ■ 자기결정실행안

출처: Martin, J. E., Mithaug, D. E., Cox, P., Peterson, L. Y., Van Dycke, J. L., & Cash, M. E.(2003). Increasing self-determination: Teaching students to plan, work, evaluate, and adjust. *Exceptional Children, 69*, 431-447.
In *Evidence-Based Instructional Strategies for Transition* by David W. Test. (2012, Paul H. Brookes Publishing Co., Inc.)

관련 정보

- 미국 종단전환연구 2(National Longitudinal Transition Study 2)

  http//:www.nlts2.org

  장애학생들의 학교 졸업 이후의 성과에 대한 데이터베이스와 보고서를 제공한다.

- 증거기반실제

  http://www.nsttac.org/ebp/ExecsummaryPPs.pdf

  Kohler의 전환프로그램의 분류체계, 5가지 영역에 관련하여 증거기반실제를 정함(Kohler의 전환프로그램의 분류체계, 5가지 영역: 학생중심계획하기, 학생역량개발, 가족참여, 프로그램구성, 기간관협력)

- 페이서 센터(PACER Center, ALLIANCE National Parent Technical Assistance Center)

  http://www.pacer.org/tatra/resources/transitionemp.asp

  부모들에게 전환계획과 학생들의 교육에 어떻게 참여하는지에 대한 정보를 제공한다.

- Take CHARGE for the Future(Powers et al., 2001)

  학생들에게 전환계획 과정을 가르치고, 학생들의 목표설정을 지원하며, 목표를 달성하기 위한 계획을 개발하도록 학생들을 지원하기 위한 교육과정이다.

- 개별화교육프로그램 양식(Konrad & Test, 2004)

  학생들이 현행수준, 목표와 세부목표, 목표달성을 위한 서비스를 개발하기 위해 필요한 양식이다.

- GO FOR IT⋯NOW!(Konrad & Test, 2007)

  학생들에게 개별화교육프로그램 목표 쓰기를 가르치기 위한 자기조절 쓰기전략

• 자기결정을 위한 단계(Steps to Self-Determination)(Hoffman & Field, 2005)
  장애학생들에게 자기결정기술을 가르치기 위한 교육과정

• 교수학습계획안 개발도우미들

  개인중심계획 Person-Centered Planning
  http://www.nsttac.org/LessonPlanLibrary/2_27_35.pdf

  자기옹호전략 Self-Advocacy Strategy
  http://www.nsttac.org/LessonPlanLibrary/6.pdf
  http://www.nsttac.org/LessonPlanLibrary/4_7_37_41.pdf
  http://www.nsttac.org/LessonPlanLibrary/5.pdf

  자기주도 개별화교육프로그램 Self-Directed IEP
  http://www.nsttac.org/LessonPlanLibrary/I_and_8.pdf

  실행하기: 목표 이루기 Take Action: Making Goals Happen
  http://www.nsttac.org/LessonPlanLibrary/26.pdf

06
Allison Walker & Audrey Bartholomew

고용기술 향상 전략

1980년대 중반 이후로, 현장전문가들은 장애학생들의 고용률을 향상시키는 것에 집중하여 왔고, 연구자들은 학생들이 직업세계를 더 잘 준비할 수 있는 방법들을 모색하기 시작했다. Kohler와 Field(2003)에 따르면 학생들이 직업세계를 잘 준비할 수 있는 방법 중의 하나는 학교기반과 직무기반 활동을 통하여 직무 관련 기술을 쌓는 것이다. 이 과정에서 현장전문가들은 학생에게 필요한 조정이 무엇인지 알아보아야 하며, 학생들이 성공할 수 있도록 지원하고, 다양한 환경에서 이러한 기술을 가르쳐야 한다. 다양한 환경(학교기반, 지역사회 기반)에서 기술들을 가르침으로써 학생들은 이를 다른 환경에 더 잘 일반화할 것이며, 따라서 직업세계에서 좋은 결과가 있을 것이다.

> Kohler와 Field(2003)는 학교기반, 직무기반 활동을 통해서 직무 관련 기술을 교수하는 것을 Kohler의 전환프로그램의 분류체계에서 학생역량개발의 한 요소로 기술하였다.

1980년대 중반에 연구자들은 장애학생들의 졸업 이후 저조한 성과들을 검토하며 Kohler와 Field(2003)의 연구와 같은 이후 연구의 기반을 다졌다. 예를 들어, 1978년에 특수교육서비스를 받아 왔던 234명의 고등학교 졸업생들을 추적조사한 연구에서 Mithaug, Horiuchi와 Fanning(1985)은 졸업생들 중 82%가 졸업 이후로 한 번의 취업을 하였던 것을 밝혀냈다. 하지만 연구 결과는 졸업 후 첫해를 보여 준 것이고, 응답자들은 평균적으로 3.1개의 직업을 가졌다. 게다가 학생들의 29%는 스스로 직업을 찾았고, 16%는 교사의 도움을 받았으며, 13%는 친구로부터 도움을 받은 것으로 나타났다. 연구 결과는 응답자들이 부모나 친척에게서 도움을 받았는지에 대해서는 제시하지 않는다.

비슷한 주제로, Hasazi, Gordon과 Roe(1985)는 1979년에서 1983년 사이에 버몬트(Vermont)지역에서 고등학교를 졸업한 462명의 장애청소년을 대상으로 연구를 수행하였다. 그들은 응답자 중 65%가 고용되었고, 직장을 구한 사람들 중 83%는 스스로 또는 가족이나 친구의 도움을 받았음을 알아냈다. 이 연구의 결과 또한 고등학교 이후 학생들이 직업을 얻기에 도움이 되는 교육적이고 직업적인 경험의 필요성을 언급하고 있었다(예: 직업교육, 직업경험 프로그램, 고등학교 다니면서 시간제 또는 여름 방학 아르바이트에 참여 등). Halpern(1985)도 특수교육서비스를 받는 모든 학생들을 위한 진로교육의 의무화를 통해 중·고등학교에 재학 중인 장애학생들의 전환프로그램 내에서의 직업교육의 필요성에 대해 다시 강조하였다.

1980년대 이후 연구들에서 계속적으로 강조되고 있는 중·고등학생들에게 고용기술을 가르칠 때의 핵심은 장애학생들의 고용 상태를 개선할 수 있도록 도와주는 것이다(Benz et al., 2000; Benz, Yovanoff, & Doren, 1997). 미국 종단전환연구 2(이하 NLTS 2)는 2000~2001년 동안 특수교육을 받은 전국의 13~16세 장애학생들의 표본을 대상으로 이 향상을 추적했다. 학생의 고용 상태에 대한 추적 결과는 장애학생의 72%가 고등학교 이후 몇몇 군데에 고용되어 있다는 것을 나타내었다. 하지만 NLTS 2의 인터뷰에서는 57%만이 고용되었다고 했으며, 그들의 고용 상태는 다양했다. NLTS 2에서 장애청년들의 평균적인 직업의 수는 Mithaug, Horiuchi와 Fanning(1985)의 연구와 비슷한 결과를 보였다. NLTS 2는 장애청년들이 고등학교 졸업 후 첫 4년 동안 2~3개의 직업을 갖는다고 보고하였다. 장애학생들의 꾸준한 고용률 증가에도 불구하고, 고용 상태의 변화를 줄이고 장애학생의 고용성과를 증진시키기 위해서 중등교육에서 고용기술을 가르치고 증거기반의 실제를 활용할 필요가 있다. 이러한 필요성은 미국 직업기술교육재단(National Career Technical Education Foundation)이 '직업군집(career clusters)'을 개발하면서부터 인식되기 시작했다. 직업군집의 목적은 학문적, 직업적 기술들을 직장에서 필

미국 종단전환연구 2(NLTS 2)는 "고등학교 교육과정, 과외 활동, 학업 수행, 중등이후교육 및 훈련, 고용, 독립적 생활, 그리고 지역사회참여와 같은 중요한 주제의 넓은 범위에" 초점을 맞추었다(National Center for Special Education Research, 2005).

요한 요구를 충족시키는 과정에 결합하여, 학생이 직무 현장으로 순조롭게 전환할 수 있도록 하는 것이다. 직업군집들 중 일부는 이 장에서 언급되며, 그것들이 어떻게 중등교육에서 증거기반의 실제와 연결되는지 다루어진다.

미국 중등전환기술지원센터(NSTTAC)에서 개발한 학술데이터베이스(literature database)에 따르면, 고용기술을 가르치는 것과 관련된 몇몇 실제들은 증거기반으로서 인정되고 있다. 미국 중등전환기술지원센터는 특히 구체적인 직업의 고용기술을 가르치기 위해 최소-최대 촉진법, 자기 관리, 컴퓨터보조교수, 지역사회중심교수, 반응촉진 등을 이용할 수 있다고 밝히고 있다. 또한 연구 결과를 통해 기억증진전략이 장애학생들에게 지원서 작성하는 것을 가르치는 데 효과적임을 보여 주었다. 이 장에서는 증거기반과 이전의 연구들에서 어떻게 시행되었는지를 제시하기 위하여 각각의 실제들에 대해 설명할 것이다.

⇒ 최소-최대촉진법

Cooper, Heron과 Hewerd(2007)에 따르면, 최소-최대촉진법은 참여자가 자연스러운 자극에 반응하지 않거나 부적절하게 반응할 때, 반응촉진에서 자연스러운 자극반응으로 자극통제를 바꾸기 위해 사용했던 방법이다. 이 전략은 매 시도에서 중재자들이 최소한의 도움을 제공하면서 시작되었다. 만약 참여자들이 적절한 반응을 하지 않았다면, 중재자는 연속적인 시도와 함께 도움의 수준을 높인다. 예를 들어, 최소-최대촉진법은 학생들에게 언어적 명령으로 스위치를 어떻게 누르는지 가르치는 데 사용할 수 있다.

1. 첫 번째 촉진 수준은 언어적 촉진으로 중재자가 학생에게 스위치를 누를 것을 요청한다.
2. 만약 학생이 스위치를 누르지 않는다면, 중재자는 스위치를 가리키는 몸짓을 한다.
3. 학생이 여전히 스위치를 누르지 않았다면, 중재자는 스위치를 어떻게 누르는 것인지 실제로 보여 준다.
4. 만약 학생이 그래도 스위치를 누르지 않았다면, 중재자는 학생의 팔 뒤쪽을

부드럽게 만지고 스위치 쪽으로 밀면서 부분적인 신체적 촉진을 준다.

5. 학생이 그럼에도 여전히 스위치를 누르지 않았다면, 손을 포개어 잡고 '최대' 수준의 도움을 주어야 한다. 중재자는 학생의 손 위에 손을 올리고 동시에 스위치를 누른다.

연구자들은 최소-최대촉진법을 교실과 지역사회에서 구체적인 고용기술을 가르치는 데 사용해 왔다. 예를 들어, Bates, Covo, Miner와 korabek(2001)은 화장실 청소를 가르치기 위해 지역사회중심교수와 최소-최대촉진법과 함께 사회적 칭찬을 결합했다. Smith, Collins, Schuster와 Kleinert(1999)는 다양한 예시와 함께 최소-최대촉진법과 계속적인 강화스케줄을 사용하여 테이블 정리하기를 가르쳤다.

미국의 주정부 직업군집계획(State's Career Cluster Initiative, SCCI)에 따르면, 중·고등학생(9~12학년)들은 특정 직업 영역에 고용되는 것을 준비하기 위해 연수, 교육, 자격을 완수하도록 하였다. 그러므로 교사들은 학생들이 특정 직업기술을 수행하기 위해 필요한 기술들을 배우는 동안, 학생들에게 촉진과 함께 제시되는 정보를 해석하는 것을 돕기 위해 최소-최대촉진법을 사용함으로써 이러한 기술을 습득하게 할 수 있다. 최소-최대촉진법은 특정한 직업 기술을 가르치기 위해 전환서비스에 사용될 수 있기 때문에 최소-최대촉진법 사용은 지표 13과 관련되어 있다. 지표 13에 따르면 전환서비스는 교수, 관련서비스, 지역사회경험, 고용개발, 성인기생활을 목표로 한 상급 학교, (만약 적절하다면) 일상생활기술 습득, 그리고 기능적 직업평가 제공을 포함한다. 그러므로 실무자들이 학생들을 위해 전환계획을 세울 때, 적절하다면 최소-최대촉진법을 특정 고용기술을 가르치기 위한 교수 형식으로서 전환계획에 포함해야 한다.

최소-최대촉진법을 교수 형식으로서 수업계획에 포함하기 위해 교사들은 Smith 등(1999)과 같은 연구에서 찾은 정보를 사용하였다. 하지만 몇몇 교사들은 이러한 연구에 접근하는 법을 모르거나 이러한 학술논문에서 찾은 정보들을 어떻게 해석해야 하는지를 알지 못했다. 그러므로 미국 중등전환기술지원센터는 이러한 실제들이 어떻게 다양한 환경에서 실행될 수 있는지를 설명하여 실무자들이 수업계획에 사용하기 쉽도록 전문학술지에 출간된 많은 증거기반의 실제들을 분석하였다. 〈표 6-1〉은 Smith 등에 의해 수행된 연구에 기반한 교수학습계획안 개발도우미를 제시한다. 이 교수학습계획안은 장애학생들에게 특정한 직업 기술(예: 테이블 닦기)을 어떻게 수행하는지 가르치기 위해 최소-최대촉진법을 사용한 단계별 교수절차를 포함한다.

■ 표 6-1 ■ 특정 직업 기술(테이블 닦기)을 가르치기 위해 최소-최대촉진법을 사용한 교수학습계획안 개발도우미

특정 직업 기술을 가르치기 위한 최소-최대촉진법의 사용
테이블 닦기

목표: 학생들에게 테이블 닦기를 가르치기

환경: 주방에서 1:1 교수를 한다.

교수자료: 바구니, 다른 색과 모양의 천들이 준비물에 포함된다. 식탁 또한 다른 색과 모양을 사용한다. 비누와 물도 필요하다.

교수내용

학생들은 색과 모양에 따른 테이블과 준비물의 다양한 예시와 함께 어떻게 테이블을 청소하는지 배우게 된다.

준비하기 과제분석:

1. 수납장으로 걸어간다.
2. 수납장 문을 연다.
3. 통을 꺼낸다.
4. 싱크대 위에 통을 올려 둔다.
5. 비누를 꺼낸다.
6. 용기 안에 비누를 붓는다.
7. 통 안에 비누를 넣는다.
8. 물을 튼다.
9. 통을 수도꼭지 아래 둔다.
10. 적당히 찼을 때 물을 잠근다.
11. 통을 싱크대 위에 올린다.
12. 수납장 문을 연다.
13. 수건을 꺼낸다.
14. 통 안에 수건을 넣는다.
15. 수납장 문을 닫는다.

테이블 닦기 과제분석:

1. 다른 테이블 위에 통을 둔다.
2. 수건을 꺼낸다.
3. 수건에 물과 비누를 묻힌다.
4. 수건을 비틀어 짠다.
5. 1번 테이블을 닦는다.
6. 수건을 통에 넣는다.
7. 수건을 비틀어 짠다.
8. 2번 테이블을 닦는다.
9. 수건을 통에 넣는다.
10. 수건을 비틀어 짠다.
11. 3번 테이블을 닦는다.
12. 통에 수건을 넣는다.

청소도구 정리 과제분석:

1. 통을 집는다.
2. 통을 싱크대로 가져간다.
3. 통에서 수건을 꺼낸다.
4. 물을 튼다.
5. 수건을 헹군다.
6. 물을 하수구에 버린다.
7. 통을 헹군다.
8. 물을 잠근다.
9. 통 안에 수건을 넣는다.
10. 수납장 문을 연다.
11. 수납장 안에 통을 넣는다.
12. 비누통을 닫는다.
13. 비누를 수납장 안에 넣는다.
14. 수납장 문을 닫는다.

교수절차

1. 교사는 테이블을 청소하는 단계를 한 번 설명할 것이다.
2. 교사는 전체과제형식(total task format)을 사용하여 교실에서 하나하나 교수를 제공한다.
3. 교사는 연속강화계획(continuous schedule of reinforcement)에 따라 적절한 반응의 대가로 처음에 언어적 칭찬을 사용할 것이다.

4. 1일차 다음에, 교사는 하루에 12번의 고정된 비율을 하루에 6번 고정된 비율로 강화를 서서히 소거할 것이다.

5. 교사는 청소도구를 준비하고 치우는 동안 각 교수 회기의 시작과 끝에 관찰학습의 기회를 제공할 것이다.

6. 회기를 시작할 때, 교사는 학생들에게 "우리는 테이블을 청소하기 위해서 청소도구가 필요해요."라고 말하며 목표의 단서를 준다.

7. 교사는 도구를 준비하며, 각각의 학생들이 과정을 말로 설명하며 쳐다보도록 허락한다.

8. 회기의 끝에는 교사는 "우리는 사용한 청소도구들을 치워야 해요."라고 말하며, 학생들이 보는 동안 다시 각각의 단계를 연속적으로 설명한다.

평가

3가지의 과제분석을 독립적으로 올바른 절차에 맞게 완수한 비율의 데이터를 수집한다.

교수학습계획안 출처

Smith, R. L., Collins, B. C., Schuster, J. W., & kleinert, H. (1999). Teaching table cleaning skills to secondary students with moderate/severe disabilities: Facilitating observational learning during instructional downtime. *Education and Training in Mental Retardation and Developmenal Disabilities, 34*, 342–353.

출처: National Secondary Transition Technical Assistance Center. (2008). *Cleaning a table*. Charlotte, NC: Author. In *Evidence-Based Instructional Strategies for Transition* by David W. Test. (2012, Paul H. Brookes Publishing Co., Inc.)

🕊 지역사회중심교수

지역사회중심교수는 지역사회가 교실로서 제공되는 교수 형식이다(Kluth, 2000). 지역사회중심교수의 목적은 학생들에게 기능적 기술을 자연스러운 환경에서 가르치는 것이다(Hammill, 2002). 즉, 교수는 실용적이고 의미 있는 경험을 가능하게 하는 환경에서 일어난다. 따라서 학생들은 그것들을 사용하기에 가장 좋은 곳에서 실용적 기술을 배울 수 있다.

연구에서는 고용기술을 가르치는 방법 중 하나로 지역사회중심교수를 활용하

는 것을 제시해 왔다. 예를 들어, Bates, Cuvo, Miner와 Korabek
(2001)는 공중 화장실 청소를 가르치기 위해 모의교수와 지역
사회중심교수를 결합하였다. 또한 Cihak, Alberto, Kessler와
Taber(2004)도 복사기를 사용하여 신문처럼 모아찍는 법을 가
르치기 위해 지역사회중심교수와 모의교수를 결합하여 활용하
였다. 마지막으로, Dipipi-Hoy, Jitendra와 Kern(2009)은 지역

> 지역사회중심교수를 사용하여 가
> 르칠 수 있는 기술로는 구매하기,
> 안전하게 길 건너기, 버스타기, 그
> 리고 지역사회사회성기술이 표함
> 된다(Beakley & Yoder, 1998;
> Burcroff, Radogna, & Wright,
> 2003; Kluth, 2000).

사회 고용환경에서 시간관리기술을 가르치기 위해 지역사회
중심교수를 사용하였다. 〈표 6-2〉는 한 부씩 복사하기와 같은 특정 직업 기술을
가르치기 위해 지역사회중심교수를 사용한 교수학습계획안 개발도우미를 제공
한다.

■ 표 6-2 ■ 특정 직업 기술을 가르치기 위해 지역사회중심교수를 사용한 교수학습계획안
　　　　　　개발도우미

특정 직업 기술을 가르치기 위한 지역사회중심교수 사용

목표: 같은 날에 모의교수와 지역사회중심교수를 함께 사용하여 학생들에게 한 부씩 모
　　　아서 복사하기 가르치기

환경:
1. 모의교수: 교실
2. 지역사회중심교수: 지역 인쇄소

교수자료:
1. 상단에서 용지를 공급하는 방식의 키패드가 있는 복사기
2. 복사기를 찍을 수 있는 카메라
3. 사진 앨범

9개의 과제분석 단계에 따라, 단계에 맞는 4장의 사진을 찍는다(즉, 총 36장의 사진):
- 적절한 상황에서 정확하게 수행하는 모습의 사진을 찍는다.
- 자료는 제대로 준비했지만 조작하는 것이 적절하지 않은 사진을 찍는다.
- 순서가 맞지 않게 수행하는 사진을 찍는다.
- 과제와 관련은 있지만, 훈련 순서에는 포함되지 않은 행동을 찍는다.

변별자극의 사진은 4개 사진의 반대 페이지에 둔다(예: 카드 형식을 선택).

교수내용

과제분석:

1. 복사 용지 공급함에 신문 원본을 두기

2. 4자리 비밀번호를 입력하기

3. ID 버튼을 누르기

4. 복사할 부수인 숫자 5 누르기

5. '한 부씩 복사' 버튼 누르기

6. 완료(ok) 버튼 누르기

7. 시작 버튼 누르기

8. 위쪽 트레이에서 원본 꺼내기

9. 아래 트레이에서 복사본 꺼내기

교수절차

1. 같은 날에, 지역사회중심교수를 하기 약 3시간 전에 모의상황에서 훈련을 제공한다. 예를 들어 월요일 아침에 모의과정을 이용한 교수를 제공하고, 월요일 오후에 지역사회중심교수를 제공한다.

2. 모의교수 동안에, 사진첩을 사용해서 교수를 제공한다.

   ① 학생들에게 그들이 컬러복사기를 이용하여 복사하는 척할 것이라고 말한다.

   ② 학생들에게 사진첩을 보여 준다.

   ③ 학생들에게 앨범 표지에 있는 사진을 눈으로 훑어보고, 그들이 완수해야 하는 과제들이 나타나 있는 사진을 가리키라고 말한다.

   ④ 학생들에게 과제 준비물을 보여 준다.

   ⑤ 앨범을 열고, "여러분들이 처음 해야 하는 것이 뭐죠?"라고 질문한다.

   ⑥ 학생들에게 각 페이지에서 다음에 해야 할 것이 무엇인지 손가락으로 사진을 짚으라고 말한다.

   ⑦ 촉진 수준 사이 간격을 2초 간격으로 최소촉진을 사용한다. 과제를 완수하는 단계를 나타낸 사진을 성공적으로 알 수 있도록 학생들을 돕기 위해, 촉진은 다음과 같은 순서에 따라 제공되어야 한다.

   • 언어적 촉진(예: "어디다가 썼는지 보여요?")

   • 제스처(예: 반대편 페이지 4개의 사진과 변별자극을 가리키기)

   • 제스처와 함께 언어적 설명(예: 반대편 4개의 사진과 변별자극을 가리키면서 언어적 설명 제공하기)

   • 모델링과 함께 언어적 설명(예: 올바른 사진을 가리키고, 언어적 설명 제공)

   • 신체적 도움과 함께 언어적 설명(예: 학생의 손목을 잡고, 올바른 반응으로 인도해 주며, 설명 제공)

3. 약 3시간 후, 지역사회 인쇄 가게에 있는 컬러복사기에서 훈련 제공
   ① 학생들에게 컬러복사기를 사용하여 복사를 할 것이라고 말해 준다.
   ② 각각의 촉진 단계 사이에 2초 간격의 최소촉진을 제공한다.
   ③ 학생들이 성공적으로 과제를 완수할 수 있도록 돕기 위해, 촉진은 반드시 다음의
     순서대로 제공되어야 한다.
     • 언어적 촉진(예: "어디다가 썼는지 보여요?")
     • 제스처(예: 기계에서 변별자극 가리키기)
     • 제스처와 함께 언어적 설명(예: 언어적 설명을 제공하면서 변별자극 가리키기)
     • 모델링과 함께 언어적 설명(예: 적절한 행동을 보여 주면서 언어적 설명하기)
     • 신체적 도움과 함께 언어적 설명(예: 학생의 손목을 잡고, 올바른 반응으로 인도
       해 주며, 설명 제공)

평가
학생들이 단계별로 독립적이고 올바르게 수행한 단계 수의 수행기록을 수집하라.

교수학습계획안 출처
Cihak, D. F., Alberto, P. A., Kessler, K., & Taber, T. A. (2004). An investigation of instructional scheduling arrangements for community based instruction. *Research in Developmental Disabilities, 25*, 67–88.

출처: National Secondary Transition Technical Assistance Center. (2008). *Collecting photocopies.* Charlotte, NC: Author. In *Evidence-Based Instructional Strategies for Transition* by David W. Test. (2012, Paul H. Brookes Publishing Co., Inc.)

지표 13은 학생들이 중등교육이후의 고용목표나 연간목표를 가질 것을 요구한다. 교육자들은 학생들이 학교를 다니는 동안 중등교육이후의 고용목표를 향해 나아가는 과정에서 학생들이 고용기술을 가지도록 도와주기 위해 교수 방법으로서 지역사회중심교수를 사용할 수 있다. 게다가, 작업현장에서 제공된 교수는 개별화교육계획의 전환서비스 중 하나로 올라갈 수 있다. 그리고 직장에서 학생 활동에 관한 정보는 전환평가에 추가될 수 있다.

고용기술을 가르치기 위해 지역사회중심교수를 사용하는 것은 또한 직업군집계획과 일맥상통한다. 예를 들어, 지역사회중심교수는 직업군집계획에 포함된 표준 중 하나인 학생들이 직업을 구하는 기술을 습득할 수 있게 한다. 더 구체적으로, 화장실을 어떻게 청소하는지를 개별적으로 가르치는 것은 고용기술을 가

르치기 위해 지역사회중심교수를 사용하는 실제를 뒷받침하는 연구 중 하나에 속한다. 이 기술은 학생들에게 서비스업/관광업, 경영/경영학 군집의 고용을 추구하도록 하는 가치가 있다. 시설관리 차원에서 화장실을 깨끗하게 유지하는 것이 건강과 안전에 관한 지침을 준수하는 것처럼 화장실 청소는 전반적인 직업군에 해당되는 일반적인 기술로 교수될 수도 있다. 실제를 뒷받침하는 연구들로부터 확인할 수 있는 예 중 하나는 모든 직업군집에 필요한 또 다른 일반적인 기술인 복사기 사용하기가 될 수 있다.

➤ 자기관리

자기관리는 자신의 행동을 변화하거나 유지하는 사전 준비적인 전략을 포함한다. 이 전략은 흔히 학생들에게 어떻게 자신의 행동을 조절하고, 교실에서 부적절한 행동을 없앨 수 있는지를 가르칠 때 주로 사용되어 왔다(Rafferty, 2010). 하지만 연구 결과들은 자기관리행동이 직무와 관련된 특정 기술과 같은 추가적인 행동들을 가르치는 데에도 사용될 수 있음을 보여 준다(Lancioni & O' Reilly, 2011).

자기관리는 14~21세 지적장애학생들에게 직무와 관련된 특정 기술을 가르치는 데 사용되어 왔다. 카드에 있는 그림 단서를 사용하여 가르치기, 그림 단서를 컴퓨터보조시스템에 저장하기, 물건 단서, 녹음기기에 언어적 단서 저장하기, 스스로 이야기하기와 같은 여러 가지 전략들이 이러한 실제에 해당된다. 각각의 전략들은 일하는 중에 과제분석 또는 활동일정을 따라가도록 개별 학생들에게 촉진을 제공한다. 예를 들어 개별 학생에게 시각적으로 따라갈 수 있도록 그림과 같은 형식으로, 일하면서 완수해야 할 과제분석이 제시된다. 이들은 일과 중에 해야 하는 활동일정을 따라가는 그림 단서를 사용할 수도 있다.

고용기술을 향상시키기 위해 자기관리전략을 사용하는 것 또한 지표 13과 국가표준(national standard)과 관련이 있다. 일반적으로 고용은 중등교육이후의 목표로서 학생의 개별화교육계획에 포함되어 있어야 한다. 예를 들어, 중등교육이후의 목표가 **"리사는 애완동물 가게에서 시간제로 일할 것이다."**가 될 수 있다. 이때 자기관리를 실행하는 것은 연간 계획 그리고/또는 중등교육이후의 목표를 지원하기 위한 전환서비스로 쓰일 수 있다. 구체적으로, 개별화교육계획에 있는 연간목표는 "**리사는 5일 연속으로 90%의 정확도 수준에서, 직장에 제시간에 도착하는 것을 스스로 점검할 것이다.**"가 될 수 있다.

지표 13과 더불어, 자기관리를 지지하는 연구에서 학생들을 가르치기 위해 사용되었던 구체적인 자기관리전략 중 몇 가지는 대학과 진로 준비에서 공통적이고 핵심적인 표준으로 통한다. 예를 들어, 그림 일정을 읽는 것은 읽기에 대한 교육과정과 맞추어 조정될 수 있다. 자기관리전략을 사용하여 직무 전문 기술을 가르친 연구의 구체적인 결과는 직업군집계획과 일맥상통할 수 있다. 예를 들어, 취업 기회에 대한 이해를 돕기 위해 하나 또는 그 이상의 진로 경로에 대한 진로 기회를 확인하고 탐색하는 것은 모든 직업군들에서 필요한 핵심적인 기술이라 할 수 있다.

➤ 컴퓨터보조교수

컴퓨터보조교수는 언어, 의사소통, 읽기, 수학, 특정 직무 관련 고용기술과 같은 기능적인 기술을 가르치는 데 컴퓨터를 사용하는 것이다. 고용환경에서 기술 기반의 지원은 장애학생들을 가르치기 위해 특별히 고안되거나 조정된 소프트웨어에 접근하기 위해 사용될 수 있는 기기뿐만 아니라, 음성 촉진과 그림 단서(Cihak, Kessler, & Alberto, 2007), 비디오 단서(Van Laarhoven, Johnson, Van Laarhoven-Myers, Grider, & Grider, 2009), 비디오 모델링, 그리고/또는 시뮬레이션 활동(Mechling & Ortega-Hurndon, 2007)을 전달하는 랩탑컴퓨터, 스마트폰, 전자음악플레이어와 같은 다양한 기기들을 통해 전달될 수 있다(Riffel et al., 2005).

컴퓨터보조교수는 다음과 같은 다양한 이점을 지닌다.

- 교실에서 제공할 수 있는 것보다 더욱 현실적인 환경을 조성함에 따라, 제한된 자원(예: 직원 채용, 시간, 돈, 교통수단) 때문에 실제 환경에서 활용할 수 없다는 문제를 극복한다(Wissick, Gardner, & Langone, 1999).
- 교수자가 없는 다양한 환경(예: 집)에서도 사용할 수 있다.
- 종종 참여자들이 선호하는 방식이다(Riffel et al., 2005).

• 어느 정도 충실하게 중재를 실행할 수 있는 다양한 스탭들에 의해서 수행될 수 있다(Branham, Collins, Schuster, & Kleinert, 1999).

특정 직무 기술을 가르치기 위해 컴퓨터보조교수를 사용하는 것은 16~21세의 다양한 나이 대뿐만 아니라 경도, 중등도의 지적장애학생들에게도 효과적이다. 다양한 사람들에게 적용되었을 뿐만 아니라, 컴퓨터보조교수는 카페와 식당 테이블 세팅하기, 냅킨으로 식기 싸기, 사무실 우편 배달하기, 식물에 물 주기, 키친타월 교체하기, 사무실 물건 분류하기 등의 다양한 일련의 기술들을 가르칠 때에도 사용되어 왔다. 〈표 6-3〉은 업무현장에서 사용할 수 있는 구체적인 직무 기술을 가르치기 위해 컴퓨터기반 비디오를 사용한 교수를 보여 주는 교수학습계획안 개발도우미를 제공한다.

컴퓨터보조교수를 사용하여 구체적인 직무 기술을 가르치는 것은 지표 13과 국가표준 둘 다와 관련이 있다. 자기관리처럼 컴퓨터보조교수는 연간목표와 중등교육이후 목표를 지원하는 전환서비스 둘 다에 포함될 수 있다. 예를 들어, 개별화교육계획에 있는 연간목표는 **"리사는 계속적인 음성 촉진을 제공받으면서 5일 연속으로, 적어도 6분 동안 작업을 유지할 수 있다."**라고 적을 수 있다. 가능한 전환서비스는 비디오 모델링과 같은 컴퓨터보조교수를 사용하여 제공할 수 있다.

게다가 지표 13에 따르면, 고용기술을 가르치는 데 컴퓨터보조교수를 사용하는 것은 대학이나 진로 준비 상태에서 공통적이고 핵심적인 말하기와 듣기를 위한 표준과 함께한다. 예를 들어 이 실제를 뒷받침하는 연구들 중 몇몇은 컴퓨터에서 전송되는 오디오 촉진을 제시한다. 게다가 뒷받침되는 연구들에서 다루어진 많은 구체적인 고용기술은 졸업 후에 직업군집계획에서 명시한 직업군들 중 일부에 고용될 수 있도록 학생들을 돕는 데 사용될 수 있다. 마지막으로, 다른 실제에서는 컴퓨터기반교수가 목표설정, 모니터링, 개인적인 안전 규칙 실행, 진로 기회 탐색과 관련되어 요구되는 많은 활동을 가르칠 수 있다고 논의되었다.

■ 표 6-3 ■ 직무 기술을 가르치기 위해 컴퓨터기반교수를 사용한 교수학습계획안 개발도우미

직무 기술을 가르치기 위한 컴퓨터기반교수 사용

목표: 학생들에게 식물에 물 주기, 우편물 배달, 핸드타월 교체를 가르치기

환경: 교수는 일주일에 4번, 작은 사무실에서 시행된다. 기술 일반화는 지역사회의 직무 현장에서 측정된다.

교수자료: 준비물은 랩탑컴퓨터, 파워포인트 소프트웨어프로그램, 디지털카메라, 윈도우 무비메이커, CD-ROM, 매직 터치 스크린이다. 기술 일반화를 위한 준비물은 다음과 같다. 어깨끈이 달린 24인치 캔버스 가방, 물이 채워진 플라스틱 병, 비닐 포장이 되지 않은 핸드타월 1개, 핸드타월 걸이 1개, 법정 규격의(8.5인치[215.9mm]x14인치[355.6mm])의 봉투

교수내용

컴퓨터 화면의 사진	과제분석의 비디오 녹화
직무 기술 1: 식물에 물 주기	
엘리베이터	엘리베이터로 걸어간다.
엘리베이터 내부의 층 버튼	3층 누른다.
3층으로 엘리베이터가 움직이는 장면	돌아서 왼쪽으로 걸어간다.
식물	식물로 걸어간다.
물통	식물에 물을 준다.
직무 기술 2: 우편 배달	
엘리베이터	엘리베이터로 걸어간다.
엘리베이터 내부의 층 버튼	2층 누른다.
2층으로 엘리베이터가 움직이는 장면	돌아서 왼쪽으로 걸어간다.
사무실 내 책상	책상으로 걸어간다.
책상 위 봉투	봉투를 가방 안에 넣는다.
엘리베이터	엘리베이터로 걸어간다.
엘리베이터 외부 위/아래 버튼	아래 방향을 누른다.
엘리베이터 내부 층 버튼	1층 누른다.
1층에 있는 카운터	카운터로 걷는다.
카운터에 있는 봉투	봉투를 카운터에 놓는다.
직무 기술: 핸드타월 교체	
화장실 문	화장실로 걸어간다.
빈 핸드타월 두루마리	가방에 빈 핸드타월 두루마리를 넣는다
새 핸드타월 두루마리	사물함 위에 새 핸드타월을 놓는다
교실 문	교실 문으로 걸어간다.

교수절차

1. 수업 전

① 과제분석이 이루어진 각 직무 절차의 디지털사진과 소리가 들어간 비디오자료를 만든다(예: 식물에 물 주기, 우편물 전달하기, 화장실에 핸드타월 교체하기).
- 교사는 주관적인 시선으로 과제분석을 녹화한 비디오를 만든다(만약 학생이 봐야 할 것이 있다면 카메라를 움직인다).
- 비디오는 교수자가 과제분석의 모든 단계를 완수하는 것을 보여 줄 것이다.
- 비디오는 별도로 녹화하고, 윈도우 무비메이커를 사용하여 편집하며, CD-ROM으로 저장한다.

② 터치 스크린은 사진을 고르는 데 사용될 것이다.
③ 사진은 각 과제분석 단계에 맞는 사진이 자동적으로 재생되도록 디지털 비디오 클립으로 올바르게 하이퍼링크가 되어야 한다.
④ 비디오가 자동으로 재생되도록, 파워포인트를 다음 슬라이드로 넘어가게 화면을 터치한다.
⑤ 비디오가 멈추면, 파워포인트를 3장의 사진을 담은 다음 슬라이드로 넘어가게 한다.
⑥ 다음 과제분석 단계에 해당하는 올바른 사진이 선택될 때까지 지금의 파워포인트 슬라이드에서 머문다.

2. 컴퓨터기반 비디오 교수

① 교사는 선택을 할 때 터치 스크린을 사용함으로써 학생들의 주의를 끌고, "지금부터 컴퓨터로 식물에 물 주기, 우편물 배달, 그리고 핸드타월을 교체하는 연습을 할 거예요."라고 말할 것이다.
② 학생들은 컴퓨터스크린에 나타난 3장의 사진을 볼 것이다.
③ 학생은 직무를 완수하기 위한 과제분석의 다음 단계에 해당하는 하나를 선택할 것이다(스크린을 터치).
④ 학생이 올바른 선택을 하면, 완전한 과제분석 단계를 보여 주는 비디오가 재생될 것이다.
⑤ 고정시간지연 절차를 사용하여, 한 회기당 학생들이 100% 올바른 반응을 할 때까지(교사 촉진 후에 정반응) 0초 지연부터 시작한다.
⑥ 그리고 난 뒤, 나머지 교수 회기에서는 3초 고정시간지연을 사용한다.
⑦ 만약 학생이 촉진되지 않았거나, 촉진된 정반응을 한다면, 컴퓨터프로그램은 다음 슬라이드로 넘어갈 것이며, 과제분석의 다음 단계가 녹화된 비디오가 재생될 것이다.
⑧ 만약 학생이 촉진되지 않은 오반응을 보인다면, 교사는 올바른 사진을 짚어 줄 것이다.
⑨ 만약 학생이 촉진된 오반응, 무반응을 보인다면, 교사는 올바른 사진을 짚어 주고, 비디오가 있는 슬라이드로 넘어간다.

평가

과제분석에 대한 학생들의 정반응 횟수를 수집한다.

교수학습계획안 출처:

Mechilng, L. C., & Ortega-Hurndon, F. (2007). Computer-based video instruction to touch young adults with moderate intellectual disabilities to perform multiple step job tasks in a generalized setting. *Education and Training in Developmental Disability, 42*, 24-37.

출처: National Secondary Transition Technical Assistance Center. (2008). *Job skills using computer based instruction.* Charlotte, NC: Author. In *Evidence-Based Instructional Strategies for Transition* by David W. Test. (2012, Paul H. Brookes Publishing Co., Inc.)

🐦 기억증진전략

Fontana, Scruggs와 Mastropieri(2007)에 따르면, 기억증진전략(mnemonics) 교수는 학생들이 구체적인 정보를 더 잘 이해할 수 있게 도울 수 있도록 머리글자를 따서 만든 핵심어를 사용하는 것이다. 이것은 구체적으로 익혀야 하는 단계나 외워야 하는 과제의 순서 등을 더 의미 있고, 더 쉽게 학습할 수 있도록 돕는 역할을 한다. 기억증진전략은 학생들이 어렵게 배운 것을 기억하고 개념을 유지하는 것을 돕기 위해 추가적인 전략과 함께 사용된다.

취업지원서를 완성하는 방법을 학생에게 가르치기 위해 기억증진전략을 사용하는 것은 미국 중등전환기술지원센터에 의해 증거기반의 실제로 인정받았다. Nelson, Smith와 Dodd(1994)는 SELECT[1]라 불리는 기억증진전략을 사용하여 취업지원서를 완성하는 단계를 가르쳤다.

Survey 전체 지원서를 조사하라.
Emphasize 요구되는 정보의 유형을 가리키는 단어를 강조하라.

---

1 SELECT는 그 자체로도 '선택하다'라는 의미를 가지며, 이는 취업지원서를 작성하기 위한 주요 단계를 의미하는 단어의 머리글자의 조합이기도 하다.

Locate 입력해야 하는 정보가 어디에 있는지 가리키는 단서를 찾아라.

Enter 요구되는 정보를 입력하라.

Check 정보가 정확한지 확인하라.

Turn 개별적으로 적합한 지원서를 제출하라.

기억증진전략은 교사 중심의 강의, 전략 단계의 도입, 모델링, 언어적 시연, 독립적인 연습과 결합하여 가르칠 수 있다. 〈표 6-4〉는 장애학생들에게 어떻게 기억증진전략을 사용하여 취업지원서를 완성하는지 가르치는 교수학습계획안 개발도우미를 제공한다.

기억증진전략은 개별화교육계획의 목표로 쓰일 수 있고, 결과적으로 전환평가의 결과가 되는 중등교육이후 독립적인 생활의 목표를 달성하도록 지원하기 위한 전환서비스로도 사용될 수 있기 때문에 지표 13과 관련이 있다. 게다가 학생들이 기억증진전략에서 제시되는 개념들에 대해 구체적으로 이해하기 위해 쓰기, 말하기, 읽기, 듣기 기술을 사용하면서, 기억증진전략의 사용은 직업군집계획의 언어 지식과 결합된다. 마지막으로 직업을 얻기 위해 회사에 지원하는 기술을 가르치기 위해 기억증진전략을 사용하는 것은 대학과 진로 준비의 공통적이고 핵심적인 표준과 관련이 있다. 예를 들어 취업지원서를 작성하는 것은 언어의 지식을 사용하는 것과 글을 쓸 때의 관습뿐만 아니라, 학생들이 시각적인 것을 포함하여 다양한 미디어와 형식의 정보를 평가하도록 요구한다.

■ 표 6-4 ■ 취업지원서 완성을 가르치기 위한 암기법을 사용한 교수학습계획안 개발도우미

취업지원서 작성을 가르치기 위한 기억증진전략 사용

목표: 학생들에게 취업지원서를 작성하는 것을 가르치기

환경: 학교 교실

교수자료:

1. 신입사원 취업지원서

2. 아래의 정보들이 포함된 취업지원서 양식

   • 생년월일

   • 주민번호(Social security number)

   • 주소

- 전화번호
- 학력/교육 경험
- 이전 근무경력/이력
- 추천서
- 범죄기록(필요하다면)

3. 취업지원서 OHP 용지
4. SELECT 단계에 대한 OHP 용지

교수내용

학생들은 SELECT를 사용하여 여섯 단계의 취업지원서를 작성하는 것을 배운다.

여섯 단계는 다음의 순서로 이루어진다.
1. Survey 전체 지원서를 조사하라.
2. Emphasize 요구되는 정보의 유형을 가리키는 단어를 강조하라.
3. Locate 입력해야 하는 정보가 어디에 있는지 가리키는 단서를 찾아라.
4. Enter 요구되는 정보를 입력하라.
5. Check 정보가 정확한지 확인하라.
6. Turn 지원 담당자에게 지원서를 제출하라.

교수절차

1. 취업지원서 전략의 목표(예: 취업지원서를 정확하게 완성하기 위해 학생들을 돕는 것) 와 어떻게 취업지원서를 완성하는지 아는 것이 왜 중요한지에 대해 논의하라.
2. 그들이 직업에 지원할 때는 언제든 어떻게 전략을 사용할 수 있는지 설명하라.
3. OHP를 통해 보여 주며, 학생들이 전체적인 단계를 명료하게 이해할 때까지 6단계의 취업지원서 전략을 소개하고 설명하라. 학생들이 다함께 단계를 말하고, 교사는 돌아 보며 확인함으로써 이 단계가 수행된다.
4. 취업지원서를 OHP와 함께 제시하며, 생각을 소리 내어 말하면서 일반적인 취업지원 서를 작성함으로써 지원하기 전략을 시범 보인다. 학생들을 활발히 참여시키기 위해, 설명하는 동안에, "내가 해야 할 것이 뭐지? 나는 ……을/를 해야 해."와 "어떻게 하 지?"와 같은 상호적인 대화를 격려하며 촉진한다. 학생들에게 선생님을 돕도록 한다. 시범을 보이고 난 뒤, 취업지원서를 완성하는 동안 자기질문(self-questioning statements)사용의 중요성에 대해 논의하라.
5. 자기질문법 등을 포함해서, 학생들이 취업지원서 전략 단계를 기억할 때까지, 말해 보 도록 한다. 학생들은 15분에서 20분 동안의 연습 시간에 정확하게 이야기할 수 있다.
6. 학생들이 취업지원서를 작성할 때 필요한 단계와 관련된 자기질문들을 적도록 한다. 그들은 어떤 질문이라도 할 수 있으며, 교사는 연습 시간 동안에 학생이 질문을 할 때

만 교정적 피드백을 제공한다.

7. 학생들에게 실제로 취업을 위해 지원하는 것처럼 지원서를 작성하도록 한다. 취업지원서를 작성하는 동안, 보통은 도와줄 사람이 없고, 지원서를 완성하기 위해 오직 취업정보 카드를 사용하며, 지원서를 완성하는 데 매우 많은 시간이 걸린다고 설명한다.

8. 학생들이 학습전략을 사용하였는지 확인하기 위해 사용하는 단계를 독립적으로 이야기해 보도록 한다.

평가

취업지원서에서 올바르게 적은 항목의 수를 수집함으로써 학생들의 수행을 평가한다.

교수학습계획안 출처:

Nelson, J. R., Smith D. J., & Dodd, J. M. (1994). The effects of learning strategy instruction on the completion of job applications by students. *Journal of Learning Disabilities, 27,* 104–110.

출처: National Secondary Transition Technical Assistance Center. (2008). *Job application completion.* Charlotte, NC: Author. In *Evidence-Based Instructional Strategies for Transition* by David W. Test. (2012, Paul H. Brookes Publishing Co., Inc.)

🕊 반응촉진

Cooper 등(2007)에 따르면 반응촉진은 학생들에게 추가적으로 시각적, 음성적, 문자적, 상징적인 촉진을 제공하는 것을 말한다. 이러한 촉진은 추가적인 단서로서 제공될 수도 있고, 학생들에게 기대되는 행동을 수행하는 것을 상기시키기 위해 사용된다.

반응촉진은 2개의 단일대상연구에서 증명된 보통 수준의 증거기반실제다. 이 두 편의 연구는 직무를 시작하는 것을 가르치기 위해 고정된 그림 단서를 사용한 반응촉진을 사용하였고, 화장실 청소하는 법을 가르치기 위해 음성적 촉진, 포장기술을 가르치기 위해 촉각적 단서를 시행하였다. 〈표 6-5〉는 화장실 거울, 세면대, 변기를 청소하는 방법을 가르치기 위해 반응촉진을 사용한 교수학습계획안 개발도우미를 제공한다.

반응촉진은 실무자들이 고용기술을 가르치는 전환서비스의 유형으로서 전략을 사용할 수 있기 때문에 지표 13과 관련이 있다. 이것은 또한 평가결과에 기반한 학생들의 중등교육이후의 독립적인 삶의 목표를 지원해 주는 개별화교육계획의 목표로 쓰일 수도 있다. 이것은 또한 주정부의 직업군집계획(SCCI)의 필수적인 지식, 기술과도 연관되어 있다. 반응촉진을 사용하는 것은 적극적인 경청과 바람직한 행동을 하기 위해 필요한 정보를 해석하는 비판적인 사고기술을 요한다.

■ 표 6-5 ■ 반응촉진을 사용하여 화장실 거울, 세면대, 변기 청소하는 방법 가르치기 위한 교수학습계획안 개발도우미

반응촉진을 사용하여 화장실 거울, 세면대, 변기 청소하는 방법 가르치기

목표: 화장실 거울, 세면대, 변기 청소하는 것을 학생들에게 가르치기

환경: 교수는 교실에 있는 화장실에서 실시한다. 기술 일반화는 학교의 교무실에 있는 화장실에서 측정된다.

교수자료: 준비물은 배터리로 작동되는 작은 휴대용 카세트 플레이어와 헤드폰, 학생들 각각을 위한 개인 카세트 3개, 화장실 청소도구, 청소복, 키친타월, 변기 솔, 초침이 있는 손목시계, 강화물(예: 직접 선택한 좋아하는 노래가 있는 카세트)이다.

교수내용

학생들은 각 기술을 위한 과제분석을 가르치기 위해 소거 단계가 포함된 오디오 촉진 시스템을 제공하는 카세트 플레이어를 사용하여 화장실 거울, 세면대, 변기를 어떻게 청소하는지 배운다.

거울 청소 과제분석:

1. 정해진 곳으로 간다.
2. 키친타월과 세제를 든다.
3. 세제를 뿌린다.
4. 세제를 닦아 낸다.
5. 키친타월을 버린다.
6. 세제를 치운다.

세면대 청소 과제분석:

1. 정해진 곳으로 간다.

2. 수건을 적신다.

3. 젖은 수건과 세척제를 든다.

4. 세제를 뿌린다.

5. 세제를 닦아 낸다.

6. 젖은 수건을 말리기 위해 넌다.

7. 세제를 치운다.

변기 청소 과제분석:

1. 정해진 곳으로 간다.

2. 수건을 적신다.

3. 젖은 수건과 세척제를 든다.

4. 세제를 바깥 부분에 뿌린다.

5. 바깥 부분의 세척제를 닦아 낸다.

6. 젖은 수건을 말리기 위해 넌다.

7. 세제를 치운다.

8. 변기 세척제와 솔을 가지고 온다.

9. 변기 안쪽에 세척제를 골고루 뿌린다.

10. 솔을 이용하여 변기 안쪽을 닦는다.

11. 솔과 변기 세척제를 치운다.

교수절차

수업 전

청소도구를 미리 준비한다.

교수단계

1. 교사는 머리의 어디에 헤드폰을 착용해야 하는지, 카세트 녹음기의 전원 버튼을 어떻게 작동해야 하는지를 언어적, 시범적 촉진을 사용하여 설명할 것이다.

2. 교사는 헤드폰을 쓴 다음 과제분석의 절차를 한 번 설명할 것이다.

3. 교사는 "켜고, 일을 시작하세요."라고 말할 것이며, 학생들에게 버튼을 누르고, 과제분석의 첫 번째 단계를 들을 것을 가르칠 것이다.

4. 교사는 카세트에서 언어적 촉진이 제시된 후에, "삐-"소리가 들리면 어떻게 카세트를 끄는지 가르칠 것이다.

5. 학생들은 과제 단계를 말로 해 볼 것이며, 완수할 것이다.

6. 학생들이 카세트를 끈 뒤 단계를 시작할 때까지 5초의 시간을 주어라.

7. 학생들은 5초 이상의 중단 없이 단계를 완수해야 한다.

8. 단계를 완수한 후에, 학생들은 카세트 플레이어를 다시 켠다.

9. 학생들은 다음 단계의 언어적 설명을 들을 것이다.

10. 학생들은 삐- 소리 후에 카세트 플레이어를 끈다.

11. 학생들은 단계를 말로 해 볼 것이다.

12. 학생들은 단계를 완수할 것이다.

13. 과제분석의 나머지 것들도 이 절차로 완수할 것이다.

14. 교사는 올바른 반응을 했을 때 언어적 칭찬을 제공해야 한다.

15. 만약 학생이 5초 이내에 올바르게 절차를 수행하는 것을 시작하지 못하거나 어떤 종류의 실수라도 한다면, 최소-최대촉진 시스템을 제공하라: 언어적 촉진(예: 젖은 수건), 언어적·시범적 촉진(예: 빗자루를 들기)

16. 교사는 누락시킨 각 과제분석의 일련의 단계들이 있는 테이프를 추가적으로 제작할 것이다.

17. 교사는 그러고 난 뒤, 학생들이 빠뜨린 단계를 말로 해 보고 그것을 완수할 것을 요구할 것이다.

18. 첫 번째 테이프는 과제분석의 마지막 단계의 언어적 설명이 빠져 있다.

19. 다음 단계는 교사가 빠뜨린 과제분석의 마지막 두 단계의 언어적 설명이 포함되어 있다.

20. 이 절차는 남아 있는 과제들에서 계속된다.

21. 만약 학생들이 완수하지 않았거나, 빠뜨린 단계를 말한다면, 교사는 그것을 이야기해 주고 학생들이 반복할 수 있게 한다.

평가

3가지의 개별적인 과제를 독립적으로 완수한 단계 수의 비율 정보를 수집해야 한다. 학생들은 한 회기당 100%로 기술을 완수해야 한다. 학생들은 하루에 추가적인 테이프를 각각 100% 완수해야 한다. 기술 일반화는 같은 절차를 사용하여 측정되어야 한다.

교수학습계획안 출처:

Mitchell, R. J., Schuster, J. W., Collins, B. C., & Gassaway, L. J. (2000). Teaching vocational skills with a faded auditory prompting system. *Education and Training in Mental Retardation, 35*, 415-427.

출처: National Secondary Transition Technical Assistance Center. (2008). *Cleaniry bathroom mirrors, sink and toilet.* Charlotte, NC: Author. In *Evidence-Based Instructional Strategies for Transition* by David W. Test. (2012, Paul H. Brookes Publishing Co., Inc.)

➤ 요 약

　고용기술을 가르치는 것은 장애학생들의 고용률 향상에 대한 요구가 증가하기 때문에 더 많은 주목을 받는다. 연구자들은 중등교육에서 증거기반의 실제가 장애학생들의 고용기술을 더 증진시키기 위해 고안되었다고 말한다. 그러므로 이러한 실제들을 현장전문가들이 사용할 수 있고, 교실이나 지역사회에서 실제들을 어떻게 적용해야 하는지 알도록 하는 것은 매우 중요하다. 이 장에서 제시된 정보들은 현장에 있는 실무자들에게 장애학생들의 고용기술을 향상시킬 수 있는 실제들을 사용할 수 있는 정보를 제공한다.

➤ 관련 정보

- 'What Can You Do?' 장애인고용 캠페인

  http://www.whatcanyoudocampaign.org

  재능 있는 장애인들이 사업을 할 수 있도록 공공적으로 격려해 줌으로써 장애인들의 긍정적인 고용결과와 관련된 정보를 제공한다.

- 장애인고용정책국(Office of Disability Employment Policy)

  http://www.dol.gov/odep/pubs/fact/stats.htm

  장애인 고용률에 대한 통계를 제공한다.

- 버지니아커먼웰스 대학 재활연구 및 훈련 센터(Virginia Commonwealth University Rehabilitation Research and Training Center)

  http://www.worksupport.com/about_us/index.cfm

  장애인들이 고용을 유지하고 그들의 진로를 나아갈 수 있도록 도와주는 효과적인 지원에 대한 정보를 제공한다.

07

April L. Mustian & Sharon M. Richter

일상생활기술 교수전략

일상생활기술 교수는 전환프로그램의 분류체계(Taxonomy for Transition Programming) 모형에서 생활, 고용, 작업 기술을 강조하는 교수적 실제에 중점을 둔 학생역량개발(student development) 범주에 포함된다(Kohler, 1996). 일상생활기술 교수는 학생역량발달의 구체적인 하위범주로서, 여가와 사회성기술 훈련, 자기결정기술 훈련(목표설정, 의사결정, 자기옹호), 독립생활기술 훈련, 학습을 위한 전략 기술 훈련을 포함한다.

🕊 일상생활기술의 개념

일상생활기술은 지적장애인들을 포함하여 모든 사람들의 삶에 필수적인 요소다. 만약 개인이 일상생활기술을 수행하지 못한다면, 다른 사람이 그 개인을 위한 일상생활기술을 수행해 주어야 할 것이다(Bronlin, 1989). 일상생활기술은 박물관이나 학교에서 사용되는 미술과 화학의 지식들에 비해, 모든 삶의 영역과 집, 학교, 지역사회에서 매일 필요한 매우 중요하고 특별한 기술이다.

자기관리와 가정생활, 오락과 여가, 의사소통과 사회성기술, 직업기술, 중등 이후의 교육과 같은 지역사회참여를 위한 필수적인 기술들(Nietupski, Hamre-Nieupski, Curtin, & Shrikanth, 1997)의 일상생활기술은 보통 5개의 넓은 범주로 분류할 수 있다.

사람들은 다양한 성인기 삶의 역할들을 이행하기 위해서 매일 옷 구매하기, 수표를 현금으로 바꾸기, 식료품점에서 음식 구매하기, 지역사회 대학에서 수업 듣기, 필요한 경우에는 약 먹기, 학교와 직장에 가기 위해 대중교통 이용하기 등의 일상생활기술을 수행한다. 이러한 기술들은 대부분 독립적 생활과 신변 안전을 위해 반드시 선행되어야 하며, 이 기술들을 습득하는 것은 모든 사람들의 삶의 질에 매우 중요한 문제다. 그러므로 일상생활기술 교수는 필수적이다.

🕊 일상생활기술 교수의 필요성

많은 일상생활기술들은 전통적인 수업을 통해 가르칠 수 있다. 다시 말하자면, 많은 일상생활기술들은 학생들에게 곱셈 문제를 풀거나 새로운 단어를 이해하게 하는 방식으로 가르칠 수 있다는 것이다. 학생들이 대부분의 일상생활기술을 배웠다면, 학생들은 지역사회에 더 많은 참여를 하게 될 것이다. 교사들은 장애학생들을 위해 특별히 설계된 일상생활기술 교수전략을 적용해야 한다. 이를 위해 특수교사들은 장애학생들이 일상적으로 생활하는 환경을 고려하여 교수를 계획하여야 한다. 예를 들어서, 학생이 직장에서 시간기록계를 사용한다면, 교사는 학생이 실제 직장에서 시간기록계를 적절하게 사용할 수 있도록 준비시키기 위한 기준을 마련하여야 하므로, 시간기록계와 작업이 이루어지는 공간의 특징을 사용하여야 한다. 이와 유사하게, 학생이 상점에서 물건을 구매해야 한다면, 교사는 교수를 계획할 때 판매대와 계산원의 보편적인 특징을 고려해야 한다. 이 두 가지의 예에서 볼 수 있듯이, 교사들은 3장에서 언급한 지역사회중심 교수를 통해 지역사회 내에서 교수를 제공하게 될 것이다.

🕊 일상생활기술 교수의 중요성

숙달된 일상생활기술을 가지고 고등학교를 졸업한 장애학생들은 그렇지 않은 학생들보다 더 좋은 학교 이후의 성과를 보인다. 예를 들어, Roessler, Brolin과 Johnson(1990)은 우수한 일상생활기술을 가지고 고등학교를 졸업한 학생들은 더 높은 삶의 질(예: 독립생활)을 누리고 있었으며, 중등교육이후에 고용되어 있을 가능성이 높다는 경향을 보고하였다. 더불어, Blackorby, Hancock과 Siegel(1993)은 높은 수준의 자조기술을 가지고 있는 학생들이 낮은 수준의 자조기술을 가진 학생보다 중등과정 이후의 교육, 고용, 독립생활 부분에서 더 높은 참여율을 나타냄을 명시하였다. 결과적으로, 이 영역의 전문가들은 장애학생들이 여가기술, 자기관리, 사회성기술, 기타 적응 행동기술에 관련된 명시적 교수와 훈련을 받을 수 있도록 권장한다.

> 명시적 일상생활기술 교수는 단계별 모델링과 실습지도, 다양한 예와 예가 되지 못하는 것들, 즉각적인 수정 피드백, 특정기술을 연습할 수 있는 다양한 기회들과 같이 복잡한 과제를 더 작은 교수단위로 나누어서 가르치는 특징을 지닌다(Archer & Hughes, 2010).

🕊️ 일상생활기술 교수를 위한 증거기반실제

미국 중등전환기술지원센터(NSTTAC)는 일상생활기술과 교수적 접근의 범위 안에서 48개의 증거기반실제를 찾아 내었다. 〈표 7-1〉에 일상생활기술 발달에 관련한 증거기반실제들이 열거되어 있다. 각 실제들은 다음을 포함하고 있다.

1. 미국 중등전환기술지원센터에 의해 정의된 증거의 수준(증거가 충분한 수준 [strong], 보통 수준[moderate], 앞으로 성과가 기대되는 잠재적 수준[potential])
2. 적용된 대상자
3. 일상생활기술이나 교수가 적용된 방법
4. 실제적 환경 혹은 일상생활기술이 적용된 환경들
5. 특정 일상생활기술과 지표 13(Indicator 13)의 특정 문항의 관계
6. 특정 일상생활기술과 공통교과과정 표준과의 관계
7. 교수학습계획안 개발도우미 예시와 관련하여, 일상생활기술을 가르칠 수 있는 최적의 장소
8. 증거기반을 확립하기 위해 사용된 참고문헌

■ 표 7-1 ■ 일상생활기술 발달 관련 증거기반실제

교수전략	기술
후방연쇄법(Backward chaining) 전략 이용하기	기능적 일상생활기술
컴퓨터보조교수(Computer-assisted instruction) 이용하기	음식 준비하기 및 요리기술 기능적 일상생활기술 식료품점 장보기기술
지역사회중심교수(CBI) 이용하기	의사소통기술 지역사회통합기술 기능적 일상생활기술 식료품점 장보기기술 물건 구매하기기술
고정시간지연법(Constant time delay) 이용하기	응용수학기술 은행업무기술 의사소통기술 음식 준비하기 및 요리기술 기능적 일상생활기술 여가기술 물건 구매하기기술
전방연쇄법(Forward chaining) 전략 이용하기	집 관리하기기술
일반적 사례 프로그래밍(General case programming) 이용하기	안전유지기술
'하나 더 전략' 교수(The one-more-than strategy) 이용하기	돈세기기술 물건 구매하기기술
점진적 시간지연법(Progressive time delay) 전략 이용하기	기능적 일상생활기술 물건 구매하기기술 안전유지기술
반응촉진 전략(Response prompting) 이용하기	음식 준비하기 및 요리기술 기능적 일상생활기술 식료품점 장보기기술 집 관리하기기술 세탁하기 여가기술 물건 구매하기기술 안전유지기술 일견단어 읽기 사회성기술
자기관리교수 이용하기	사회성기술
자기점검전략 이용하기	기능적 일상생활기술

모의상황 전략 이용하기	은행업무기술 기능적 일상생활기술 물건 구매하기기술 사회성기술
최대-최소촉진(Most-to-least prompts) 체계 이용하기	의사소통기술 음식 준비하기 및 요리기술 기능적 일상생활기술 식료품점 장보기기술 물건 구매하기기술 안전유지기술
최대-최소촉진 체계 이용하기	기능적 일상생활기술
전체과제연쇄법(Total task chaining) 이용하기	기능적 일상생활기술
비디오 모델링(Video modeling) 이용하기	음식 준비하기 및 요리기술

　각 실제에 대한 설명들은 미국 중등전환기술지원센터의 웹사이트(http://www.nsttac.org)의 링크에서 제공하고 있으며, 이는 교수학습계획안 개발도우미들로 연결이 된다. 교수학습계획안 개발도우미는 학급에서 사용할 수 있는 최적의 실제적 자료다. 각 교수학습계획안 개발도우미는 학습목표, 환경과 자료, 가르칠 내용, 교수절차, 평가방법, 학습계획이 적용된 연구자료를 포함하고 있다. 이러한 구체적 실제들뿐만 아니라 그와 연관된 교수학습계획안 개발도우미들에 대한 설명은 다음과 같다.

'하나 더 전략'을 통해 물건 구매하기기술 가르치기

　'하나 더 전략'을 사용하여 물건 구매하기기술을 가르치는 것은 미국 중등전환기술지원센터에 따라 증거기반실제로 구분된다. 이 기술은 14세에서 17세의 중등도 지적장애학생들과 자폐성장애를 가진 학생들을 위주로 적용되어 왔다. '하나 더 전략' 기술과 '동전더미 바꾸기'를 결합시킨 전략은 학생이 돈을 이용하여 물건을 구매할 수 있는 능력을 향상시켰다(Denny & Test, 1995). 이러한 기능적 전략을 사용함으로써, 학생들은 지역사회에서 물건을 구매하는 데 장애물이 될 수 있는 동전 사용하기 기술을 숙달하지 않고 동전의 가치를 알지 못해도, 화폐를 사용함으로써 성공적인 물건 구매하기를 완수할 수 있다. 특히, 이 전략을 통하여 학생들에게 구매하려는 물건의 금액보다 1달러를 더 지불하는 방법을 가르칠 수 있다(예: 3달러 29센트의 물건이면, 학생은 4달러를 지불한다). '하나 더 전략'은 독립적 물건 구매하기(Cihak & Grim, 2008), 지역사회에서의 물건 구매하기(Denny & Test, 1995), 식료품 물건 구매하기(Ayres, Langone, Boon, & Norman, 2006)를 가르치기 위해 사용되었다. 이러한 연구들은 학교와 지역사회 상황에서 시행되었다.

〈표 7-2〉는 '하나 더 전략'을 사용한 물건 구매하기기술의 완성된 정보를 제공하고 있다. '하나 더 전략'을 이용한 물건 구매하기기술에 대한 설명은 학급에서 증거기반실제를 적용하고자 하는 교사들에게 2개의 교수학습계획안 개발도우미들을 제공하고 있다(예: 지역사회에서 물건 구매하기, 독립적으로 물건 구매하기). '하나 더 전략'을 사용한 지역사회에서의 물건 구매하기기술의 교수학습계획안 개발도우미는 〈표 7-3〉에 나와 있다.

■ 표 7-2 ■ '하나 더 전략'을 사용하여 구매하기기술을 가르치는 실제에 대한 설명

물건 구매하기기술을 가르치기 위해 '하나 더 전략' 사용하기

무엇이 증거기반인가?
3개의 보통 수준의 단일대상연구를 기반으로 한 보통 수준의 증거기반

어떤 대상에게 적용되었는가?
• 대상 학생: 중등도 지적장애학생(2개의 연구, 7명), 자폐성장애학생(1개의 연구, 4명)
• 연령: 14~17세
• 성별: 남자(6명), 여자(5명)
• 민족: 보고하지 않음(11명)

어떤 실제인가?
'하나 더(One-More-Than) 전략'은 학생들이 내야 하는 금액보다 1달러를 더 내는 것을 가르치는 것이다(예: 물건의 금액이 $3.29이면, 학생들은 $4을 내는 것이다, Denny & Test, 1995). 이 전략은 '다음 달러' '수 세기' 혹은 '달러 더 내기'라는 전략으로 불리기도 한다.

어떻게 실제가 적용되었는가?
'하나 더 전략'은 다음을 가르치기 위해 사용되었다.
• 독립적으로 물건 구매하기(Cihak & Grim, 2008)
• 지역사회 안에서 물건 구매하기(Denny & Test, 1995)
• 장보기 물품 구매하기(Ayres et al., 2006)

어느 장소에서 적용되었는가?

학교와 지역사회(1개의 연구)

학교(1개의 연구)

이 실제의 교수방법 자료를 어디에서 얻을 수 있는가?

'하나 더 전략' 적용방법은 다음에 나오는 교수학습계획안 개발도우미를 통해서 잘 찾아볼 수 있다.

- 지역사회에서 물건 구매하기를 가르치기 위해 '하나 더 전략' 사용하기
  http://www.nsttac.org/LessonPlanLibrary/46.pdf
- 독립적인 물건 구매기술을 가르치기 위해 '하나 더 전략' 사용하기
  http://www.nsttac.org/LessonPlanLibrary/LessonPlanCihakandGrim2008nextdollar.pdf

---

이러한 실제는 지표 13과 어떤 연관성을 갖고 있는가?

- 지표 13 점검표 항목 3: 물건 구매하기기술을 가르치는 것은 전환평가 정보의 결과에 영향을 주게 된다.
- 지표 13 점검표 항목 4: 물건 구매하기기술은 개별화교육프로그램에서 전환서비스로 지정될 수 있으며, 이는 학생이 중등교육이후의 독립생활 목표를 이룰 수 있도록 도와준다.
- 지표 13 점검표 항목 6: 물건 구매하기기술을 가르치는 것은 개별화교육프로그램의 목표에 들어갈 수 있으며, 이는 학생의 중등교육이후의 독립생활 목표를 지원할 수 있다.

이 실제가 어떻게 공통교과과정표준과 연계가 될 수 있는가?

- 비율의 개념을 이해하고 비율 유추를 사용하여 문제를 푼다(6학년).
  실생활 관련 수학 문제를 풀기 위해 비율과 비율 유추를 사용한다.
- 이해와 협력(8학년)
  다양한 시각적, 양적, 구두적인 양식과 대중 매체를 통해 정보를 통합하고 평가한다.
- 언어에 대한 지식(8학년)
  쓰기, 말하기, 듣기를 할 때에, 언어에 대한 지식과 규칙을 사용한다.

이러한 증거기반을 확립하기 위해 사용된 참고문헌:

Ayres, K. M., Langone, J. Boon, R. T., & Norman, A. (2006). Computer-based instruction for purchasing skills. *Education and Training in Developmental Disabilities, 41*, 252-263.

Cihak, D., & Grim, J. (2008). Teaching students with autism spectrum disorder and moderate intellectual disabilities to use counting-on strategies to enhance independent purchasing skills. *Research in Autism Spectrum Disorders, 1*, 716-727.

Denny, P. J., & Test, D. W. (1995). Using the one-more-than technique to teach money counting to individuals with moderate mental retardation: a systematic replication. *Education and Treatment of Children, 18*, 422-432.

출처: National Secondary Transition Technical Assistance Center. (2011). *Using one-more-than strategy to teach purchasing skills.* Charlotte, NC: Author.

■ 표 7-3 ■ 물건 구매하기기술을 가르치기 위한 '하나 더 전략'을 이용한 교수학습계획안 개발도우미

'하나 더 전략'을 사용하여 물건 구매하기

목표: 1달러, 5달러, 10달러 지폐와 '하나 더 전략' 기법과 '센트더미 바꾸기' 방법을 사용
하여 물건 구매기술 가르치기

환경: 주 4회 학교 도서관에서 실시, 기술 일반화는 학교 근처 지역사회 상점과 음식점에서 측정

교수자료: 각 학생에게 모든 교수 회기 동안 5개의 1달러, 1개의 5달러, 1개의 10달러를 준다.

교수내용

'하나 더 전략'에 '센트더미 바꾸기'가 함께 적용된 전략은 돈을 사용하여 물건 구매를
할 수 있는 학생들의 능력을 향상시킨다. 이러한 기능적 전략을 사용함으로써, 학생들은
지역사회에서 물건을 구매하는 데 장애물이 될 수 있는 동전 사용하기 기술을 숙달하지
않고 동전의 가치를 알지 못해도, 화폐를 사용함으로써 성공적인 물건 구매하기를 완수
할 수 있다.

이 전략에 대한 다음의 설명은 참고문헌에 나오는 연구의 정보에 의해 개발된 것이다.

1. 구매자는 상품 가격 듣기(예: 3달러 48센트)
2. '센트더미'(예: 48센트)를 위해 1달러를 챙기기
3. 구매자는 지폐에 해당하는 금액의 달러(예: 3달러)와 동전더미 1달러 준비하기
4. 구매자는 준비한 모든 지폐를 내고 물건 구매하기

교수절차

1. 학생들에게 상점에 가는 방법과 학생 자신들을 위해 필요한 물건을 살 수 있는 방법을
   가르칠 것이라고 알려 준다.
2. '센트더미 바꾸기'가 접목된 '하나 더 전략'의 개념을 소개하기 위해 말로 설명하고
   시연한다. 예를 들어, "만약 판매원이 '2달러 15센트요.'라고 말하면, 센트더미 전략으
   로 1달러는 한쪽으로 놓고, 2달러를 세어서 내도록 해야 한단다."라고 말해 주면 된다.
3. 학생들에게 이 방법을 사용하여 역할놀이를 할 것이라고 알려 준다.
4. 훈련 항목들을 4개의 가격 범주로 나눈다, 0~$4.99, $5.00~$9.99, $10.00~$14.99,
   $15.00~$20.00.
5. 첫 번째 가격 범주인 0~$4.99에서는, 학생들은 '센트더미 바꾸기' 전략을 사용하여
   요구된 가격보다 1달러를 더 내게 될 것이다.
6. 다음의 방법들 중 하나를 선택해서 0~$4.99 가격 범주를 명명한다.
   ① 달러와 센트를 포함하여 명명하기(예: "4달러 20센트일 것이다.")
   ② 달러와 센트의 용어를 사용하지 않고 명명하기(예: "4.20일 것이다.")

7. 첫 번째 훈련하려는 가격에 맞게 센트더미 전략을 이용하여 1달러를 한쪽에 두고 요구된 달러에 맞게 지폐를 준비하여 지불하는 것을 시연한다.

8. 학생들에게 첫 번째 훈련 가격에 맞게 지불하도록 한다.

9. 올바르게 지불한 경우, "잘했어요. 정확하게 지폐를 지불했어요."와 같은 형식으로 학생이 정확하게 한 행동을 짚어 주며 지속적으로 말로 구체적인 칭찬을 제공한다.

10. 잘못 지불한 경우, 올바른 행동을 말로 설명하고 시연해 주며 학생에게 다시 기회를 준다. 그 이후에 학생이 올바르게 지불했다면, 칭찬을 하도록 한다. 그러나 학생이 잘 지불하지 못했다면, "다른 것을 시도해 보자."라며 다음 단계로 넘어가도록 한다.

11. 학생들에게 같은 가격 범주 내에서 6번 문항의 그 어떤 방법으로든 명명하는 방법을 가르칠 수 있도록 추가적인 3번의 훈련 기회를 제공한다.

12. 모든 가격 범주에 5달러와 10달러를 세는 것과 관련된 추가적인 교수를 접목하여 똑같은 절차로 가르친다.

13. 학생들에게 지폐를 보여 주고, 그 지폐로부터 가격을 맞춰 가도록 수를 세는 방법을 시연하고, 해당하는 가격 범주에 대해 예를 들어 보여 준다(예: 7달러를 내야 한다면, 5달러 지폐에서부터 시작을 한다. 5달러 지폐를 탁자에 놓고 "다섯"이라고 말한다. 탁자에 놓여진 5달러 위에 1달러를 얹어서는 "여섯"이라고 말하고, 하나 더 얹어서 "일곱"이라고 말하고는 지불한다.)

14. 학생들에게 시연한 항목들을 반복하도록 말한다.

15. 훈련회기 동안에 훈련하지 않은 회기들을 중심으로 12번 기회를 제공한다.

16. 학생들이 12번의 기회 동안 12번을 정확하게 수행하였다면, 4개의 가격 범주와 12개의 훈련 항목으로부터 임의로 3가지의 혼합된 훈련을 제공하도록 한다.

평가

매일 12개 항목 중 정확하게 수행한 비율에 관한 학생들의 수행자료를 수집한다. 회기들은 가격 범주 안에서 다른 가격 범주들을 포함하고 있어야 하며, 다음 중 한 개의 방법을 따라 학생들에게 가격을 명명하는 방법을 가르치도록 한다.

1. 달러와 센트를 포함하여 명명하기(예: "5달러 20센트일 것이다.")
2. 달러와 센트라는 용어 없이 명명하기(예: "5.20일 것이다.")

교수학습계획안 출처:

Denny, P., & Test, D. (1995). Using the one-more-than technique to teach money counting to individuals with moderate mental retardation: A systematic replication. *Education & Treatment of Children, 18*, 422–432.

출처: National Secondary Transition Technical Assistance Center. (2008). *Purchasing items using "one-more-than" technique.* Charlotte, NC: Author.
In *Evidence-Based Instructional Strategies for Transition* by David W. Test. (2012, Paul H. Brookes Publishing Co., Inc.)

고정시간지연법을 이용하여 은행업무기술 가르치기

고정시간지연법(CTD)을 사용하여 은행업무기술을 가르치는 것은 또 다른 미국 중등전환기술지원센터의 증거기반실제다. 이 기술은 14세에서 20세에 해당하는 중등도 지적장애학생들을 대상으로 적용되어 왔다. 고정시간지연법의 여러 시도에서 제시된 것은 자연적인 자극과 반응을 유도하려는 자극 사이에 0초 지연법을 사용하는 것이었다. 이러한 시도들은 3초 또는 5초와 같이 정해진 시간지연을 적용하여 동시자극 상황을 따른다(Cooper et al., 2007). 고정시간지연법을 사용한 은행업무기술 가르치기의 증거기반을 확립하기 위한 연구들은 3초 고정시간지연법을 사용한 연구(McDonnell & Ferguson, 1989)와 3초 시간지연 연구와 결합된 비디오 모델링, 지역사회중심교수(CBI), 모의실험(Branham et al., 1999) 연구를 포함하고 있다. 고정시간지연법을 이용한 특정 은행업무기술에는 수표를 현금으로 바꾸는 것, 수표를 적는 것, 현금인출기 사용하기가 있다. 이 실제는 특수학급과 지역사회 상황에서 적용되어 왔다.

〈표 7-4〉는 고정시간지연법을 이용하여 은행업무기술 가르치기에 대한 자세한 정보를 제공한다. 고정시간지연법에 대한 추가적 정보들은 3장을 참조하도록 한다. 고정시간지연법을 이용하여 은행업무기술 가르치기에 대한 설명은 학급에서 증거기반실제를 적용하고자 하는 교사들에게 교수학습계획안 개발도우미를 제공하고 있다. 이 교수학습계획안 개발도우미는 특별히 수표를 현금화하거나 현금인출기를 사용하고자 하는 학생들을 가르치기 위해 계획된 것이다(〈표 7-5〉 참조).

■ 표 7-4 ■ 고정시간지연법을 사용하여 은행업무기술을 가르치는 실제에 대한 설명

은행업무기술을 가르치기 위한 고정시간지연법 사용하기

무엇이 증거기반인가?
2개의 허용 수준의 단일대상연구를 기반으로 한 앞으로 성과가 기대되는 잠재적 수준의 증거기반

어떤 대상에게 적용되었는가?
- 대상 학생: 중등도 지적장애학생(2개의 연구, 7명)
- 연령: 14세~17세
- 성별: 남자(2명), 여자(1명)

- 성별 구분되지 않음(1개의 연구, 4명)
- 민족: 보고하지 않음(7명)

어떤 실제인가?

고정시간지연법의 여러 시도에서 제시된 것은 자연적인 자극과 반응을 유도하려는 자극 사이에 0초 지연을 사용하는 것이었다. 이러한 시도들은 정해진 시간지연을 적용하여 동시자극 상황을 따른다(예: 3초 또는 5초, Cooper, Heron, & Heward, 2007).

- 고정시간지연법을 사용한 은행업무기술 가르치기의 증거기반을 확립하기 위한 연구들
  - 3초 시간지연 연구와 결합된 비디오 모델링, 지역사회중심교수, 모의실험(Branham, Collins, Schuster, & Kleinert, 1999)
  - 3초 고정시간지연법을 사용한 연구(McDonnell & Ferguson, 1989)

어떻게 실제가 적용되었는가?

- 3초 시간지연 연구와 결합된 비디오 모델링, 지역사회중심교수, 모의실험
  수표를 현금화하기(Branham et al., 1999)
- 고정시간지연법을 사용한 연구
  - 수표를 적는 방법
  - 현금인출기 사용하기(McDonnell & Ferguson, 1989)

이 실제의 교수방법 자료를 어디에서 얻을 수 있는가?

고정시간지연법은 다음에 나오는 교수학습계획안 개발도우미를 통해서 잘 찾아볼 수 있다.

> 고정시간지연법 사용하여 은행업무 보기
> http://www.nsttac.org/LessonPlanLibrary/LessonPlanMcDonnellFergusonbanking.pdf

어느 장소에서 적용되었는가?

- 특수학급과 지역사회(1개의 연구)
- 지역사회 은행(1개의 연구)

이러한 실제는 지표 13과 어떤 연관성을 갖고 있는가?

- 지표 13 점검표 항목 3: 은행업무기술을 가르치는 것은 전환평가 정보의 결과에 영향을 주게 된다.
- 지표 13 점검표 항목 4: 은행에서 거래하는 방법을 가르치는 것은 개별화교육프로그램에서 전환서비스로 지정될 수 있으며, 이는 학생이 중등교육이후의 독립생활 목표를 이룰 수 있도록 도와준다.
- 지표 13 점검표 항목 6: 은행업무기술을 가르치는 것은 개별화교육프로그램의 목표에 들어갈 수 있으며, 이는 학생의 중등교육이후의 독립생활 목표를 지원할 수 있다.

이 실제가 어떻게 공통교과과정표준과 연계가 될 수 있는가?

- 비율의 개념을 이해하고 비율 유추법을 사용하여 문제를 푼다(6학년).

등가비율에 대한 표를 추론하는 것, 테이프 모양의 도표(tape diagrams: 비율을 이해시킬 때 사용되는 시각적 자료), 2개의 다른 척도가 기입되어 있는 도표(double number line diagrams: 예를 들어, 위에는 달러가 기입되어 있고, 아래에는 그 양에 해당하는 숫자를 기입), 방정식 등을 사용하여 실생활 관련 수학 문제를 풀기 위해 비율과 비율 유추법을 사용한다.

• 이해와 협력(8학년)

다양한 시각적, 양적, 구두적인 양식과 대중매체를 통해 정보를 통합하고 평가한다.

언어에 대한 지식(8학년)

• 쓰기, 말하기, 듣기를 할 때, 언어에 대한 지식과 규칙을 사용한다.

이러한 증거기반을 확립하기 위해 사용된 참고문헌:

Branham, R. S., Collins, B. C., Schuster, J. W., & Kleinert, H. (1999). Teaching community skills to students with moderate disabilities: Comparing combined techniques of classroom simulation, videotape modeling, and community-based instruction. *Education and Training in Mental Retardation and Developmental Disabilities, 34*, 170–181.

McDonnell, J., & Ferguson, B. (1989). A comparison of time delay and decreasing prompt hierarchy strategies in teaching banking skills to students with moderate handicaps. *Journal of Applied Behavior Analysis, 22*, 85–91.

출처: National Secondary Transition Technical Assistance Center. (2011). *Using constant time delay to teach banking skills*. Charlotte, NC: Author.

■ 표 7–5 ■ 은행업무기술을 가르치기 위한 고정시간지연법을 이용한 교수학습계획안 개발도우미

수표 현금화하기와 현금인출기 사용하기

목표: 현금인출기에서 현금을 인출하거나 수표를 써서 현금화하는 것을 가르친다.

환경: 은행

교수자료:

1. 현금인출기를 이용하기 위한 카드

2. 수표에 적기 위한 도구들: 수표와 현금인출을 위한 전표

3. 보조적 지원을 위한 도구들:

• 학생들에게 수표에 옮겨 적을 수 있도록 도와주는 달러 가격에 대한 올바른 철자법이 적힌 촉진카드

• 10달러와 20달러가 적혀 있는 완성된 수표 모형

교수내용

학생들에게 2가지 방법 중 한 가지 방법을 통하여 현금을 인출할 수 있도록 가르친다. 첫

번째 방법은 현금인출기에서 10달러와 20달러를 출금하는 것이고, 두 번째 방법은 은행원에게 가서 수표를 쓰고 현금을 인출하는 것이다.

현금인출기를 사용하기 위한 과제분석

1. 카드를 넣는다.
2. 개인적 정보를 입력한다.
3. 정확한 번호가 입력되었음을 알려 주는 버튼을 누른다.
4. 계좌에서 출금한다는 버튼을 누른다.
5. 달러와 센트의 금액을 1000 또는 2000으로 입력한다.
6. '맞음' 버튼을 누른다.
7. 뚜껑을 열고 돈을 찾는다.
8. 거래가 끝났음을 알리는 종료 버튼을 누른다.
9. 카드를 찾고 영수증이 나오는 곳에서 영수증을 받는다.

수표를 적기 위한 과제분석

1. 은행에 들어가서 탁자를 찾아 앉는다.
2. 수표에 기입할 날짜를 정확하게 적는다.
3. '현금'이라는 단어를 적절한 칸에 쓴다.
4. 출금하려는 금액을 적는다(예: 10.00 또는 20.00).
5. 달러 금액은 적절한 칸에 적는다(예: 십 그리고 00/100 또는 이십 그리고 00/100).
6. 수표에 서명한다.
7. 수표로 현금을 받는다.
8. 은행을 나온다.

교수단계

사전검사 절차

1. 학생들에게 필요한 자료들(예: 카드, 수표더미, 펜)과 언어적 촉진(예: "돈이 나오는 기계에서 _____달러를 출금한다." 또는 "_____달러를 수표에 써서 현금으로 인출한다.")을 제공하고 회기를 시작한다.
2. 각 회기마다 각 학생들은 10달러와 20달러를 출금하게 된다.
3. 학생들이 서명하는 것 외에 실수를 할 경우, 단계들을 대신 수행해 주고 활동들을 마칠 수 있도록 촉진한다.
4. 학생들이 서명 시에 실수를 할 경우, 추가적 피드백 없이 물리적으로 도움을 준다. 학생들이 남아 있는 과제들을 수행할 수 있도록 촉진한다.
5. 회기 마지막에는, 출금했던 계좌에 출금한 현금을 넣도록 한다.
6. 올바르게 수행된 단계의 수를 세어 자료를 수집한다.

교수절차

1. 교수회기는 20분 동안 이루어진다. 학생들은 한 회기당 최소 각기 다른 2개의 목표금액(예: 10달러와 20달러)에 대한 한 번의 기회부터 2~6번의 기회를 받을 수 있다.
2. 교수 중에 '체계적 촉진'과 체계에 따른 촉진감소를 통해 도움을 준다.
3. 체계적 촉진:
   • 물리적 도움에 직접적 언어 단서 접목
   • 직접적 언어 단서와 함께 가리키는 것 또는 직접적 언어 단서와 시연하는 것
   • 직접적 언어 단서
   • 몸짓
4. 학생들에게 제공될 초기 촉진은 사전검사절차 동안에 정해져야 한다.
5. 2회 연속 정확한 시도가 이루어진 후 촉진은 소거되어야 한다.
6. 학생들이 실수를 할 경우, 정확도 수준에 따라 촉진되는 과제를 통해, 학생들의 수행이 촉진되어야 한다.

평가

학생들은 연속적인 2개의 회기에서 과제분석 단계의 100%를 정확하게 수행해야 한다. 학생들이 단계시작 오류, 판별오류, 반응하지 못한 오류를 범한 경우, 과제분석 단계 중에 오류가 나타난 단계를 기록한다. 단계시작 오류는 학생들이 촉진을 받은 후 5초 안에 단계를 이수하지 못하는 경우 기록된다. 판별오류는 단계의 순서가 틀린 경우 또는 정확하게 반응하지 못한 경우 기록된다. 반응하지 못한 오류는 일부분에 해당하는 수행을 하였거나 단계를 너무 느리게 수행한 경우 기록된다.

교수학습계획안 출처:

McDonnell, J. J., & Ferguson, B. (1989). A comparison of time delay and decreasing prompt hierarchy strategies in teaching banking skills to students with moderate handicaps. *Journal of Applied Behavior Analysis, 22*, 85–91.

출처: National Secondary Transition Technical Assistance Center. (2008). *Cashing checks and using an ATM.* Charlotte, NC: Author.
In *Evidence-Based Instructional Strategies for Transition* by David W. Test. (2012, Paul H. Brookes Publishing Co., Inc.)

반응촉진법 사용하여 일견단어 읽기 가르치기

반응촉진법을 사용하여 일견단어 읽기를 가르치는 것은 미국 중등전환기술지원센터에 의해 검증된 증거기반실제다. 이 실제는 14세에서 26세에 해당하는 중

등도 및 중도 지적장애학생들에게 적용되어 왔다. 반응촉진법은 원하는 행동에 대한 추가적 단서나 다시 한 번 알려 주는 기능의 자극으로 정의한다. 이러한 유형의 촉진은 시각적, 청각적, 글로 된 문서, 혹은 상징적 양식으로 이루어질 수 있다(Cooper et al., 2007). 반응촉진법을 이용한 집 관리하기기술 가르치기에 대한 증거기반을 확립하기 위해 2개의 연구가 이루어졌고, 그중 하나는 비디오촉진과 언어적 촉진을 동시에 사용한 것이었으며(Taylor, Collins, Schuster, & Kleinert, 2002), 나머지 한 연구는 고정된 그림촉진을 적용한 것이었다(Gaule, Nietupski, & Certo, 1985). 이 실제는 세탁실과 식료품점과 관련된 일견단어를 가르치는 것에 사용되었고, 대형마트와 지역사회 상황에서 적용되었다.

〈표 7-6〉은 반응촉진법을 이용한 일견단어 읽기교수에 대한 더 자세한 실제 설명을 제공한다. 반응촉진법을 이용한 일견단어 읽기교수 실제에 대한 설명은 학급에서 증거기반실제를 적용하고자 하는 교사들에게 교수학습계획안 개발도우미를 제공하고 있다. 이 교수학습계획안 개발도우미는 학생들에게 세탁하기를 가르치기 위해 설계되었다(〈표 7-7〉 참조).

■ 표 7-6 ■ 일견단어 읽기를 가르치기 위해 반응촉진법을 이용한 교수학습계획안 개발도우미

세탁하기기술

목표: 학생들에게 세탁하기기술 가르치기

환경: 가정실습 교실

교수자료:

1. 빨랫감으로 가득 찬 빨래바구니
2. 액체세제
3. 섬유유연제 종이
4. 세탁기 또는 건조기, 세탁 물건들이 있는 곳에 8개의 기능적 단어(예: 온도, 세제, 주기)가 적혀 있는 5″×7″ 크기의 단어장

교수내용

세탁하기를 위한 과제분석

1. 세탁기에 빨래바구니를 가지고 간다.
2. 세탁기 뚜껑을 연다.
3. 세탁기에 옷을 넣는다.

4. 액체세제의 뚜껑을 돌려서 뺀다.

5. 계량컵에 적절한 양의 세제를 붓는다.

6. 액체세제 뚜껑을 닫는다.

7. 계량컵 속에 들어 있는 액체세제를 세탁기 안에 붓는다.

8. 세탁기 뚜껑을 닫는다.

9. 적당한 주기로 맞춘다.

10. 물 온도를 선택한다.

11. 세탁량을 선택한다.

12. 세탁기가 돌아갈 수 있도록 시작 버튼을 누른다.

13. 마지막 주기가 끝나면 세탁기에서 옷들을 꺼낸다.

14. 건조기에 옷들을 넣는다.

15. 건조기에 섬유유연제 종이를 넣는다.

16. 건조기 문을 닫는다.

17. 원하는 건조 정도를 선택한다.

18. 건조기의 시작 버튼을 누른다.

19. 건조기가 멈추면, 건조기에서 옷들을 꺼낸다.

20. 건조기에서 옷들을 꺼내고 빨래바구니에 넣는다.

교수절차

1. 자료들을 준비한다.

2. 의도적인 단서(예: "옷들 세탁하고 건조할 준비 되었나요?")를 전달하고 정확한 반응을 기다린다.

3. 해야 할 과제(예: "[이름]누구누구야, 옷 세탁하고 건조하자.")를 전달하고, 학생들이 시작할 수 있도록 5초를 기다려 주고, 각 단계를 끝낼 수 있도록 15초를 기다려 준다.

4. 학생들이 단계를 정확하게 수행한 경우, 말로 칭찬해 주고 다음 단계를 시작할 수 있도록 5초를 기다려 준다.

5. 학생들이 5초 안에 반응을 못한 경우 또는 10초 안에 단계를 완수하지 못한 경우, 즉, 올바르게 단계를 이행하지 못한 경우에는 언어적 촉진(예: "세탁기에 옷을 넣은 후에는 세제의 뚜껑을 돌려서 빼야 해.")으로 과제의 방향을 반복적으로 제시하고, 학생이 단계를 시작할 수 있도록 5초를 기다려 주고, 그 단계를 완수할 수 있도록 15초를 기다려 준다.

6. 언어적 촉진에도 불구하고 학생이 단계를 정확하게 수행하지 못한 경우, 언어적 촉진과 함께 시연을 보여 주고, 학생들이 그 단계를 시작할 수 있도록 5초를 기다려 주고, 그 단계를 끝낼 수 있도록 15초를 기다려 준다.

7. 이러한 형식으로 정확한 반응에 언어적 촉진을 제공 또는 체계적 촉진을 이용하여 학

생들이 각 과제분석 단계를 완성할 수 있도록 도와준다.

평가

과제분석 단계 중 학생들의 행동이 정확하게 이행된 단계에 대한 확률로 자료를 수집한다.

교수학습계획안 출처:

Taylor, P., Collins, B. C., Schuster, J. W., & Kleinert, H. (2002). Teaching laundry skills to high school students with disabilities: Generalization of targeted skills and nontargeted information. *Education and Training in Mental Retardation and Developmental Disabilities, 37,* 172–183.

출처: National Secondary Transition Technical Assistance Center. (2008). *Laundry skills.* In *Evidence-Based Instructional Strategies for Transition* by David W. Test. (2012, Paul H. Brookes Publishing Co., Inc.)

■ 표 7-7 ■ 반응촉진법을 이용하여 일견단어 읽기를 가르치는 실제에 대한 설명

일견단어 읽기를 가르치기 위해 반응촉진법 사용하기

무엇이 증거기반인가?

2개의 허용 수준의 단일대상 연구를 기반으로 한 앞으로 성과가 기대되는 잠재적 수준의 증거기반

어떤 대상에게 적용되었는가?

• 대상 학생: 중등도 지적장애학생(2개의 연구, 5명), 중도 지적장애학생(1개의 연구, 2명)
• 연령: 14~26세
• 성별: 남자(6명), 여자(1명)
• 민족: 보고하지 않음(7명)

어떤 실제인가?

반응촉진법은 원하는 행동에 대한 추가적 단서나 다시 한 번 알려 주는 기능의 자극으로 정의한다. 이러한 유형의 촉진은 시각적, 청각적, 글로 된 문서, 혹은 상징적 양식으로 이루어질 수 있다(Cooper, Heron, & Heward, 2007).

• 반응촉진법을 사용한 집 관리하기 가르치기의 증거기반을 확립하기 위한 연구들
　– 언어적 촉진과 접목된 비디오촉진(Taylor, Collins, Schuster, & Kleinert, 2002)
　– 고정된 그림촉진(Gaule, Nietupski, & Certo, 1985)

어떻게 실제가 적용되었는가?

• 시각적 · 언어적 촉진
　– 세탁 일견단어(Taylor et al., 2002)

- 고정된 그림촉진
  - 식료품점 일견단어(Gaule, Nietupski, & Certo, 1985)

어느 장소에서 적용되었는가?
슈퍼마켓(1개의 연구)
지역사회(1개의 연구)
학교(2개의 연구)

이 실제의 교수방법 자료를 어디에서 얻을 수 있는가?
반응촉진법은 다음에 나오는 교수학습계획안 개발도우미를 통해서 잘 찾아볼 수 있다.

> 반응촉진법 사용하여 세탁하기 일견단어 읽기 가르치기
> http://www.nsttac.org/LessonPlanLibrary/LessonPlan/56_85.pdf

이러한 실제는 지표 13과 어떤 연관성을 갖고 있는가?
- 지표 13 점검표 항목 3: 일견단어 읽기를 가르치는 것은 전환평가 정보의 결과에 영향을 주게 된다.
- 지표 13 점검표 항목 4: 일견단어 읽기를 가르치는 것은 개별화교육프로그램에서 전환 서비스로 지정될 수 있으며, 이는 학생이 중등이후의 독립생활목표를 이룰 수 있도록 도와준다.
- 지표 13 점검표 항목 6: 일견단어 읽기를 가르치는 것은 개별화교육프로그램의 목표에 들어갈 수 있으며, 이는 학생의 중등이후의 독립생활목표를 지원할 수 있다.

이 실제가 어떻게 '미국 주정부 직업군집계획: 필수지식과 기술'과 연계가 될 수 있는가?
- ESS02.01 실제상황에서 기술적 개념과 용어를 배우고 사용하기 위해, 고용환경에서 필요한 읽기전략과 의사소통전략을 선택한다.
  - 문서의 중요한 목적을 파악하기 위하여 가장 적합한 읽기전략을 결정한다.
  - 이해와 협력(8학년)
- ESS02.01.02 작업환경에서 의사소통기술을 향상시킬 수 있도록 아이디어와 정보 획득 및 전달을 위한 개념, 전략, 체계의 사용을 시연한다.
  - 언어에 대한 지식(8학년)
  - 정보 획득 및 전달하는 데 말하기기술을 적용한다.

이러한 증거기반을 확립하기 위해 사용된 참고문헌:
Gaule, K., Nietupski, J., & Certo, N. (1985). Teaching supermarket shopping skills using an adaptive shopping list. *Education and Training of the Mentally Retarded, 20*, 53–59.
Taylor, P., Collins, B. C., Schuster, J. W., & Kleinert, H. (2002). Teaching laundry skills to high school students with disabilities: Generalization of targeted skills and nontargeted information. *Education and Training in Mental Retardartion and Developmental Disabilities, 37*, 172–183.

출처: National Secondary Transition Technical Assistance Center. (2011). *Using response promptiry to teacn sight word readiry.* Charlotte, NC: Author.

지역사회중심교수를 이용하여 장보기기술 가르치기

　지역사회중심교수를 이용하여 장보기기술을 가르치는 것은 미국 중등전환기
술지원센터에 의해 확인된 증거기반실제다. 이 실제는 17세에서 20세에 해당하
는 경도와 중등도 및 중도 지적장애학생들에게 적용되어 왔다. 3장에서 언급하
였듯이, 지역사회중심교수는 목표가 되는 기능적 기술들이 자연스럽게 일어날
수 있는 지역사회 환경에서 이루어진다(Brown et al., 1983). 지역사회중심교수를
이용하여 장보기기술을 가르치기 위한 증거기반을 마련하기 위해서, 지역사회
중심교수 직후에 수업시연을 하는 연구(Bates et al., 2001)와 학급기반 교수를 접
목한 지역사회중심교수 연구(Gaule et al., 1985)가 이루어졌다. Bates 등(2001)의
연구에 의하면, 학생에게 장보기기술을 가르칠 때, 지역사회중심교수와 수업시
연이 함께 이루어진 교수가 지역사회중심교수만으로 이루어진 방법보다 더 효
과적임을 보고하였다.
　〈표 7-8〉은 지역사회중심교수를 이용하여 장보기기술을 가르치는 것에 대해
더 자세하게 실제에 대한 설명을 제공한다. 지역사회중심교수를 통한 장보기기
술 교수 실제에 대한 설명은 학급에서 증거기반실제를 적용하고자 하는 교사들
에게 1개의 교수학습계획안 개발도우미를 제공하고 있다(〈표 7-9〉 참조).

■ 표 7-8 ■ 지역사회중심교수를 이용하여 장보기기술을 가르치는 실제에 대한 설명

식료품점에서 장보기기술을 가르치기 위한 지역사회중심교수

무엇이 증거기반인가?
1개의 허용 수준의 질적 연구와 2개의 허용 수준의 단일대상연구를 기반으로 한 앞으로 성과
가 기대되는 잠재적 수준의 증거기반

어떤 대상에게 적용되었는가?
• 대상 학생: 경도 지적장애학생(1개의 연구, 20명), 중등도 지적장애학생(1개의 연구, 20명),
　중등도에서 중도 지적장애학생(2개의 연구, 9명)
• 연령: 16~20세(2개의 연구), 평균연령 17.2세(1개의 집단연구)
• 성별: 남자(33명), 여자(16명)
• 민족: 보고하지 않음(49명)

어떤 실제인가?
지역사회중심교수는 목표가 되는 기능적 기술들이 자연스럽게 일어날 수 있는 지역사회환경

에서 이루어진다(Brown et al., 1983).

- 식료품점에서 장보기기술을 가르치기 위한 지역사회중심교수 증거기반을 확립하기 위한 연구들
  - 지역사회중심교수 직후에 수업시연을 하는 연구(Bates, Cuvo, Miner, & Korabek, 2001)
  - 학급기반 교수를 접목한 지역사회중심교수 연구(Gaule, Nietupski, & Certo, 1985)
  - 지역사회중심교수만 사용하여 식료품점에서 장보기기술을 가르친 연구(Ferguson & McDonnell, 1991)

어떻게 실제가 적용되었는가?
- 그림목록과 함께 32단계의 과제분석을 이용하여 학생들에게 식료품점에서 물건을 구매하는 방법을 가르칠 때, 지역사회중심교수와 수업시연이 함께 이루어진 교수가 지역사회중심교수만으로 이루어진 방법보다 더 효과적임을 보고하였다(Bates et al., 1999).
- 반응촉진법(고정그림 단서)은 학급에서 1단계를 교수한 후에, 교수 2~3단계에 학생들이 식료품점에서 물건을 찾고, 얻고, 구매할 수 있도록 사용된다(Gaule et al., 1985).
- 동시제시법은 단계에 대한 순서를 고려하지 않고 모든 단계들을 보여 주는 것으로 장보기 항목에서 사야 할 물건을 선택하는 것을 가르칠 때 사용된다.

어느 장소에서 적용되었는가?
식료품점(3개의 연구)

이 실제의 교수방법 자료를 어디에서 얻을 수 있는가?

지역사회중심교수 이용하여 물건 구매하기기술 가르치기
교수학습계획안 개발도우미, 식료품점에서 장보기기술 교수를 위한 지역사회중심교수, Gaule et al., 1985

이러한 실제는 지표 13과 어떤 연관성을 갖고 있는가?
- 지표 13 점검표 항목 3: 지역사회에서 식료품점 장보기기술을 가르치는 것은 전환평가 정보의 결과에 영향을 주게 된다.
- 지표 13 점검표 항목 4: 지역사회중심교수로 장보기기술을 가르치는 것은 개별화교육프로그램에서 전환서비스로 지정될 수 있으며, 이는 학생이 중등이후의 독립생활목표를 이룰 수 있도록 도와준다.
- 지표 13 점검표 항목 6: 지역사회중심교수로 장보기기술을 가르치는 것은 개별화교육프로그램의 목표에 들어갈 수 있으며, 이는 학생의 중등이후의 독립생활목표를 지원할 수 있다.

이 실제가 어떻게 공통교과과정표준과 연계가 될 수 있는가?
- 문제를 풀기 위해 양적 유추와 단위를 사용한다(숫자와 양, 9~12학년).
  - 여러 단계의 문제를 풀어야 하는 경우, 문제를 이해하기 위해 단위를 사용한다. 공식에

　　지속적으로 나오는 단위를 선택하고 해석한다. 그래프와 자료의 근간이 되는 척도를 선택하고 해석한다.
- 방정식과 공식들을 통해 실제생활과 수학적 문제를 해결한다(표현과 공식, 6학년).
  - 서로의 관계에 영향을 주는 실제생활의 문제들에 대하여 2개의 양적 변수를 사용하여 설명한다.

이 실제가 어떻게 '미국 주정부 직업군집계획: 필수지식과 기술'과 연계가 될 수 있는가?

- 중등이후교육과 고용기회를 추구할 수 있도록 실제상황에서 수학적 지식과 기술을 수행한다(학업적 기반).
  - 정수, 소수, 분수를 확인한다.
  - 비율적 표현들을 시연한다(예: 같은, 같지 않은, 더 큰, 더 작은).
  - 덧셈, 뺄셈, 곱셈, 나눗셈과 같은 기초연산을 수행한다.
- 실제상황에서 기술적 개념과 용어를 배우고 사용하기 위해, 고용환경에서 필요한 읽기전략과 의사소통전략을 선택한다(의사소통).
  - 문서의 중요한 목적을 파악하기 위하여 가장 적합한 읽기전략을 결정한다(예: 훑어보기, 자세히 읽기, 이해를 위한 읽기, 비판적 분석을 위한 읽기).

이러한 증거기반을 확립하기 위해 사용된 참고문헌:

Bates, P. E., Cuvo, T., Miner, C. A., & Korabek, C. A. (2001). Simulated and community-based instruction involving persons with mild and moderate mental retardation. *Research in Developmental Disabilities, 22*, 95-115.

Fergusen, R., & McDonnell, J. (1991). A comparison of serial and concurrent sequencing strategies in teaching generalized grocery item location to students with moderate handicaps. *Education and Training in Mental Retardation, 26*, 292-304.

Gaule, K., Nietupski, J., & Certo, N. (1985). Teaching supermarket shopping skills using an adaptive shopping list. *Education and Training of the Mentally Retarded, 20*, 53-59.

출처: National Secondary Transition Technical Assistance Center, (2011). *Using community-based instruction to teach grocery shopping skills*. Charlotte, NC: Author.)

■ 표 7-9 ■ 식료품점에서 장보기기술을 가르치기 위해 지역사회중심교수를 이용한 교수학
습계획안 개발도우미

식료품점에서 장보기

목표: 장보기 목록 준비하기, 식료품점에서 물건 찾기 및 물건 넣기, 찾은 물건 구매하기
   교수

환경: 고등학교 특수학급과 지역사회 내의 식료품점

교수자료:

1. 그림 식사준비 설명서
   • 설명서에는 그림으로 요리단계가 포함되어 있고, 식료품점에서 무엇을 사야 하는지
     에 대한 목록을 작성하기 위해 사용된다.
   • 첫 번째 장에서는 음식을 만들기 위해 필요한 재료와 도구들의 그림들이 제시되어
     있다.
   • 교사는 장보기 목록을 쉽게 작성하기 위해서, 음식 그림들을 표시해서 학생들이 음
     식이 아닌 것들과 구분할 수 있도록 도와준다.

2. 조정 가능한 장보기 목록
   • 조정 가능한 장보기 도우미는 3개의 링으로 이루어진 바인더로 만들어지고, 쇼핑카
     트 안에 아기들이 앉을 수 있는 곳에 들어갈 정도의 크기다.
   • 장보기 도우미는 각 학생의 요리책의 모든 항목에 대한 그림들이 들어가 있다.
   • 각 그림의 옆의 정사각형은 재료의 대략적인 가격을 나타낸다. 각 정사각형은 50센
     트이며, 이 단위로 가격이 제시되어 있다. 그러므로 $1.49의 우유는 3개의 정사각형
     이 그려져 있을 것이다.
   • 이 도우미의 또 다른 특징은 돈표시선이 있어 대략적인 가격을 결정하는 정사각형들
     을 표시하는 곳에 그려져 있다. 학생들은 도우미에 펜으로 표시를 하며 어느 정도의
     달러가 필요한지 세어 보고 장보기 돈을 마련한다.

교수내용

1. 장보기 목록 준비하기
   ① 장보기 도우미를 꺼낸다.
   ② 장보기 목록에 있는 음식항목들을 표시한다.
   ③ 가지고 있는 것들의 항목들이 표시가 되어 있다면 지우도록 한다.
   ④ 장을 보기 위해 1달러를 세어 준비한다.
   ⑤ 장보기 도우미의 돈표시선에 필요한 금액의 달러를 표시한다.

2. 식료품점에서 물건 찾기와 확인하기
   ① 상점에 들어간다.

② 쇼핑카트를 찾아서 끈다.

③ 장보기 도우미를 열어 놓은 상태로 쇼핑카트 안에 펼쳐 놓는다.

④ 30분 안에 장보기 물건을 찾는다.

⑤ 장보기 도우미에 있는 물건들을 찾으면, 항목에서 지운다.

⑥ 물건을 찾았을 때, 장보기 도우미 그림 옆에 있는 정사각형들과 돈표시선과 가격을 확인해 본다.

3. 찾은 물건 구매하기

① 쇼핑카트를 끌고 계산대를 찾아간다.

② 계산원에게 적절한 달러를 지불한다.

③ 잔돈을 받아서 챙긴다.

④ 장을 본 물건들이 들어있는 봉지를 든다.

⑤ 상점에서 나온다.

교수절차

1. 장보기 목록 준비하기

① 각 교수 회기가 시작될 때, 교사는 과제단계를 시연한다.

② 학생들에게 개별적으로 교수를 시도할 수 있는 3~5번의 기회 또는 시간 상황에 따라 여러 번 제공한다.

③ 매 회기 또는 매 시도 시 과제분석에 제시된 단서와 자료를 제공한다.

④ 학생들이 모든 단계를 완수하거나 틀릴 때까지 과제단계를 수행할 수 있도록 한다.

⑤ 정확한 수행에 대한 강화로 말로 칭찬을 한다.

⑥ 잘못된 행동들에는 다음과 같이 지도할 수 있다

- 언어적 촉진
- 올바른 수행에 대한 교사 모델링과 학생에게 모방하도록 요구하기
- 과제단계 수행에 대한 언어적 단서와 신체적 지도
- 잘못된 수행을 수정해서 정확하게 수행한 경우 다음 단계 넘어가기
- 3일 연속으로 첫 번째 교수 시도에서 50% 이상의 정확한 수행이 이루어진 경우, 교사가 처음에 시연하는 과정을 생략한다.

2. 식료품점에서 물건 찾기와 확인하기

장보기 목록 준비에서 사용되는 강화, 수정 절차와 동일하되, 식료품점에 도착하면 교사의 시연은 제공되지 않는다.

3. 찾은 물건 구매하기

식료품점에서 물건 찾기와 확인하기에서 사용되는 강화와 수정 절차를 동일하게 적용한다.

평가

과제분석 단계 중 학생들의 행동이 정확하게 이행된 단계에 대한 확률로 자료를 수집한다.

교수학습계획안 출처:

Gaule, K., Nietupski, J., & Certo, N. (1985). Teaching supermarket shopping skills using an adaptive shopping list. *Education and Training of the Mentally Retarded, 20*, 53–59.

출처: National Secondary Transition Technical Assistance Center. (2008). *Grocery shopping.* Charlotte, NC: Author.
In *Evidence-Based Instructional Strategies for Transition* by David W. Test. (2012, Paul H. Brookes Publishing Co., Inc.)

🕊 일상생활기술 개발을 위한 교수유형

일상생활기술 개발을 위한 증거기반실제를 확립하기 위해 이루어진 48개의 연구를 살펴보니 16개의 다양한 교수적 접근을 확인할 수 있었다. 특히, 장애학생들에게 일상생활기술을 가르치는 효과적인 전략들은 다음과 같다.

- 후방연쇄법
- 컴퓨터보조교수
- 지역사회중심교수
- 고정시간지연법
- 전방연쇄법
- 일반적 사례 프로그래밍
- '하나 더 전략' 교수
- 점진적 시간지연법
- 반응촉진 전략
- 최대-최소촉진
- 전체과제연쇄법
- 비디오 모델링

〈표 7-10〉은 일상생활기술 발달을 가르치기 위해 사용된 각 유형의 교수적 방법의 정의를 제공한다.

■ 표 7-10 ■ 일상생활기술 교수적 방법들

교수적 전략	정의	가르치는 기술
후방연쇄법	훈련을 제공하는 사람이 과제분석에 의한 모든 행동들 중 마지막 순서의 행동을 제외하고는 모든 행동을 수행한다. 학습자가 미리 정해진 기준에 맞춰 마지막 순서의 행동을 습득한 경우, 강화가 주어지고 마지막 순서의 행동 바로 앞 순서에 있는 행동을 소개하는 방법이다(Cooper et al., 2007).	기능적 일상생활기술
컴퓨터보조교수	학생들의 기술, 지식, 학업수행을 향상시키기 위하여 컴퓨터와 그 외 관련된 기계 및 기술을 사용한다(Okolo, Bahr, & Rieth, 1993).	요리기술 음식 준비하기 기능적 일상생활기술 식료품점 장보기기술
지역사회중심교수	지역사회중심교수는 목표가 되는 기능적 기술들이 자연스럽게 일어날 수 있는 지역사회환경에서 이루어진다(Brown et al., 1983).	의사소통기술 지역사회통합기술 기능적 일상생활기술 식료품점 장보기기술 물건 구매하기기술
고정시간지연법	고정시간지연법의 여러 시도에서 제시된 것은 자연적인 자극과 반응을 유도하려는 자극 사이에 0초 지연을 사용하는 것이었다. 이러한 시도들은 정해진 시간지연을 적용하여 동시자극 상황을 따른다(예: 3초 또는 5초, Cooper, Heron, & Heward, 2007).	응용수학기술 은행업무기술 의사소통기술 요리기술 음식 준비하기 기능적 일상생활기술 여가기술 물건 구매하기기술
전방연쇄법	과제분석에 의한 행동들을 차례대로 가르치는 것이다. 미리 정해진 기준에 맞춰 행동수행이 달성되면, 강화가 제공되고 과제분석의 다음 단계를 가르친다(Cooper et al., 2007).	집 관리하기기술
일반적 사례 프로그래밍	자연적 상황에서의 폭넓은 자극과 반응 변화를 대표하는 교수방법의 예를 선택하는 체계적인 방법이다(Cooper et al., 2007).	안전유지기술
'하나 더 전략' 교수	학생들에게 구매하려는 물건의 금액보다 1달러를 더 지불하는 방법을 교수하는 것이다(Denny & Test, 1995).	돈세기기술 물건 구매하기기술
점진적 시간지연법	자연적인 자극과 반응을 유도하려는 자극 사이에 0초로 시간지연을 시작하여 체계적으로 보통 1초 단위로 시간을 점차 늘려 나가는 촉진전략이다(Cooper et al., 2007).	기능적 일상생활기술 물건 구매하기기술 안전유지기술

반응촉진	원하는 행동에 대한 추가적 단서나 다시 한 번 알려 주는 기능의 자극으로 정의한다. 이러한 유형의 촉진은 시각적, 청각적, 글로 쓰여진 문서, 혹은 상징적 양식으로 이루어질 수 있다(Cooper et al., 2007).	요리기술 음식 준비하기기술 기능적 일상생활기술 식료품점 장보기기술 집 관리하기기술 세탁하기 여가기술 물건 구매하기기술 안전유지기술 사회성기술
자기관리교수	스스로 자신의 행동을 바꾸고자 할 때 사용하는 행동 수정 전략이다(Cooper et al., 2007).	사회성기술
자기점검	체계적으로 자신의 행동을 관찰하고 목표행동의 발생빈도 또는 발생하지 않는 빈도를 기록하는 절차다(Cooper et al., 2007).	기능적 일상생활기술
모의상황	기능적 기술 수행과 연관된 자연적 자극상황과 반응지형학에 근접한 교실에서 모의상황을 사용한다(Bates et al., 2001).	은행업무기술 기능적 일상생활기술 물건 구매하기기술 사회성기술
최소–최대촉진 체계	참여자가 더 이상 자연적 자극에 반응하지 않거나 틀린 반응을 하는 경우에, 반응촉진법에서 자연적 자극법에 이르기까지 통제하며 자극을 전달하는 방법이다. 최소–최대촉진은 매 회기 참여자가 최소의 자극을 받을 수 있는 상황에서부터 시작한다. 매 회기 성공한 경우 정확한 응답 없이 더 큰 도움을 제공하는 것이다(Cooper et al., 2007).	의사소통기술 요리기술 음식 준비하기 기능적 일상생활기술 식료품점 장보기기술 물건 구매하기기술 안전유지기술
최대–최소촉진 체계	참여자가 더 이상 자연적 자극에 반응하지 않거나 틀린 반응을 하는 경우에, 반응촉진법에서 자연적 자극법에 이르기까지 통제하며 자극을 전달하는 방법이다. 최대–최소촉진은 신체적 지도로 시작하며, 회기에서 회기로 넘어갈 때마다 훈련 진전도에 따라 신체적 도움을 줄여 나가는 것이다(Cooper et al., 2007).	기능적 일상생활기술

⟫ 요 약

　이 장에서 제공되는 증거기반실제에 대한 설명과 교수학습계획안 개발도우미를 통해, 일상생활기술을 가르치는 다양한 교수방법들이 소개되었고, 그 접근들의 효과성 또한 검증되었다. 장애학생에게 일상생활기술을 교수하는 데 있어 최선의 방법을 선택할 때 고려해야 할 중요한 사항들이 있다. 첫째, 학생들이 중등이후의 성공을 경험하는 확률을 높이기 위한 방법으로 독립적 생활 영역에서의 교수가 필요하다면, 학생들의 전환계획에 기능적 일상생활기술을 포함하고, 이 기술을 일반화하는 것을 주된 목표로 설정한다.

　일상생활기술을 계획함에 있어서, 비용 효율성과 자원 접근성을 고려하는 것이 매우 중요하다. 예를 들어, 지역사회중심교수는 이 장에서 여러 번 증거기반실제로서 언급되었지만, 몇몇 교사들은 자원이나 재정적 수단으로의 접근이 제한되어 이러한 교수를 규칙적이고 지속적으로 적용하지 못할 수 있는 가능성도 있기 때문이다. 그러므로 교사들은 학생들에게 최선의 일상생활기술을 가르치기 위해 모든 잠재적, 효과적 전략들을 찾아 내야 한다. 3장을 통해서 지역사회중심교수와 모의상황교수가 접목된 전략의 정보를 얻을 수 있다.

⟫ 관련 정보

- 일상생활기술교수에 대한 증거기반실제(Evidence-based practices in like skills instruction)

  http://www.nsttac/org/ebp/student_development.aspx

  학생발달역량의 분류체계 아래 실제에 대한 설명을 제공한다.

- 교수학습계획안 개발도우미 도서관(Research-to-practice lesson plan library)

  http://www.nsttac.org/LessonPlanLibrary/EmploymentSkills.aspx

  미국 중등전환기술지원센터에 의해 개발된 모든 교수학습계획안 개발도우미들을 제공한다.

08

Allison Walker & Kelly Kelley

학업기술 교수전략

대부분의 고등학생을 위한 궁극적 목표는 학업을 마친 후 고등학교 졸업장을 받는 것이지만 고등학생의 중도탈락 및 졸업 비율에 대한 전국 추세 자료는 이러한 목표가 달성되지 않고 있다는 것을 보여 준다. Laird, Cataldi, KewalRamani, Chapman의 연구는 고등학교를 중도탈락하는 엄청난 학생 수가 이러한 부적 경향성을 증명하고 있다고 지적한다. "2005년 10월 현재 공립 혹은 사립 고등학교 재학생 100명 중 약 4명이 고등학교 졸업장 없이 2006년 10월 이전에 학교를 떠났다"(2008, p 4).

이와 유사하게 Laird 등은 "16세에서 24세 사이의 약 3천3백만 명의 학생이 고등학교에 등록하지 않았으며, 고등학교 졸업장을 취득하지 못했다."(2008, p. 6)라고 보고하였다. 미국 종단전환연구 2(National Longitudinal Transition Study 2)의 자료를 바탕으로 장애학생의 졸업률을 살펴보면 장애학생의 72%만이 1987년부터 2003년 사이에 고등학교 졸업장을 받았거나 수료하였다. 고등학교 과정을 마치지 못한 장애학생의 36%는 자신들이 학업을 마치지 못한 이유는 학교 경험이 즐겁지 않았기 때문이라고 하였으며, 17%는 자신들이 교사나 다른 학생들과 관계가 좋지 못했기 때문이었다고 보고하였다. 또한 중등학교를 중도탈락한 장애 청소년들은 고등학교 이후 단기적으로 중등이후교육, 직장, 혹은 직업훈련에 훨씬 덜 참여하는 것으로 나타났다. Kohler와 Field(2003)에 따르면 이러한 문제를 해결하는 방법 중 하나는 학생의 흥미, 선호, 요구에 기초하여 학생의 교육과정을 구성하도록 하는 학생중심계획(student-focused planning)을 강화하는 것이라고 하였다.

Kohler와 Field(2003)와 유사하게 Bost와 Riccomini(2006)는 중도탈락률을 예방하고 학생참여를 증가시키기 위한 효과적 교수원칙을 판별하였다. 이러한 원칙에는 다음과 같은 것들이 포함된다.

- 능동적 참여
- 성공경험, 내용범위(content coverage), 학습기회 제공하기
- 교수 집단화하기
- 비계교수(scaffolded instruction)
- 지식형태 설명하기
- 지식을 조직화하고 활성화하기
- 전략적으로 가르치기
- 명시적으로 수업하기(making instruction explicit)

능동적으로 참여하는 특정학습장애 학생에게는 학습 내용을 체계적으로 제시하는 명시적 수업을 제공함으로써 학생이 성공경험을 하게 하며 이는 학생들이 긍정적인 학교 경험을 할 수 있도록 한다. Bost와 Riccomini(2006)에 의해 파악된 이러한 원칙을 토대로 구성된 전환연구분석프로젝트(What Works in Transition Research Synthesis Project)[1]는 증거기반의 실제로 구성된 종합적인 목록을 엮은 것이다. 현장전문가들은 미국 중등전환기술지원센터의 홈페이지(http://www.nsttac.org)에 있는 이 목록을 사용하여 장애가 있는 고등학생에게 학업기술을 가르칠 수 있다. 이러한 방법에

Bost와 Riccomini(2006)가 말한 모든 원칙은 학생에게 조직된 방식으로 정보를 제공함으로써 학생들이 교재를 배울 수 있고 학업성취를 할 수 있게 하는 것이 중요하다는 것을 강조하고 있다.

---

[1] 중등전환분야에서 수행된 연구들이 다루고 있는 중재와 전략들이 실제로 얼마나 효과적이었는지 증거기반의 실제를 구축하기 위하여 수행된 연구프로젝트로서, 중등특수교육의 주요 교수영역을 중심으로 이루어진 연구물들을 대상으로 분석이 이루어짐. 본 프로젝트를 통해 어떠한 중재가 효과적이었는지에 대한 목록이 제시되었으며, 이 책에서는 '전환연구분석프로젝트'라고 번역함.

는 자기관리, 테크놀로지를 활용한 교수, 학습또래보조, 시각
적 제시, 기억증진전략(mnemonics) 등이 포함된다.

현장전문가들은 동일성을 가르침으
로써 학생의 학업성취를 증진하도
록 도울 수 있다. 현장전문가는 일
반지식을 보여 주도록 교과영역 간
교수설계를 해야 하며 학생에게 이
를 연결하는 방법을 가르쳐야 한다.

➤ 자기관리

자기관리는 "학생의 행동 혹은 학업성취를 관리, 점검, 기록, 혹은 평가하기
위해 학생에 의해 사용되는 방법"으로 정의된다(Reid, Trout, & Schartz, 2005, p.
362). 자기관리는 포괄적인 용어로 사용되거나 혹은 자기점검, 자기평가, 자기교
수, 목표설정, 전략교수의 동의어로 사용되기도 하기 때문에 좀 더 넓은 의미의
자기관리와 각각이 학업기술을 가르치는 데 어떻게 활용되는지를 이해하도록
돕기 위해 각각의 용어를 정의하는 것이 중요하다. 〈표 8-1〉은 자기관리와 관련
한 용어와 정의에 대한 목록이다.

■ 표 8-1 ■ 자기관리 관련 용어와 정의

용어	정의
자기점검	자신의 행동을 관찰하고 기록하는 단계적 절차
자기평가	학생이나 교사에 의해 미리 수립된 기준과 학생 자신의 수행을 비교하며 성취 기준에 근거하여 보상이나 강화를 제공하는 과정
자기교수	행동을 주도하고 관리하기 위하여 자기진술을 사용하는 전략
목표설정	학생이 노력하도록 하고, 진보에 대한 정보를 제공하며, 수행에 대한 동기를 부여하기 위해 학생 스스로 행동적 목표를 선택하는 과정
전략교수	문제를 해결하거나 성과를 달성하기 위해 독립적으로 따라야 할 일련의 단계에 대해 학생에게 가르치는 것

자기관리와 학업에 대한 연구결과는 어떠한가

장애가 있는 고등학생에게 학업기술을 가르치기 위해 자기관리를 사용하는
것은 전환연구분석프로젝트에서 증거기반의 실제로 평가되었다. 17개의 연구를
검토한 결과 5개의 연구는 학생에게 자기점검을 가르쳤으며, 두 개의 연구에서
는 학생에게 자기평가를 가르쳤고, 다른 두 연구는 학생에게 자기교수방법을,
한 연구는 목표설정을, 다른 하나는 전략교수를 사용하여 학생을 가르쳤으며,

7개의 연구에서는 학생에게 이러한 자기관리 구성요소들을 혼합하여 가르쳤다. 이러한 연구에는 학습장애, 정서 및 행동장애, 지적장애, 주의력결핍과잉행동장애, 중도장애학생 총 88명이 포함되었다.

자기관리는 학업기술을 가르치는 데 어떻게 사용되는가

자기관리는 전일제 특수학급과 같은 공립 중등학교, 사립학교, 여름방학 프로그램 등 다양한 환경에서 학업을 가르치는 데 사용되어 왔다. 메타분석을 포함한 모든 연구들이 장애인에게 자기관리를 사용하였을 때 긍정적인 결과를 가져왔다. 예를 들어, Carr과 Punzo(1993)는 정서 및 행동장애가 있는 세 명의 남학생에게 읽기, 수학, 쓰기에 있어서 학업 정확도 및 산출도를 스스로 점검(self-monitoring)하도록 가르쳤다. 〈표 8-2〉는 이 연구에서 사용된 교수학습계획안 개발도우미다.

■ 표 8-2 ■ 학업적 정확도와 수행생산성 향상을 위한 자기관리를 사용한 교수학습계획안 개발도우미

학업적 정확도와 수행생산성 향상을 위한 자기관리기술 활용

목표: 학생들에게 학업적 정확도와 수행생산성을 높이기 위하여 자기점검전략과 행동을 가르친다.

환경: 교실

교수자료: 연습문제지, 연필, 자기기록지

교수내용
학생들은 학업적 정확도(정확하게 완수한 문항의 수)와 학업적 생산성(매일 완성하는 문항의 수), 과제참여행동(착석, 필기 또는 정답 계산하기, 또는 과제에 대한 질문하기)

교수절차
1. 학생들에게 이전에 수행한 과제를 예로 제시하며 학업 성취에 대한 명확한 정의를 제시한다.
2. 정확도와 생산성을 높이는 것의 중요성에 대해서 이야기한다.
3. 학생들에게 해당되는 시험(예: 받아쓰기 시험의 경우 다 푼 문제의 수와 정확하게 쓴

문제의 수를 세도록 한다)에서 주어진 문제 수, 다 푼 문제의 수, 정확하게 답한 문제
의 수를 세도록 지시한다. 학생들이 자기기록지에 이 숫자들을 적도록 한다.

4. 학생들을 위해 자기점검 절차를 시범 보인다.

5. 학생들에게 학업성취에 대한 정의를 반복하여 이야기해 보게 하고 정확도와 생산성을
   점검하는 것이 왜 중요한지 설명하도록 하며, 자기점검을 수행하도록 한다.

6. 설명하고 난 후, 학생들이 자기점검을 시작하도록 하고 회기가 끝날 때까지 언어적 피
   드백을 제공하지 않고, 학생들이 계속해서 정확히 수행할 수 있도록 한다.

7. 다른 과목에서도 자기점검을 시행해 볼 기회를 계속해서 제공한다.

평가

일화기록과 각각의 학생이 작성한 자기점검기록지를 수집하여 학업적 정확도, 생산성, 과
제참여행동에 대한 자료를 수집한다.

교수학습계획안 출처:

Carr, S. C., & Punzo, R. P. (1993). The effects of self-monitoring of academic
accurac and productivity on the performance of students with behavioral
disorders. *Behaviors, 18,* 214–250.

출처: National Secondary Transition Technical Assistance Center (2008). *Using self-management to
improve academic accuracy and productivity performance.* Charlotte, NC: Author.
In *Evidence-Based Instructional Strategies for Transition* by David W. Test. (2012, Paul H.
Brookes Publishing Co., Inc.)

또한 DiGangi와 Maag(1992)는 합산표기법(tally marks)과 평가질문을 사용하
여 적절하거나 부적절한 말하기(verbalization)에 대해 자기점검, 자기평가, 자기
교수를 실시하도록 가르쳤다. 연구결과 학생들은 자기점검과 자기평가를 어떻
게 하는 것인지 명시적으로 가르쳤을 때 이를 배울 수 있었다. 〈표 8-3〉은 이 연
구에서 사용된 교수학습계획안 개발도우미다.

■ 표 8-3 ■ 적절한 발화증진을 위한 자기관리기술 사용에 대한 교수학습계획안 개발도우미

적절한 발화증진 위한 자기관리기술 활용

목표: 학생들에게 적절한 발화증진을 위하여 자기점검, 자기평가/자기강화, 자기교수전략
을 가르친다.

환경: 특수학급

교수자료: 3″ × 5″ 인덱스카드, 연필, 촉진카드

교수내용

학생들은 적절한 발화와 부적절한 발화의 차이에 대해 배울 것이다. 적절한 발화란 "명료함에 대한 요구, 제공받은 도움에 대한 긍정적인 감사의 표현 제시, 문제 계산 방법에 대한 시연, 또는 질문하기와 같은 주어진 과제와 관련된 발화"라고 정의될 수 있다. 부적절한 발화란 "교실에서 다른 학생들과 이야기할 때 또래 또는 교사를 방해하는 것과 동물소리를 내거나 끙끙거리는 것, 고함을 지르기, 욕하기, 휘파람을 부는 것"으로 정의된다.

교수절차

1. 우선 학생들에게 적절한 음성적 상호작용 또는 적절한 말을 할 때마다 주어진 인덱스카드의 왼쪽에 표시하도록 가르친다(다섯 번을 한 묶음으로 표시하는 마크[卌]를 사용하거나 정[正]자 등으로 수를 셀 수 있도록 표시하도록 함). 부적절한 음성적 상호작용 또는 부적절한 말을 할 때마다 인덱스카드의 오른쪽에 같은 방식으로 표시하도록 한다. 적절한 그리고 부적절한 발화를 하며 기록을 하는 것에 대한 시범을 보이고 연습해 본다.
2. 자기점검, 자기평가/자기강화를 위해, 학생들은 그들이 인덱스카드에 표시할 때마다 그것을 보고 "몇 개나 표시되었지? 내가 지금 잘하고 있나?"(이 질문은 인덱스카드에 써 넣고 상기할 수 있도록 학생의 책상에 붙여 놓도록 한다)와 같이 스스로 질문하도록 한다. 만약 학생이 잘하고 있다고 느끼면 그들의 인덱스카드의 왼쪽에 표시를 더 하도록 하고, 스스로에게 "잘 하고 있어!"라고 이야기하도록 한다.
3. 자기평가/자기강화를 위해서, 학생들은 표시를 더 하지 않고, 대신 스스로에게, 책상에 있는 인덱스카드에 있는 대로, "몇 개나 표시되었지?" "내가 지금 잘 하고 있나?"라고 계속해서 묻도록 한다. 만약 그들이 계속해서 잘 하고 있다고 느낀다면, 스스로에게 "잘 하고 있어!"라고 이야기하도록 한다.
4. 자기교수를 위해, 학생들에게 "내가 하고 있는 것을 이해하고 있나?" "내가 이해하지 못하는 것은 무엇이지?" "다른 애들에게 물어 봐도 괜찮을까?" "손 들고 큰 소리로 이야기해도 되나?"와 같은 질문을 하면서 도움을 요청하는 것을 배우도록 한다.
5. 자기교수와 자기점검을 위해, 자기점검을 위한 카드 표시나 자기평가 촉진을 제외한 위의 1단계를 따른다.

자기교수, 자기점검, 자기평가/자기강화를 위해, 위의 세 단계를 모두 활용하고, 3단계에 기술된 자기강화 절차를 추가한다.

1. 마지막으로, 자기교수, 자기평가/자기강화를 위해 인덱스카드에 표시하는 단계를 제거하고 자기평가를 위한 촉진이 인쇄된 카드로 대체한다. 4단계에서 기술된 자기교수의 단계를 따라 계속한다.

평가

15분의 활동 시간 동안 적절한, 부적절한 발화의 수를 센다.

교수학습계획안 출처:

DiGangi, S. A., & Maag, J. . (1992). A cmponent analysis of self-management training with behaviorally disordered youth. *Behavioral Disorders, 17,* 281-290.

출처: National Secondary Transition Technical Assistance Center (2008). *Using self-management to improve appropriate verbalizations.* Charlotte, NC: Author.
In *Evidence-Based Instructional Strategies for Transition* by David W. Test. (2012, Paul H. Brookes Publishing Co., Inc.)

🕊️ 테크놀로지를 활용한 교수

여러 기술의 진보로 테크놀로지는 학업기술 교수를 위한 기대되는 교수전략이 되었다. 먼저 혼동을 피하기 위해 테크놀로지를 활용한 교수와 관련한 일반적인 용어를 정의하는 것이 중요하다.

- 컴퓨터기반교수(Computer-based instruction)란 학생의 기술, 지식, 학업수행을 증진하기 위해 단순히 컴퓨터 혹은 관련 테크놀로지를 사용하는 것을 말한다(Okolo, Bahr, & Rieth, 1993).
- 컴퓨터보조교수(Computer-assisted instruction: CAI)란 특정 학습목표 혹은 목적을 달성하기 위하여 연습문제 혹은 해당 내용에 대한 교수를 제공하도록 설계된 소프트웨어를 포함한다(Kulik & Kulik, 1987; Postrow, 1990).
- 컴퓨터보완교수(Computer-enriched instruction)란 교수 보완을 위해 컴퓨터 테크놀로지를 활용하는 것으로 계산도구, 프로그램 도구, 시뮬레이터와 같은 컴퓨터 사용이 포함된다(Kulik & Kulik, 1987).
- 컴퓨터관리교수(Computer-managed instruction)란 통합학습시스템(integrated learning systems)이라고 불리며, 학생에게 오랜 기간 학생진보를 기록하면서 연속적인 교수를 제공하기 위해 설계된 광범위한 소프트웨어 프로그램과 컴퓨터 테크놀로지를 적용하는 것이다(Kulik, 2003).

테크놀로지를 활용한 중재의 결합은 장애학생을 위한 학업기술 교수에 있어 연구 및 교실현장에서 효과적으로 사용되었다.

테크놀로지를 활용한 교수와 학업에 대한 연구 결과는 어떠한가

장애가 있는 고등학생에게 학업기술을 가르치기 위해 테크놀로지를 활용한 교수를 사용하는 것은 전환연구분석프로젝트에서 증거기반의 실제로 평가되었다. 한 문헌연구는 테크놀로지를 활용한 교수가 학생에게 읽기, 수학, 쓰기, 건강 관련 주제 및 학업참여와 정서인지와 관련한 기타 주제를 가르치는 데 사용되었음을 보여 준다. 검토된 연구에는 학습장애, 외상성 뇌손상, 다운증후군, 지적장애가 있는 총 1,491명의 참여자가 포함되었다.

테크놀로지는 학업기술을 가르치는 데 어떻게 사용되는가

테크놀로지는 중·고등학교 특수학급뿐 아니라 특수학교 및 거주환경 등 다양한 환경에서 학업 교수를 하는 데 사용되었다. 메타분석에 포함된 연구 중 적어도 7개의 연구는 중재가 실행된 장소를 보고하지 않았다. 모든 연구는 장애인에게 테크놀로지를 사용한 긍정적인 결과를 보고하였다.

불행히도 사용된 특정 소프트웨어와 테크놀로지로 인해 이러한 연구에서 사용한 중재의 일부는 교사가 실행하기 어렵다. 예를 들어, 많은 연구가 이미 수정되었거나 더 이상 존재하지 않는 특정 프로그램인 Literacy and Technology Hands On(Gallaher, van Kraayenoord, Jobling, & Moni, 2002), Computer-based Informal Reading Inventory System(Bahr, Kinzer, & Rieth, 1991), Guide Hypermedia(Higgins, Boone, & Lovitt, 1996), Good World Atlas(Horton & Lovitt, 1988), Student Assistant for Learning from Text(MacArthur & Haynes, 1995), Grammar Examiner(Malouf, Wizer, Pilato, & Grogan, 1990), Drill multiplication practice program(Okolo, 1992), MICROS observation system for measuring behavior(Rieth, Bahr, Okolo, Polsgrove, & Eckert, 1988)를 사용하였다.

🕊 학습또래보조

또래보조(peer assistance)에는 또래튜터(peer tutoring), 협동학습, 또래교수 (peer instruction)와 같은 여러 전략이 포함된다. 또래튜터는 단순히 나이가 더 많거나 동갑인 다른 학생에 의해 학업 교수가 전달되는 것이다(Scruggs, Mastropieri, & Richter, 1985). 협동학습은 서로 다른 능력, 성별, 인종 등으로 구성된 학생 집단이 공동의 목표를 위해 함께 일하는 것이다(Tateyama-Sniezek, 1990). 또래교수는 활동이나 학업 교수를 완수하는 데 어떤 학생이 다른 학생을 돕도록 특정한 역할을 부여받는 것을 의미한다(Hughes, Carter, Hughes, Bradford, & Copeland, 2002). 또래보조는 학업뿐 아니라 사회성기술을 가르치기 위한 다양한 방법에 사용된다.

또래보조와 학업에 대한 연구 결과는 어떠한가

장애가 있는 고등학생에게 학업기술을 가르치는 데 또래보조를 사용하는 것은 전환연구분석프로젝트에서 증거기반의 실제로 평가되었다. 또래보조가 증거기반의 실제인지 평가하기 위한 14개 연구에서 많은 연구들이 학급 차원의 또래튜터링, 또래보조, 협동학습활동, 학생과 교사주도교수, 컴퓨터보조교수(CAI)를 혼합하여 사용하였다. 이러한 연구들은 학습장애, 정서 및 행동장애, 중등도 및 중도장애, 다운증후군, 청각장애가 있는 총 165명의 참가자를 포함하였다.

또래보조는 학업기술을 가르치는 데 어떻게 사용되는가

또래보조는 공립 중등학교, 전일제 특수학급, 지역사회 환경 등 다양한 곳에서 학업기술을 가르치는 데 사용되어 왔다. 또래보조는 여러 연령집단 및 장애유형뿐 아니라 교과영역 간 여러 방법으로 사용되어 왔다. 예를 들어 Bahr와 Rieth (1991)는 장애학생들이 컴퓨터보조 수학수업을 함께 완성하고 컴퓨터에 자신의 점수를 기록하도록 하였다. Bell과 Young(1990), McDonnell, Mathot-Buckner, Thorson과 Fister(2001)는 튜터-학습자를 한 쌍으로 배정하여 교사와 함께하는 학급 차원의 또래교수를 사용하였다. 또한 Hawkins(1988), Hawkins와 Brady (1994)는 교사-전달 수업이 멈춘 동안 학생주도교수 절차를 사용하였다.

학부 대학생들이 수학시간에 학습장애학생을 네 개의 교수단계, 즉 학생접근 평가, 새로운 접근의 공동구성, 새로운 접근의 교수, 새로운 접근의 적용을 포함한 것을 사용하여 가르치기도 했다(Hock, Pulvers, Deschler, & Schumaker, 2001). 또한 Huges 등(2002)은 수업 과제를 도와주기 위한 교수 역할에서 대화 상대자를 사용하기도 하였다. 〈표 8-4〉는 사회적 상호작용을 촉진하기 위한 비교수적 활동에 또래를 결합시킨 교수학습계획안 개발도우미다.

■ 표 8-4 ■ 사회적 상호작용을 증진하기 위한 비교과활동 사용에 대한 교수학습계획안 개발도우미

사회적 상호작용을 증진하기 위한 비교과활동 활용

목표: 비교과활동 시간에 장애학생과 비장애학생들을 위해 서로 상호작용하기 위한 상황을 설정하기

환경: 학업교과시간의 교실

교수자료:
1. 보드게임, 잡지, 미술재료와 같은 레저 자료들
2. 텔레비전 세트
3. 책상 또는 테이블

교수내용

비교과활동 중에 학생들은 보조가 없이 수행할 수 있는 활동에 참여하도록 요청받는다. 활동은 회기에 걸쳐 다양하게 이루어지며, 각각의 참여자들의 비교과활동 목록 중에서 선정된다. 이 목록은 다음과 같은 활동들을 포함한다. 1) 참여자의 사회성 또는 레저 관련 개별화교육프로그램 목표와 관련이 있는 활동, 2) 여가시간에 참여하고 싶은 선호 활동, 3) 다른 사람의 도움 없이 참여할 수 있는 활동, 4) 10분 이내에 가능한 활동

교수절차

1. 대화 파트너와 참여자에게 지시사항을 전달한다. "[파트너와 참여자 이름], 너희 둘은 [활동명]을 같이 할 수 있어."(예: 수정이와 현주, 너희들은 잡지를 같이 읽을 수 있어.) 선정된 활동은 반드시 참여학생의 사회성 또는 레저 관련 개별화교육계획 목표와 관련이 있어야 한다.
2. 필요한 자료를 구하거나 교실의 다른 장소로 이동해야 하는 등 파트너와 참여학생을

돕기 위해 필요하다면 지원을 제공한다.

3. 언어적 지시를 한 후, 이들이 활동을 위해 모였을 때, 10분 동안 파트너와 참여학생을 관찰하기 시작한다.

평가

학생을 관찰하고 참여학생과 대화 상대학생의 활동에 대한 시작행동과 반응행동(사회적 행동 및 활동 관련 행동 모두)을 기록한다. 행동은 10초 간격의 구간으로 10분 동안 '발생'과 '비발생'으로 채점된다.

교수학습계획안 출처:

Hughes, C., Carter, E. W., Hughes, T., Bradford. E., & Copeland, S. R. (2002). Effects of instructional versus non-instructional roles on the social interactions of high school students. *Education and Training in Mental Retardation and Developmental Disabilities*, 37, 146–162.

출처: National Secondary Transition Technical Assistance Center. (2008). *Using noninstructional activities to increase social integration.* Charlotte, NC: Author.
In *Evidence-Based Instructional Strategies for Transition* by David W. Test. (2012, Paul H. Brookes Publishing Co., Inc.)

협동학습전략은 학업과제를 완수하기 위한 교수적 지원으로, 또래를 활용해 왔다(Miller, 1995; Wolford, Heward, & Alber, 2001; Wong, Butler, Ficzere, & Kuperis, 1997). 또래보조는 협동과제 팀접근을 사용한 숙제를 위해 과제 완료하기, 점수매기기, 수정하기에 사용되어 왔다(O'Melia & Rosenberg, 1994). 마지막으로 개별 또래교수 접근은 학업과제에서 장애학생을 돕도록 훈련받은 비장애학생을 활용해 왔다(Martella, Marchand-Martella, Young, & MacFarlane, 1995; Schloss, Kobza, & Alper, 1997; Staub, Spaulding, Peck, Gallucci, & Schowartz, 1996). 예를 들면, Schloss 등(1997)은 중등도 지적장애청소년에게 기능적 수학기술을 가르치는 데 또래교수를 사용하였다(〈표 8-5〉 참조).

■ 표 8-5 ■ 큰돈내기(Next-Dollor) 전략 교수를 위한 또래튜터 활용에 대한 교수학습계획안
개발도우미

큰돈내기 전략 교수를 위한 또래튜터 활용

목표: 큰돈내기 전략과 상호 또래튜터를 사용하여 금전관리기술 가르치기

환경: 교실(기술 습득을 위한 모의 상황), 지역사회상황(일반화)

교수자료:

1. 학생 평가를 위한 24가지의 모형 돈 인덱스카드(3″ X5″)(예: 달러, 10센트, 1센트; '$.39 부터 $.99', '$1.25부터 $1.99', '$2.05 부터 $2.99', '$3.15부터 $3.99'가 적힌 6장의 인덱스카드)

2. 또래튜터 용 9″ X11″ 크기의 인덱스카드 15장(앞 뒷면에 평가카드와 같은 금액이 적혀 져 있음), 또래튜터가 바라보는 쪽에는 금액과 '다음 달러(바로 다음 큰 수의 달러)'가 그림으로 제시되어 있음(예: $1.24가 제시된 카드에는 그 아래 여백에 2달러 그림이 제 시되어 있어 또래튜터는 학생이 정답을 맞히는지, 못 맞히는지 알 수 있으며, 이러한 카드구성이 15개의 상자로 되어 있다.)

3. 지폐 돈

교수내용

큰돈내기 전략을 가르치기 위해 또래튜터를 이용한 과제분석

1. 카드를 보여 준다.
2. 돈을 놓기를 기다린다(5초).
3. 반대편을 보여 준다.
4. 돈과 일치시킨다.
5. 피드백: "맞았습니다." 혹은 "틀렸습니다."
6. 점수를 기록한다.
7. 답이 없다면, 단계 1~6을 반복한다. 정반응을 보인 경우, 훈련한 카드를 맨 아래에 집 어넣고 다음 카드로 넘어간다.

교수절차

교실 내에서(모의상황)

1. 카드를 처음 사용할 때, 교사는 또래튜터의 역할과 학생역할을 맡은 학생이 위의 과제 분석 단계들을 어떻게 따라야 하는지에 대해 시연한다.

2. 학생들 2명씩 짝을 이루도록 하고, 학생들 스스로 튜터역할과 학생역할을 정하도록 한다.

3. 튜터에게 1달러 금액 범위가 적혀진 15장의 카드를 제공하고, 튜터는 학생에게 학생이 볼 수 있는 카드의 면을 보여 준다. 튜터는 학생에게 카드에 제시된 금액을 지불하기

위해서는 얼마를 내야 하는지에 대해 질문하고, 학생이 책상 위에 돈을 놓을 때까지 5초를 기다린다.

4. 학생이 돈을 책상에 놓은 경우, 튜터는 학생에게 카드 뒷면을 보여 준다. 학생은 책상에 놓인 금액이 카드 뒷면에 제시된 금액과 맞는지 확인한다.

5. 튜터는 과제분석에 나와 있듯이, "맞았어." "잘했어." 혹은 "틀렸어."라고 피드백을 준다.

6. 학생이 정답을 맞혔다면, 튜터는 카드 뒷면의 점수 매기는 상자에 덧셈 표시로 기록을 하고, 그 카드를 카드통에 되돌려 놓는다.

7. 5초를 기다린 후에도 학생이 정답을 맞히지 못했다면, 튜터는 해당카드에 뺄셈 표시로 기록을 하고, 과제분석 단계를 반복하도록 한다.

8. 2번째 시도에서는, 정답을 맞힌 카드와 그렇지 않은 카드를 모두 포함하여 훈련한다.

9. 모든 카드들을 보여 준 경우, 15분 동안의 교수회기에 학생들이 계속 역할을 바꿀 수 있도록 한다.

10. 4회기마다 학생들이 카드를 교환할 수 있도록 한다(예: 1달러, 2달러, 3달러, 4달러). 그러나 이전 훈련에서 사용된 2~3장은 훈련할 카드통에 넣어 두도록 한다.

지역사회 내에서(일반화)

11. 학급모의상황 마지막 단계에서 학생들은 큰돈내기 전략을 지역사회 내의 다양한 패스트푸드 식당, 상점, 문화센터에서 연습한다.

12. "이것을 구입하기 위해 얼마를 내야 하는지 보여 줄 수 있겠니?"와 같은 촉진을 전달한다.

13. 학생들은 3일 동안 지역사회 내 5개의 장소에서 연습하고 그들의 진전도를 기록한다.

평가

학생의 진전은 매일 2명씩 짝을 이룬 그룹에서 나온 각 개인의 정답률로 기록이 된다(예: 각 달러 단계에서 각 참여자당 6번의 기회 동안 정반응을 보였다). 2일 혹은 그 이상의 훈련기간에 2명씩 짝을 이룬 각 개인의 정답률이 합쳐서 10~12번인 경우, 다음 달러의 양으로 넘어갈 수 있다(예: 1달러에서 2달러로).

교수학습계획안 출처:

Schloss, P. J., Kobza, S. A., & Alper, S. (1997). The use of peer tutoring for the acquisition of functional math skills among students with moderate retardation. *Education and Treatment of Children, 20*, 189–208.

출처: National Secondary Transition Technical Assistance Center. (2008). *Using peer tutoring to teach the next-dollar strategy.* Charlotte, NC: Author.
In *Evidence-Based Instructional Strategies for Transition* by David W. Test. (2012, Paul H. Brookes Publishing Co., Inc.)

🕊 시각적 제시

시각적 제시는 그래픽조직자(graphic organizers), 인지조직자(cognitive organizers), 인지맵(cognitive maps), 구조화된 개요(structured overviews), 수형도(tree diagrams), 개념지도(concept maps), 생각지도(thinking maps)를 포함해 여러 다른 이름으로 교육현장에 사용되어 왔다(Boyle, 2000; Horton, Lovitt, & Bergerud, 1990; Hyerler, 1996, 2000). 이러한 시각적 제시는 학생으로 하여금 복잡한 아이디어들을 내용영역 및 교과 간 의미 있는 주제로 구조화하도록 돕는 데 사용되었다(Hyerle, 1996). 이러한 제시 방법들은 학생들이 주제의 특징을 설명하고 아이디어 간의 관계와 차이를 이해하도록 돕는 데 사용될 수 있다. 가장 중요한 것은 시각적 제시가 초·중·고등학교 및 대학 수준에서 모두 사용될 수 있는 유용한 전략이라는 것이다.

시각적 제시에 대한 연구 결과는 어떠한가

장애가 있는 고등학생에게 학업기술을 가르치는 데 시각적 제시를 사용하는 것은 전환연구분석프로젝트에서 증거기반의 실제로 평가되었다. 시각적 제시가 증거기반의 실제인지 평가하기 위한 연구는 모두 318명의 학습장애 참여자가 포함되었다. 이 중 두 연구는 언어전 농(prelingually deaf)으로 간주된 학생을 대상으로 하였고, 다른 두 연구는 지적장애로 기록된 학생을 포함하였다. 6개의 연구에서는 13세에서 16세 사이의 평균 15세, 총 318명의 참가자를 포함하였으며, 6~10학년의 학생들이었다. 또한 다섯 개의 연구는 대부분의 표본이 남성이었으며, 한 연구는 성별을 동등하게 표집하였다.

시각적 제시는 학업기술을 가르치는 데 어떻게 사용되는가

선행연구에 따르면 시각적 제시는 중·고등학교 수준의 일반학급과 전일제 및 시간제 특수학급에서 모두 사용되었다. 10개의 연구 모두 학생의 학습을 촉진하기 위해 시각적 제시를 할 때 문자를 함께 포함하여 사용하였다. 이러한 연구들이 사용한 시각적 제시 유형의 예로는 수형도(Hollingsworth & Woodward, 1993), 벤다이어그램(Boyle, 2000), 오일러다이어그램(Euler's diagram, Grossen & Carnine, 1990), 물의 순환도(Diebold & Waldron, 1988) 등이 있다. 10개의 연구 중 다섯 개는 읽기 이해교수를 위해 시각적 제시를 사용했으며, 세 개는 개념교수를 위해, 두 개는 문제해결교수를 위해, 다른 두 연구는 학생이 설명문에 제시된 정보를 학습하도록 돕기 위해 빈칸을 채우도록 하는 조직자(fill-in organizer)를 사용하였다. 또한 세 편의 연구에서는 학생이 시각적 제시 방식을 개발하고 해당 내용을 쓰도록 하였으며, 다섯 편의 연구에서는 이미 개발된 시각적 제시를 활용하여 학생 혹은 교사가 정보를 채우도록 하였으며, 두 편의 연구는 내용 정보에 대한 전체 시각적 제시를 제공하였다.

연구들 간 분석된 내용의 유형과 제시 방법뿐 아니라 수업에서 언제 이를 사용하는지도 분석되었다. 예를 들어, 8편의 연구에서 연구자들은 해당 교구가 학생에게 제시된 이후 시각적 제시를 사용한 반면, 두 편의 연구에서는 수업 중에 시각적 제시를 사용하였다. 또한 이러한 시각적 제시를 사용하는 기간이 한 수업에서 한 학기에 이르기까지 다양하였다. 끝으로 시각적 제시를 사용하는 강도는 13분에서 1시간으로 평균 47.5분이었다.

➤ 기억증진전략

기억증진전략(Mnemonics)은 학습을 촉진하기 위한 핵심어 단서를 사용함으로써 학생이 개념을 기억할 목적으로 사용되는 모든 전략인 기억-연합 기술, 핵심어 기억증진전략, 재구조화된 정교화(reconstructive elaborations) 등을 포함한다. Mastropieri와 Scruggs(1998)에 따르면 기억증진전략은 장애학생에게 효과적인 교수형태이자 표준화된 학급 시험에 효과적인 전략으로 알려져 있다.

> 기억증진전략은 언어학(예: 어휘, 철자, 단어 재인), 수학, 과학, 사회, 외국어, 기타 학업교과에 사용될 수 있다(The Access Center, 2004).

기억증진전략에 대한 연구 결과는 어떠한가

장애가 있는 고등학생에게 학업기술을 가르치는 데 기억증진전략을 사용하는 것은 전환연구분석프로젝트에서 증거기반의 실제로 평가되었다. 이를 검토한 연구에는 학습장애, 정서 및 행동장애, 지적장애가 있는 총 669명의 참여자가 포함되었다. 연구 참여자의 연령은 13세부터 17세 사이로 평균 14세였다. 이 중 네 편의 연구는 연구의 참여자가 6~12학년 사이라고 보고하였다.

기억증진전략은 학업기술을 가르치는 데 어떻게 사용되는가

총 20편의 연구에서 기억증진전략은 시간제 및 전일제 특수학급, 역사와 과학 수업을 한 일반학급, 교내에서 이용 가능한 작은 교실 등 다양한 장소에서 사용되었다. 20개의 연구에는 세 가지 유형의 기억증진전략이 사용되었는데 이는 주제어(keyword), 주제어-걸이단어법(keyword-pegword), 재구조화된 정교화(reconstructive elaborations)다. Wolgemuth, Cobb, Alwell(2008)에 의하면 주제어 전략은 시각 및 청각 단서를 사용해 학생이 학습을 촉진하도록 돕는 반면 주제어-걸이단어 전략은 학생이 번호 혹은 순서가 있는 정보의 학습을 잘 하도록 돕는다. 세 편의 연구에서 사용된 재구조화된 정교화 전략은 주제어와 그림을 결합하여 학생이 추상적인 정보를 학습하는 것을 돕는다.

14편의 연구에서 기억증진전략 중재는 실험자에 의해 실행되었으나 네 편의 연구는 실험자 또는 교사가 중재를 실행하였고 두 편의 연구는 실험자가 기억증진전략을 학생 소집단에게 가르치도록 하였다. Wolgemuth 등은 하나의 차시에서부터 8주간 매일 한 차시에 이르는 다양한 범위로 기억증진전략 중재가 실행되었음을 보고하였다. 또한 중재의 강도는 9분에서 총 34시간에 이르기까지 다양하였다.

➤ 수업에 적용하기

비록 시각적 제시와 기억증진전략과 같은 교육적 실제가 개별적으로 증거기반의 실제로 판별되었기는 하지만 현장전문가들은 이러한 실제를 각각 사용할 뿐 아니라 수업에 이러한 방법을 혼합하여 사용할 것이다. 〈표 8-6〉에 제시된 학습계획은 각각의 방법(예: 시각적 제시, 기억증진전략, 테크놀로지, 자기관리, 학업 또래보조)을 어떻게 수학기술 교수에 사용할 수 있는지를 보여 주도록 개발되었다. 예를 들면, 기억증진전략이 혼합된 Please Excuse My Dear Aunt Sally의 각각을 운영하기 위한 시스템을 보여 주도록 컴퓨터와 운영 목록에 대한 시각적 제시를 사용하는 것은 학생들이 수학적 계산을 완수할 때의 순서를 학습하도록 도와준다. 또한 이 수업에서 가르쳐진 기술은 학생이 전략교수(예: 자기관리)의 한 형태인 그래픽조직자를 사용하게 할 뿐 아니라 수업에서 제공된 전략을 사용해 각 문제를 해결하는 데 서로 짝이 되어(예: 또래 보조) 돕도록 한다. 다시 말하지만 이러한 증거기반 전략을 사용하는 것은 학생의 학업 습득에 긍정적인 영향을 줄 뿐 아니라 궁극적으로는 학생이 학습에 능동적으로 참여할 기회를 제공할 수 있으며, 이는 학생이 고등학교를 졸업하는 데 성공하도록 이끌 수 있다.

■ 표 8-6 ■ 수업에서 다양한 중재를 사용한 예

과목: 수학
학년 수준: 중학교
목표: 수식을 적용하기 위한 정확한 순서 교수하기
교수자료: 컴퓨터, 연습문제, 펜

교수절차

1. 학생들에게 연산을 위한 목록이 쓰여진 종이를 나누어 준다(예: 괄호, 지수, 곱셈, 나눗셈, 덧셈, 뺄셈).
2. 학생들에게 컴퓨터 키보드에 있는 각각의 연산 기호를 보여 준다(예: 덧셈 기호인 +).
3. 학생들에게 키보드에서 해당 기호를 가리키도록 가르치고 컴퓨터 화면에 그 기호가 나타나도록 입력하게 한다.
4. 칠판에 쓰인 기억증진전략을 가리킨다(즉, Please Excuse My Dear Aunt Sally).
5. 학생들에게 괄호 안의 계산을 먼저하고(parenthesis first) 지수를 두 번째로 하고 (exporents second), 곱셈은 세 번째(multiplication third), 나눗셈은 네 번째(division), 뺄셈은 다섯 번째(fifth subtraction)로 하도록 가르친다.
6. 학생들이 그래픽조직자를 사용하여 기억증진전략의 정확한 각각의 단계를 채워 넣도록 한다.
7. 숫자와 수학 연산기호를 사용하여 칠판에 수학 문제를 보여 준다.
8. 기억증진전략을 사용하여 문제를 푸는 것을 보여 준다.
9. 학생들이 독립적으로 세 개의 문제를 풀도록 한다.
10. 짝을 지어 기억증진전략을 문제를 푸는 데 어떻게 사용하는지 이야기해 보도록 한다.
11. 학생들에게 정확하게 푼 문제의 수와 틀린 문제의 수를 세어 보도록 한다.

12. 문제를 틀리게 풀었다면, 학생의 또래에게 기억증진전략 또는 그래픽조직자를 사용하여
    문제를 정확히 풀도록 돕게 한다.

평가

각각의 문제를 풀기 위해 사용된 공식의 순서에 대한 정확도 자료 수집

관련 정보

중도탈락 방지

• 미국 중도탈락방지센터/네트워크(National Dropout Prevention Center/
  Network)

  http://www.dropoutprevention.org

  미국 학교의 졸업률을 향상시키기 위한 다양한 자료와 전략에 대한 정보를
  제공한다.

또래교수

• 특별한 연계(Special Connections)

  http://www.specialconnecitions.ku.edu/cgi-bin/cgiwrap/specconn/
  main. hph?cat=instruction&section-cwpt/main

  학급차원 또래교수와 어떻게 교실에서 적용될 수 있는지에 대한 보다 자세
  한 정보를 제공한다.

그래픽조직자

• Teachnology

  http://www.teach-nology.com/worksheets/graphic/

  다양한 유형의 그래픽조직자를 소개하고 예를 제공한다.

참고문헌

Access Cneter. (2004). *Using mnemonic instruction to facilitate access to the general education curriculum*. Retrieved April 4, 2011, from http://www.k8accesscenter. org/training_resources/Mnemonics.asp

Agran, M., Blanchard, C., & Wehmeyer, M. L. (2000). Promoting transition goals and self-determination through student self-directed learning: The self-determined learning model of instruction. *Education and Training in Mental Retardation and Developmental Disabilities, 35*, 351-364.

Alberto, P. A., Cihak, D. F., & Gama, R. I. (2005). Use of static picture prompts versus video modeling during simulation instruction. *Research in Developmental Disabilities, 26*, 327-339.

Alberto, P. A., Taber, T. A., & Fredrick, L. D. (1999). Use of self-operated auditory prompts to decrease aberrant behaviors in students with moderate mental retardation. *Research in Developmental Disabilities, 20*, 429-439.

Alberto, P. A., & Troutman, A. C. (2009). *Applied behavior analysis for teachers* (8th ed.). Upper Saddle River, NJ: Pearson Education.

Allen, S., Smith, A., Test, D., Flowers, C., & Wood, W. (2002). The effects of self-directed IEP on student participation in IEP meetings. *Career Development for Exceptional Individuals, 24*, 107-120.

Ansell, D., & Casey Family Programs. (2009). *Ansell-Casey Life Skills Assessment (ACLSA)*. Retrieved April 4, 2011, from http://www.caseylifeskills.org/pages/ assess/assess_aclsa.htm

Archer, A. L., & Hughes, C. A. (2010). *Explicit instruction: Effective and efficient teaching*. New York: Guilford Press.

Ayres, K. M., Langone, J., Boon, R. T., & Norman, A. (2006). Computer-based instruction for purchasing skills. *Education and Training in Developmental Disabilities, 41*, 252-263.

Bahr, C., Kinzer, C. K., & Reith, H. (1991). An analysis of the effects of teacher training and student grouping on reading comprehension skills among mildly handicapped high school students using computer-assisted instruction. *Journal of Special Education Technology, 11*(3), 136-154.

Bahr, C. M., & Rieth, H. J. (1991). Effects of cooperative, competitive, and individualistic goals on student achievement using computer-based drill-and-practice. *Journal of Special Education Technology, 11*(1), 33-48.

Bateman, B. D., & Herr, C. M. (2006). *Writing measurable IEP goals and objectives*. Verona, WI: IEP Resources.

Bates, P. E., Cuvo, T., Miner, C. A., & Korabek, C. A. (2001). A simulated and community-based instruction involving persons with mild and moderate mental retardation. *Research in*

Developmental Disabilities, 22, 95-115.

Beakley, B. A., & Yoder, S. L. (1998). Middle schoolers learn community skills. *TEACHING Exceptional Children, 30*(3), 16-21.

Becker, R. L. (2000). *Becker Work Adjustment Profile* (2nd ed.). Columbus, OH: Elbern Publications.

Bell, K., & Young, R. K. (1990). Facilitating mainstreaming of students with behavioral disorders using classwide peer tutoring. *School Psychology Review, 19*, 564-573.

Bennett, R. L. (2006). *Bennett's Mechanical Comprehension Test*. San Antonio, TX: Pearson.

Benz, M. R., Lindstrom, L., & Yovanoff, P. (2000). Improving graduation and employment outcomes of students with disabilities: Predictive factors and student perspectives. *Exceptional Children, 66*, 509-529.

Benz, M. R., Yovanoff, P., & Doren, B. (1997). School-to-work components that predict postschool success for students with and without disabilities. *Exceptional Children, 63*, 151-165.

Berg, W. K., Wacker, D. P., Ebbers, B., Wiggins, B., Fowler, M., & Wilkes, P. (1995). A demonstration of generalization of performance across settings, materials, and motor responses for students with profound mental retardation. *Behavior Modification, 19*, 119-143.

Blackorby, J., Hancock, G. R., & Siegel, S. (1993). *Human capital and structural explanations of post-school success for youth with disabilities: A latent variable exploration of the National Longitudinal Transition Study*. Menlo Park, CA: SRI International.

Blackorby, J., & Wagner, M. (1996). Longitudinal postschool outcomes of youth with disabilities: Findings from the National Longitudinal Transition Study. *Exceptional Children, 62*, 399-413.

Bost, L. W., & Riccomini, P. J. (2006). Effective instruction: An inconspicuous strategy for dropout prevention. *Remedial and Special Education, 27*, 301-311.

Boyle, J. R. (2000). The effects of a Venn diagram strategy on the literal, inferential, and relational comprehension of students with mild disabilities. *Learning Disabilities: A Multidisciplinary Journal, 10*, 5-13.

Branham, R. S., Collins, B. C., Schuster, J. W., & Kleinert, H. (1999). Teaching community skills to students with moderate disabilities: Comparing combined techniques of classroom simulation, videotape modeling, and community-based instruction. *Education and Training in Mental Retardation and Developmental Disabilities, 34*, 170-181.

Briggs, A., Alberto, P., Sharpton, W., Berlin, K., McKinley, C., & Ritts, C. (1990). Generalized use of a self-operated audio prompting system. *Education and Training in Mental Retardation, 25*, 381-389.

Brolin, D. A. (2004). *Life-centered career education performance and knowledge battery*. Reston, VA: Council for Exceptional Children.

Brolin, D. E. (1989). *Life-centered career education: A competency-based approach* (3rd ed.). Reston, VA: Council for Exceptional Children.

Brown, L., Nisbet, J., Ford, A., Sweet, M., Shiraga, B., York, J., et al. (1983). The critical need for nonschool instruction in educational programs for severely handicapped students. *Journal of the Association for the Severely Handicapped, 8*, 71-77.

Burcroff, T. L., Radogna, D. M., & Wright, E. H. (2003). Community forays: Addressing students' functional skills in inclusive settings. *TEACHING Exceptional Children, 35*(5), 52-57.

Cameto, R., Levine, P., & Wagner, M. (2004). *Transition planning for students with disabilities: A special topic report of findings from the National Longitudinal Transition Study 2 (NLTS 2)*. Retrieved April 4, 2011, from http://eric. ed.gov/PDFS/ED496547.pdf

Carl, D. Perkins, Vocational and Applied Technology Education Act Amendments of 1990, PL 101-392, 104 Statutes at Large 753-804, 806-834.

Carr, S. C., & Punzo, R. P. (1993). The effects of self-monitoring of academic accuracy and productivity on the performance of students with behavioral disorders. *Behavioral Disorders, 18*, 241–250.

Carter, E. W., Ditchman, N., Sun, Y., Trainor, A. A., Sweeden, B., & Owens, L. (2010). Summer employment and community experiences of transition–age youth with severe disabilities. *Exceptional Children, 76*, 194–212.

Cataldi, E. F., Laird, J., & KewalRamani, A. (2009). *High school dropout and completion rates in the Unites States: 2007* (NCES 2009–064). Retrieved April 4, 2011, from http://nces.ed.gov/pubsearch/pubsinfo.asp?pubid=2009064

Certo, N. J., Luecking, R. G., Courey, S., Brown, L., Murphy, S., & Mautz, D. (2008). Plugging the policy gap at the point of transition for individuals with severe intellectual disabilities: An argument for a seamless transition and federal entitlement to long–term support. *Research and Practice for Persons with Severe Disabilities, 33*, 85–95.

Certo, N., Mezzullo, K., & Hunter, D. (1985). The effect of total task chain training on the acquisition of busperson job skills at a full service community restaurant. *Education and Training of the Mentally Retarded, 20*, 148–156.

Cihak, D. F., Alberto, P. A., Kessler, K. B., & Taber, T. A. (2004). An investigation of instructional scheduling arrangements for community–based instruction. *Research in Developmental Disabilities, 25*, 67–88.

Cihak, D., & Grim, J. (2008). Teaching students with autism spectrum disorder and moderate intellectual disabilities to use counting–on strategies to enhance independent purchasing skills. *Research in Autism Spectrum Disorders, 1*, 716–727.

Cihak, D. F., Kessler, K. B., & Alberto, P. A. (2007). Generalized use of a handheld prompting system. *Research in Developmental Disabilities, 28*, 397–408.

Clark, G. M. (1996). Transition planning assessment for secondary–level students with learning disabilities. *Journal of Learning Disabilities, 29*, 79–92.

Clark, G., & Patton, J. (2009). *Transition Planning Inventory–Revised*. Austin, TX: PRO–ED.

Clark, G. M., Patton, J. R., & Moulton, L. R. (2000). *Informal assessments for transition planning*. Austin, TX: PRO–ED.

Colorado Department of Education. (2001). *Charting a course for the future: A transition toolkit*. Retrieved April 4, 2011, from http://www.cde.state.co.us/ cdesped/TK.asp

Colyer, S., & Collins, B. (1996). Using natural cues within prompt levels to teach the next dollar strategy to students with disabilities. *The Journal of Special Education, 30*, 305–318.

Cook, B. G., Tankersley, M., Cook, L., & Landrum, T. J. (2008). Evidence–based practices in special education: Some practical considerations. *Intervention in School and Clinic, 44*(2), 69–75.

Cooper, J. O., Heron, T. E., & Heward, W. L. (2007). *Applied behavior analysis* (2nd ed.). Upper Saddle River, NJ: Pearson.

Cross, T., Cooke, N. L., Wood, W. M., & Test, D. W. (1999). Comparison of the effects of *MAPS* and *ChoiceMaker* on student self–determination skills. *Education and Training in Mental Retardation and Developmental Disabilities, 34*, 499–510.

Curriculum Associates. (2010). *Brigance Transition Skills Inventory*. North Billerica, MA: Author.

Cuvo, A. J., & Klatt, K. P. (1992). Effects of community–based, videotape, and flash card instruction of community–referenced sight words on students with mental retardation. *Journal of Applied Behavior Analysis, 25*, 499–512.

Denny, P. J., & Test, D. W. (1995). Using the one–more–than technique to teach money counting to individuals with moderate mental retardation: A systematic replication. *Education & Treatment of Children, 18*, 422–432.

Diebold, T., & Waldron, M. (1988). Designing instructional formats: The effects of verbal and pictorial components on hearing–impaired students' comprehension of science concepts. *American*

Annals of the Deaf, 133, 30-35.

DiGangi, S. A., & Maag, J. W. (1992). A component analysis of self-management training with behaviorally disordered youth. *Behavioral Disorders, 17*, 281-290.

DiPipi-Hoy, C., Jitendra, A., & Kern, L. (2009). Effects of time management instruction on adolescents' ability to self-manage time in a vocational setting. *Journal of Special Education, 43*, 145-159.

Enderlee, J., & Severson, S. (2003). *Enderlee-Severson Transition Rating Scales* (3rd ed.). Morehead, MN: ESTR Publications.

Ferguson, B., & McDonnell, J. (1991). A comparison of serial and concurrent sequencing strategies in teaching generalized grocery item location to students with moderate handicaps. *Education and Training in Mental Retardation, 26*, 292-304.

Fontana, J. L., Scruggs, T., & Mastropieri, M. A. (2007). Mnemonic strategy instruction in inclusive secondary social studies classes. *Remedial and Special Education, 28*, 345-355.

Forest, M., & Lusthaus, E. (1990). Everyone belongs with MAPS action planning system. *TEACHING Exceptional Children, 22*, 32-35.

Gallaher, K. M., van Kraayenoord, C. E., Jobling, A., & Moni, K. B. (2002). Reading with Abby: A case study of individual tutoring with a young adult with Down syndrome. *Down Syndrome Research and Practice, 8*(2), 59-66.

Gardner, M. F. (1989). *Test of Academic Achievement Skills-Revised (TAAS-R)*. Novato, CA: Academic Therapy Publications.

Gaule, K., Nietupski, J., & Certo, N. (1985). Teaching supermarket shopping skills using an adaptive shopping list. *Education and Training of the Mentally Retarded, 20*, 53-59.

German, S. L., Martin, J. E., Marshall, L. H., & Sale, P. R. (2000). Promoting self-determination: Using *Take Action* to teach goal attainment. *Career Development for Exceptional Individuals, 23*, 27-38.

Gersten, R., Fuchs, L. S., Compton, D., Coyne, M., Greenwood, C, & Innocenti, M. S. (2005). Quality indicators for group experimental and quasi-experimental research in special education. *Exceptional Children, 71*, 149-164.

Gilliam, J. E. (1994). *Work Adjustment Inventory: Measures of job-related temperament*. Austin, TX: PRO-ED.

Glutting, J. J., & Wilkinson, G. S. (2003). *Wide Range Interest and Occupation Test* (2nd ed.). Austin, TX: PRO-ED.

Grossen, B., & Carnine, D. (1990). Diagramming a logic strategy: Effects on difficult problem types and transfer. *Learning Disabilities Quarterly, 13*, 168-182.

Halpern, A. (1985). Transition: A look at the foundations. *Exceptional Children, 51*, 479-486.

Halpern, A. (1992). Transition: Old wine in new bottles. *Exceptional Children, 58*, 202-211.

Hamill, L. B. (2002). *Teaching students with moderate to severe disabilities: An applied approach for inclusive environments*. Upper Saddle River, NJ: Merrill Prentice Hall.

Haring, T. G., Breen, C. G., Weiner, J., Kennedy, C. H., & Bednersh, F. (1995). Using videotape modeling to facilitate generalized purchasing skills. *Journal of Behavioral Education, 5*, 29-53.

Harrington, T. F., & O'Shea, A. J. (2000). *The Harrington-O'Shea Career Decision Making System-Revised*. Circle Pines, MN: American Guidance Service.

Hasazi, S., Gordon, L., & Roe, C. (1985). Factors associated with the employment status of handicapped youth exiting high school from 1979-1983. *Exceptional Children, 51*, 455-469.

Hawkins, J. (1988). Antecedent pausing as a direct instruction tactic for adolescents with severe behavioral disorders. *Behavioral Disorders, 13*, 263-272.

Hawkins, J., & Brady, M. P. (1994). The effects of independent and peer guided practice during instructional pauses on the academic performance of students with mild handicaps. *Education & Treatment of Children, 17,* 1-28.

Higgins, K., Boone, R., & Lovitt, T. C. (1996). Hypertext support for remedial students and students with learning disabilities. *Journal of Learning Disabilities, 29,* 402-412.

Hock, M. F., Pulvers, K. A., Deshler, D. D., & Schumaker, J. B. (2001). The effects of an after-school tutoring program on the academic performance of at-risk students and students with LD. *Remedial and Special Education, 22,* 172-186.

Hoffman, A., & Field, S. (2005). *Steps to self-determination.* Austin, TX: PRO-ED.

Holland, J. (1994). *Self-Directed Search Form R* (4th ed.). Odessa, FL: Psychological Assessment Resources.

Holland, J. (1996). *Self-Directed Search Form E* (4th ed.). Odessa, FL: Psychological Assessment Resources.

Holland, J., & Powell, A. (1994). *Self-Directed Search: Career Explorer.* Odessa, FL: Psychological Assessment Resources.

Hollingsworth, M., & Woodward, J. (1993). Integrating learning: Explicit strategies and their role in problem-solving instructions for students with learning disabilities. *Exceptional Children, 59,* 444-455.

Horner, R. H., Carr, E. G., Halle, J., McGee, G., Odom, S., & Wolery, M. (2005). The use of single-subject research to identify evidence-based practice in special education. *Exceptional Children, 71,* 165-179.

Horton, S., & Lovitt, T. C. (1988). Teaching geography to high school students with academic deficits: Effects of a computerized map tutorial. *Learning Disability Quarterly, 11,* 371-379.

Horton, S., Lovitt, T. C., & Bergerud, D. (1990). The effectiveness of graphic organizers for three classifications of secondary students in content area classes. *Journal of Learning Disabilities, 23,* 12-29.

Hughes, C., Carter, E. W., Hughes, T., Bradford, E., & Copeland, S. R. (2002). Effects of instructional versus non-instructional roles on the social interactions of high school students. *Education & Training in Mental Retardation, 37,* 146-162.

Hyerle, D. (1996). *Visual tools for constructing knowledge.* Alexandria, VA: Association for Supervision and Curriculum Development.

Hyerle, D. (2000). *A field guide to using visual tools.* Alexandria, VA: Association for Supervision and Curriculum Development.

Individuals with Disabilities Education Act (IDEA) of 1990, PL 101-476, 20 U.S.C. §§ 1400 *et seq.*

Individuals with Disabilities Education Act Amendments (IDEA) of 1997, PL 105-17, 20 U.S.C. §§ 1400 *et seq.*

Individuals with Disabilities Education Improvement Act of 2004, PL 108-446, 20 U.S.C. §§ 1400 *et seq.*

Izzo, M. V., Yurick, A., Nagaraja, H. N., & Novak, J. A. (2010). Effects of a 21st-century curriculum on students' information technology and transition skills. *Career Development for Exceptional Individuals, 33,* 95-105.

Job Training Reform Amendments of 1992, PL 102-367, 20 U.S.C. §§ 1501 *et seq.*

Keyes, M. W., & Owens-Johnson, L. (2003). Developing person-centered IEPs. *Intervention in School and Clinic, 38,* 145-152.

Kluth, P. (2000). Community-referenced learning and the inclusive classroom. *Remedial and Special Education, 21,* 19-26.

Kochhar-Bryant, C. A., & Bassett, D. S. (2002). Challenge and promise in aligning transition and standards-based education. In C. A. Kochhar-Bryant & D. S. Bassett (Eds.), *Aligning transition and standards-based education: Issues and strategies* (pp. 1-24). Arlington, VA:

Council for Exceptional Children.

Kohler, P. D. (1993). Best practices in transition: Substantiated or implied? *Career Development for Exceptional Individuals, 16*, 107-121.

Kohler, P. D. (1996). *A taxonomy for transition programming: Linking research and practice.* Champaign, IL: Transition Research Institute, University of Illinois.

Kohler, P. D., DeStefano, L., Wermuth, T. R., Grayson, T. E., & McGinty, S. (1994). An analysis of exemplary transition programs: How and why are they selected? *Career Development for Exceptional Individuals, 17*, 187-202.

Kohler, P. D., & Field, S. (2003). Transition-focused education: Foundation for the future. *Journal of Special Education, 37*, 174-183.

Konrad, M., & Test, D. W. (2004). Teaching middle-school students with disabilities to use an IEP template. *Career Development for Exceptional Individuals, 27*, 101-124.

Konrad, M., & Test, D. W. (2007). Effects of GO FOR IT…NOW! strategy instruction on the written IEP goal articulation and paragraph-writing skills of middle school students with disabilities. *Remedial and Special Education, 28*, 277-291.

Konrad, M., & Test, D. W. (2007). GO FOR IT…NOW! Unpublished form.

Kulik, J. A. (2003, May). *Effects of using instruction technology in elementary and secondary schools: What controlled evaluation studies say.* Arlington, VA: SRI International.

Kulik, J. A., & Kulik, C. L. C. (1987). Review of recent research literature on computer-based instruction. *Contemporary Educational Psychology, 12*, 222-230.

Laird, J., Cataldi, E. F., KewalRamani, A., & Chapman, C. (2008). *Dropout and completion rates in the United States: 2006.* Retrieved April 4, 2011, from http://nces.ed.gov/pubsearch/pubsinfo.asp?pubid=2008053

Lancioni, G. E., & O'Reilly, M. (2001). Self-management of instruction cues for occupation: Review of studies with people with severe and profound developmental disabilities. *Research in Developmental Disabilities, 22*, 41-65.

Lapan, R. T. (2004). *Career development across the K-16 Years: Bridging the present to satisfying and successful futures.* Alexandria, VA: American Counseling Association.

Levinson, E. M. (1994). Current vocational assessment models for students with disabilities. *Journal of Counseling and Development, 73*, 94-101.

Lindstrom, L., Doren, B., Metheny, J., Johnson, P., & Zane, C. (2007). Transition to employment: Role of the family in career development. *Exceptional Children, 73*, 348-366.

Liptak, R. (2006). *Job Search Attitude Survey* (3rd ed.). St. Paul, MN: JIST Publishing.

Luzzo, D. A., Rottinghaus, P. J., & Zytowski, D. G. (2006). *Kuder Career Planning System.* Adel, IA: Kuder, Inc.

MacArthur, C. A., & Haynes, J. B. (1995). Student assistant for learning from text (SALT): A hypermedia reading aid. *Journal of Learning Disabilities, 28*, 150-159.

Malouf, D. B., Wizer, D. R., Pilato, V. H., & Grogan, M. M. (1990). Computer-assisted instruction with small groups of mildly handicapped students. *Journal of Special Education, 24*, 51-68.

Marshall, L. H., Martin, J. E., Maxson, L. M., Miller, T. L., McGill, T., Hughes, W. M., et al. (1999). *Take action: Making goals happen.* Longmont, CO: Sopris West.

Martella, R., Marchand-Martella, N. E., Young, K. R., & MacFarlane, C. A. (1995). Determining the collateral effects of peer tutor training on a student with severe disabilities. *Behavior Modification, 19*, 170-191.

Martin, J. E., Huber Marshall, L., & Sale, P. (2004). A 3-year study of middle, junior high, and high school IEP meetings. *Exceptional Children, 70*, 285-297.

Martin, J. E., Marshall, L. H., & Maxson, L. L. (1993). Transition policy: Infusing self-determination and self-advocacy into transition programs. *Career Development for Exceptional Individuals, 16,* 53-61.

Martin, J. E., Marshall, L. H., Maxson, L. M., & Jerman, P. L. (1996). *The self-directed IEP.* Longmont, CO: Sopris West.

Martin, J. E., Mithaug, D. E., Cox, P., Peterson, L. Y., Van Dycke, J. L., & Cash, M. E. (2003). Increasing self-determination: Teaching students to plan, work, evaluate, and adjust. *Exceptional Children, 69,* 431-447.

Martin, J. E., Van Dycke, J. L., Christensen, W. R., Greene, B. A., Gardner, J. E., & Lovett, D. L. (2006). Increasing student participation in their transition IEP meetings: Establishing the *Self-Directed IEP* as an evidenced-based practice. *Exceptional Children, 72,* 299-316.

Martin, J. E., Van Dycke, J., D'Ottavio, M., & Nickerson, K. (2007). The student-directed summary of performance: Increasing student and family involvement in the transition planning process. *Career Development for Exceptional Children, 30,* 13-26.

Mastropieri, M. A., & Scruggs, T. E. (1998). Enhancing school success with mnemonic strategies. *Intervention in School & Clinic, 33,* 201-208.

Mazzotti, V. (2007, January). *Transition-rich IEPs.* Ft. Worth, TX.

Mazzotti, V. L., Rowe, D. A., Kelley, K. R., Test, D. W., Fowler, C. H., Kohler, P. D., & Kortering, L. J. (2009). Linking transition assessment and post-secondary goals: Key elements in the secondary transition planning process. *TEACHING Exceptional Children, 42,* 44-51.

McCarney, S. B., & Anderson, P. D. (2000). *Transition Behavior Scale* (2nd ed.). Columbia, MO: Hawthorne.

McDonnell, J., & Ferguson, B. (1989). A comparison of time delay and decreasing prompt hierarchy strategies in teaching banking skills to students with moderate handicaps. *Journal of Applied Behavior Analysis, 22,* 85-91.

McDonnell, J., Mathot-Buckner, C., Thorson, N., & Fister, S. (2001). Supporting the inclusion of students with moderate and severe disabilities in junior high school general education classes: The effects of classwide peer tutoring, multi-element curriculum, and accommodations. *Education & Treatment of Children, 24,* 141-160.

Mechling, L. C. (2004). Effects of multimedia, computer-based instruction on grocery shopping fluency. *Journal of Special Education Technology, 19*(1), 23-34.

Mechling, L. C., & Cronin, B. (2006). Computer-based video instruction to teach the use of augmentative and alternative communication devices for ordering at fast food restaurants. *The Journal of Special Education, 39,* 234-245.

Mechling, L. C., Gast, D. L., & Langone, J. (2002). Computer-based video instruction to teach persons with moderate intellectual disabilities to read grocery aisle signs and located items. *The Journal of Special Education, 35,* 224-240.

Mechling, L. C., & Ortega-Hurndon, F. (2007). Computer-based video instruction to teach young adults with moderate intellectual disabilities to perform multiple step, job tasks in a generalized setting. *Education and Training in Mental Retardation and Developmental Disabilities, 42,* 24-37.

Miller, K. J. (1995). Cooperative conversations: The effect of cooperative learning on conversational interaction. *American Annals of the Deaf, 140,* 28-37.

Mithaug, D. E., Horiuchi, C. N., & Fanning, P. N. (1985). A report on the Colorado statewide follow-up survey of special education students. *Exceptional Children, 51,* 397-404.

Montague, M. (1988). Job-related social skills training for adolescents with handicaps. *Career Development for Exceptional Individuals, 11,* 27-41.

Mooney, P., Ryan, J. B., Uhing, B. M., Reid, R., & Epstein, M. H. (2005). A review of self management interventions targeting academic outcomes for students with emotional and behavioral disorders. *Journal of Behavioral Education, 14,* 203–221.

Morgan, R. L., Morgan, R. B., Despain, D., & Vasquez, E. (2006). I can search for jobs on the internet: A website that helps youth in transition identify preferred employment. *TEACHING Exceptional Children, 38*(6), 6–11.

Morningstar, M. E., Frey, B. B., Noonan, P. M., Ng, J., Clavenna-Deane, B., Graves, P., et al. (2010). A preliminary investigation of the relationship of transition preparation and self-determination for students with disabilities in postsecondary educational settings. *Career Development for Exceptional Individuals, 33,* 80–94.

Morse, T. E., & Schuster, J. W. (2000). Teaching elementary students with moderate intellectual disabilities how to shop for groceries. *Exceptional Children, 66,* 273–288.

Myers, J. B., & Briggs, K. C. (1988). *Myers-Briggs Type Indicator: Form M.* Palo Alto, CA: Consulting Psychological Press.

National Center for Special Education Research. (2005). *National Longitudinal Transition Study 2.* Retrieved February 19, 2011, from http://www.nlts2.org/

National Secondary Transition Technical Assistance Center. (2009). *Indicator 13 checklist.* Retrieved April 4, 2011, from http://www.nsttac.org/indicator13/ indicator13_checklist.aspx

National Secondary Transition Technical Assistance Center. (2008). *Lesson plan library.* Retrieved from http://www.nsttac.org/LessonPlanLibrary/StudentFocusedPlanning.aspx

Neath, J., & Bolton, B. (2008). *Work Personality Profile.* Austin, TX: PRO-ED.

Nelson, J. R., Smith, D. J., & Dodd, J. M. (1994). The effects of learning strategy instruction on the completion of job applications by students with learning disabilities. *Journal of Learning Disabilities, 27,* 104–110.

Neubert, D. A. (2003). The role of assessment in the transition to adult life process for students with disabilities. *Exceptionality, 11,* 63–75.

Newman, L., Wagner, M., Cameto, R., & Knokey, A. M. (2009). *The post-high school outcomes of youth with disabilities up to 4 years after high school. A report of findings from the National Longitudinal Transition Study 2.* Retrieved April 4, 2011, from www.nlts2.org/reports/ 2009_04/nlts2_report_2009_04_complete.pdf

Nietupski, J., Hamre-Nietupski, S., Curtin, S., & Shrikanth, K. (1997). A review of curricular research in severe disabilities form 1976–1995 in six selected journals. *The Journal of Special Education, 31,* 36–55.

No Child Left Behind Act of 2001, PL 107–110, 115 Stat. 1425, 20 U.S.C. §§ 6301 *et seq.*

Odom, S. L., Brantlinger, E., Gersten, R., Horner, R. H., Thompson, B., & Harris, K. R. (2005). Research in special education: Scientific methods and evidence-based practices. *Exceptional Children, 71,* 137–148.

Okolo, C. M. (1992). The effects of computer-based attribution retraining on the attributions, persistence, and mathematics computation of students with learning disabilities. *Journal of Learning Disabilities, 25,* 327–334.

Okolo, C. M., Bahr, C. M., & Rieth, H. J. (1993). A retrospective view of computer-based instruction. *Journal of Special Education Technology, 12*(1), 1–27.

O'Melia, M., & Rosenberg, M. (1994). Effects of cooperative homework teams on the acquisition of mathematics skills by secondary students with mild disabilities. *Exceptional Children, 60,* 538–548.

PACER Center, ALLIANCE National Parent Technical Assistance Center. (2007). *Parent tips for transition planning.* Retrieved April 1, 2011, from http://www.pacer.org/publications/pdfs/ ALL14.pdf

Parker, R. M. (2002). *Occupational Aptitude Survey* (3rd ed.). Austin, TX: PRO-ED.

Pattavina, S., Bergstrom, T., Marchand-Martella, N. E., & Martella, R. C. (1992). "Moving on": Learning to cross streets independently. *TEACHING Exceptional Children, 25*(1), 32-35.

Porfeli, E. J., Hartung, P. J., & Vondracek, F. W. (2008). Children's vocational development: A research rationale. *Career Development Quarterly, 57*, 25-37.

Posgrow, S. (1990). A Socratic approach to using computers with at-risk students. *Educational Leadership, 47*(5), 61.

Postsecondary Education Programs Network. (2008). *iTransition*. Retrieved April 4, 2011, from http://itransition.pepnet.org/

Powers, L. E., Turner, A., Matuszewski, J., Wilson, R., & Phillips, A. (2011). TAKE CHARGE for the future: A controlled field-test of a model to promote student involvement in transition planning. *Career Development for Exceptional Individuals, 24*, 89-103.

PsychCorp. (2010). AIMSweb Pro Reading. San Antonio, TX: NCS Pearson.

Rafferty, L. A. (2010). Step-by-step: Teaching students to self-monitor. *TEACHING Exceptional Children, 43*(2), 50-58.

Rehabilitation Act Amendments of 1992, PL 102-569, 29 U.S.C. §§ 701 *et seq.*

Reid, R., Trout, A. L., & Schartz, M. (2005). Self-regulation interventions for children with attention deficit/hyperactivity disorder. *Exceptional Children, 71*, 361-377.

Repetto, J. B., Pankaskie, S., Hankins, A., & Schwartz, S. E. (1997). Promising practices in dropout prevention and transition for students with mild disabilities. *Journal of At Risk Issues, 4*, 19-29.

Rieth, H., Bahr, C., Okolo, C. M., Polsgrove, L., & Eckert, R. (1988). An analysis of the impact of microcomputers on the secondary special education classroom ecology. *Journal of Educational Computing Research, 4*, 425-441.

Riffel, L. A., Wehmeyer, M. L., Turnbull, A. P., Lattimore, J., Davies, D., Stock, S., et al. (2005). Promoting independent performance of transition-related tasks using a palmtop PC-based self-directed visual and auditory prompting system. *Journal of Special Education Technology, 20*(2), 5-14.

Roessler, R. (2000). Three recommendations to improve transition planning in the IEP. *The Journal for Vocational Special Needs Education, 22*(2), 31-36.

Roessler, R. T., Brolin, D. E., & Johnson, J. M. (1990). Factors affecting employment success and quality. *Career Development for Exceptional Individuals, 13*, 95-107.

Rosenburg, H., & Brady, M. (2000). *JOBS: Job observation and behavior scale*. Wooddale, IL: Stoelting.

Rusch, F. R., & Braddock, D. (2004). Adult day programs versus supported employment (1988-2002): Spending and service practices of mental retardation and developmental disabilities state agencies. *Research and Practice for Persons with Severe Disabilities, 29*, 237-242.

Rusch, F. R., Kohler, P. D., & Hughes, L. (1992). An analysis of OSERS-sponsored secondary special education and transitional services research. *Career Development for Exceptional Individuals, 15*, 121-143.

Schloss, P. J., Kobza, S. A., & Alper, S. (1997). The use of peer tutoring for the acquisition of functional math skills among students with moderate retardation. *Education & Treatment of Children, 20*, 189-208.

School-to-Work Opportunities Act of 1994, PL 103-239, 20 U.S.C. §§ 6101 *et seq.*

Scruggs, T. E., Mastropieri, M. A., & Richter, L. (1985). Peer tutoring with behaviorally disordered students: Social and academic benefits. *Behavioral Disorders, 10*, 283-294.

Shafer, M. S., Inge, K. J., & Hill, J. (1986). Acquisition, generalization, and maintenance of automated banking skills. *Education and Training of the Mentally Retarded, 21*, 265-272.

Shevin, M., & Klein, N. K. (1984). The importance of choice-making skills for students with severe disabilities. *Journal of the Association for Persons with Severe Handicaps, 9,* 159-166.

Shevin, M., & Klein, N. K. (2004). Classic TASH article III: The importance of choice-making skills for students with severe disabilities. *Research and Practice for Persons with Severe Disabilities, 29,* 161-168.

Sitlington, P. (2008). Students with reading and writing challenges: Using informal assessment to assist in planning for the transition adult life. *Reading & Writing Quarterly, 24,* 77-100.

Sitlington, P. L., & Clark, G. (2001). Career/vocational assessment: A critical component of transition planning. *Assessment for Effective Intervention, 26,* 5-22.

Sitlington, P., & Clark, G. (2007). The transition assessment process and IDEIA 2004. *Assessment for Effective Intervention, 32,* 133-142.

Sitlington, P. L., Neubert, D. A., & Leconte, P. J. (1997). Transition assessment: The position of the Division for Career Development and Transition. *Career Development for Exceptional Individuals, 20,* 69-79.

Sitlington, P., & Payne, E. (2004). Information needed by postsecondary education: Can we provide it as part of the transition assessment process? *Learning Disabilities: A Contemporary Journal, 2*(2), 1-14.

Smith, R. L., Collins, B. C., Schuster, J. W., & Kleinert, H. (1999). Teaching table cleaning skills to secondary students with moderate/server disabilities: Facilitating observational learning during instructional downtime. *Education and Training in Mental Retardation and Developmental Disabilities, 34,* 342-353.

Souza, G., & Kennedy, C. H. (2003). Facilitating social interactions in the community for a transition-age student with severe disabilities. *Journal of Positive Behavior Interventions, 5,* 179-182.

Sparrow, S. S., Cicchetti, D. V., & Balla, D. A. (2005). *Vineland Adaptive Behavior Scales* (2nd ed.). Circle Pines, MN: American Guidance Services.

Staub, D., Spaulding, M., Peck, C. A., Gallucci, C., & Schwartz, I. S. (1996). Using nondisabled peers to support the inclusion of students with disabilities at the junior high school level. *Journal of the Association for Persons with Severe Handicaps, 21,* 194-205.

Stokes, T. F., & Baer, D. M. (1977). An implicit technology of generalization. *Journal of Applied Behavior Analysis, 10,* 349-367.

Synatschk, K. O., Clark, G. M., & Patton, J. R. (2008). *Informal assessments for transition: Independent living and community participation.* Austin, TX: PRO-ED.

Taber, T. A., Alberto, P. A., Hughes, M., & Seltzer, Z. (2002). A strategy for students with moderate disabilities when lost in the community. *Research and Practice for Persons with Severe Disabilities, 27,* 141-152.

Tateyama-Sniezek, K. M. (1990). Cooperative learning: Does it improve the academic achievement of students with handicaps? *Exceptional Children, 56,* 426-437.

Taylor, P., Collins, B. C., Schuster, J. W., & Kleinert, H. (2002). Teaching laundry skills to high school students with disabilities: Generalization of targeted skills and nontargeted international. *Education and Training in Mental Retardation and Developmental Disabilities, 37,* 172-183.

Test, D. W., Fowler, C. H., Richter, S. M., White, J., Mazzotti, V., Walker, A. R., et al. (2009a). Evidence-based practices in secondary transition. *Career Developmental for Exceptional Individuals, 32,* 115-128.

Test, D. W., Fowler, C. H., White, J., Richter, S., & Walker, A. (2009b). Evidence-based secondary transition practices for enhancing school completion. *Exceptionality, 17,* 16-29.

Test, D. W., Mazzotti, V. L., Mustian, A. L., Fowler, C. H., Kortering, L. J., & Kohler, P. H. (2009c).

Evidence-based secondary transition predictors for improving post-school outcomes for students with disabilities. *Career Development for Exceptional Individuals, 32*, 160-181.

Thompson, J. R., Bryant, B. R., Campbell, E. M., Craig, E. M., Hughes, C., Rotholz, D. R., et al. (2004). *Supports Intensity Scale.* Washington, DC: American Association on Intellectual and Developmental Disabilities.

Trask-Tyler, S. A., Grossi, T. A., & Heward, W. A. (1994). Teaching young adults with developmental disabilities and visual impairments to use tape-recorded recipes: Acquisition, generalization, and maintenance of cooking skills. *Journal of Behavioral Education, 4*, 283-311.

U.S. Department of Defense. (2005). *Armed Services Vocational Aptitude Battery* (ASVAB). Seaside, CA: Defense Manpower Data Center Monterey Bay.

U.S. Department of Education. (2003). *Twenty-fifth annual report to Congress on the implementationof the Individuals with Disabilities Education Act.* Washington, DC: Author.

U.S. Department of Education Office of Special Education Programs. (2009). *Part B State Performance Plan (SPP) and Annual Performance Report (APR): Part B indicator measurement table.* Washington, DC: U.S. Department of Education.

U.S. Department of Labor. (2001). *O*NET Interest Profiler.* Washington, DC: Author.

Vandercook, T. (1991). Leisure instruction outcomes: Criterion performance, positive interactions, and acceptance by typical high school peers. *The Journal of Special Education, 25*, 320-339.

Van Laarhoven, T., Johnson, J. W., Van Laarhoven-Myers, T., Grider, K. L., & Grider, K. M. (2009). The effectiveness of using a video iPod as a prompting device in employment settings. *Journal of Behavioral Education, 18*, 119-141.

Van Reusen, A. K., & Bos, C. S. (1994). Facilitating student participation in individualized education programs through motivation strategy instruction. *Exceptional Children, 60*, 466-475.

Van Reusen, A. K., Bos, C., & Schumaker, J. B. (1994). *Self-advocacy strategy for education and transition planning.* Lawrence, KS: Edge Enterprises.

Wagner, M., Newman, L., Cameto, R., Garza, N., & Levine, P. (2005). *After high school: A first look at the postschool experiences of youth with disabilities: A report from the National Longitudinal Transition Study 2 (NLTS2).* Retrieved April 4, 2011, from http://www.eric.ed.gov/PDFS/ED494935.pdf

Walker, A. R., Fowler, C. H., Kortering, L. J., & Rowe, D. (2010). *Transition Assessment Toolkit* (2nd ed.). Charlotte, NC: National Secondary Transition Technical Assistance Center.

Ward, M. J., & Kohler, P. D. (1996). Promoting self-determination for individuals with disabilities: Content and process. In L. E. Powers, G. H. S. Singer, & J. Sowers (Eds.), *On the road to autonomy: Promoting self-competence in children and youth with disabilities* (pp. 275-290). Baltimore: Paul H. Brookes Publishing Co.

Wechsler, D. (2004). *Wechsler of transition planning.* Baltimore: Paul H. Brookes Publishing Co.

Wehmeyer, M., Lawrence, M., Garner, N., Soukup, J., & Palmer, S. (2004). *Whose future is it anyway? A student-directed transition planning process.* Retrieved from http://education.ou.edu/zarrow/files/WFCGuide%20Final.pdf

Wehmeyer, M. L., Palmer, S. B., Agran, M., Mithaug, D. E., & Martin, J. E. (2000). Promoting causal agency: The self-determined learning model of instruction. *Exceptional Children, 66*, 439-453.

Wehmeyer, M., & Schwartz, M. (1997). Self-determination and positive adult outcomes: A follow-up study of youth with mental retardation or learning disabilities. *Exceptional Children, 63*, 245-255.

Wehmeyer, M., & Schwartz, M. (1998). The relationship between self-determination and quality of life for adults with mental retardation. *Education and Training in Mental Retardation and*

Developmental Disabilities, 33, 3-12.

Wiesen, J. P. (1997). *Wiesen Test of Mechanical Comprehension*. Odessa, FL: Psychological Assessment Resources.

Will, M. (1984). Bridges form school to working life. *Programs for the handicapped*. Washington, DC: Clearinghouse on the Handicapped.

Wissick, C. A., Gardner, J. E., & Langone, J. (1999). Video-based simulations: Considerations for teaching students with developmental disabilities. *Career Development for Exceptional Individuals, 22*, 233-249.

Wolford, P. L., Heward, W. L., & Alber, S. R. (2001). Teaching middle school students with learning disabilities to recruit peer assistance during cooperative learning group activities. *Learning Disabilities Research & Practice, 16*, 161-173.

Wolgemuth, J. R., Cobb, R. B., & Alwell, M. (2008). The effects of mnemonic interventions on academic outcomes for youth with disabilities: A systematic review. *Learning Disabilities Research, 23*(1), 1-10.

Wolgemuth, J. R., Cobb, R. B., & Dugan, J. J. (2007). *The effects of self-management interventions on academic outcomes for youth with disabilities*. Fort Collins, CO: Colorado State University, School of Education.

Wolgemuth, J. R., Trujillo, E., Cobb, R. B., & Alwell, M. (2008). *The effects of visual display interventions on academic outcomes for youth with disabilities: A systematic review*. Fort Collins, CO: Colorado State University.

Wong, B. Y. L., Butler, D. L., Ficzers, S. A., & Kuperis, S. (1997). Teaching adolescents with learning disabilities and low achievers to plan, write, and revise compare-and-contrast essays. *Learning Disabilities Research & Practice, 12*, 2-15.

Woodcock, R. W., McGrew, K. S., & Mather, N. (2000). *Woodcock-Johnson III Tests of Achievement*. Itasca, IL: Riverside.

Woods, L., Sylvester, L., & Martin, J. E. (2010). Student-directed transition planning: Increasing student knowledge and self-efficacy in the transition planning process. *Career Development for Exceptional Individuals, 33*, 106-114.

Wu, P. F., Martin, J. E., & Isbell, S. (2007). *Increasing the engagement of students with visual impairment in their IEP meetings*. Retrieved April 4, 2011, from http://www.ou.edu/content/education/centers-and-partnerships/zarrow/self-determination-education-materials/iep-team-education-module.html

찾아보기

공저자 소개

Audery Bartholomew, M.Ed. 현재 노스캐롤라이나 대학에서 박사과정에 재학 중이며, 미국 중등전환기술지원센터에서 대학원연구보조원으로 있다. 중·고등학교에서 중등도 및 중도장애 학생들을 가르쳐 왔다. 주요 연구분야는 자기결정과 고용, 장애학생을 위한 전환중심교육과 표준중심교육의 조정이다.

Melissa Hudson, M.A.Ed. 노스캐롤라이나 대학 특수교육과의 박사과정 학생이자 연구원이다. 연구관심 분야는 일반교육과정 접근, 대안적 성취기준에 기초한 대안평가, 중도장애학생을 위한 증거기반실제다. 노스캐롤라이나 대학의 박사과정에 들어오기 전에 켄터키 주의 학교에서 중도의 지적장애학생들을 10년간 가르쳤다.

Kelly Kelley, M.A.Ed. 지적장애 성인에게 테크놀로지를 활용하여 길찾기 및 보행기술을 가르치는 주제로 박사논문을 작성하였다. 현재까지 3개의 북챕터를 기술하였고 여섯 편의 학술지 논문을 발표하였고, 세 편의 온라인논문을 발표하였으며, 15개 이상의 미국학회 또는 국제학회에서 발표하였다. 주요 연구 분야는 고용 및 독립적 생활 영역에서의 중등전환, 중도 지적 및 발달장애인을 위한 통합된 중등이후의 기회들이다.

Larry Kortering, Ed.D. 애팔래치안 주립대학(Appalachian State University in Boone) 특수교육과의 교수다. 주요 연구는 장애학생들에게 효과적인 중재와 서비스를 개발하는 데에 중점을 둔 고등학교이수, 장애청소년을 위한 전환서비스에 있어서의 최선의 실제와 같은 주제로 이루어지고 있다.

Valerie L. Mazzotti, Ph.D. 웨스턴캐롤라이나 대학(Western Carolina University in Cullowhee)의 특수교육과 조교수다. Dr. Mazzotti는 노스캐롤라이나 대학 특수교육과에서 박사학위를 받았다. 특수학급 및 통합환경에서 장애학생들을 가르쳤다. 현재 연구관심 분야는 고출현장애, 자기결정, 긍정적 행동지원, 증거기반실제 등이다.

April L. Mustian, Ph.D. 일리노이 주립대학(Illinois State University) 특수교육과의 조교수다. 노스캐롤라이나 대학 특수교육과에서 박사학위를 받았다. 박사과정 중에, 미국 전환기술지원센터에서 프로젝트 스태프로 일하며, 장애청소년들을 위한 전환계획, 서비스, 성과를 지원하고 증진하기 위한 역량을 개발할 수 있도록 주정부를 지원하였다. 주요 연구 경력과 관심 분야는 정서행동장애 및 장애위험 학생을 위한 학업적·행동적 중재와 응용행동분석, 긍정적 행동지원 및 중등전환이다.

Sharon M. Richter, Ph.D. 애팔래치안 주립대학 특수교육과의 조교수다. 중등전환과 지적 장애 관련 과목들을 담당하고 있다. 현재 연구관심 주제는 지적장애청소년의 중등이후 의 성공을 촉진하기 위한 전략의 판별 등이 있다.

Dawn A. Rowe, M.A. 노스캐롤라이나 대학 특수교육과 박사과정 학생이다. 현재 연구 분 야는 특수교육에서 부모 및 가족의 참여, 기관간협력, 장애청소년의 학교에서 성인기로 의 전환 등이다.

Nicole Uphold, Ph.D. 중등도 및 중도 지적장애청소년을 가르치는 고등학교 교사다. 이전 에는 직업재활상담자로 일하면서 장애청소년의 고등학교에서 고용으로의 전환을 지원 하였다. 현재는 일리노이 주립대학 특수교육과 조교수로 있으며, 주요 연구관심 분야는 고등학교에서 성인기로의 전환, 장애청소년의 자기결정, 교사양성이다.

Allison Walker, Ph.D. 노스캐롤라이나 대학에서 박사학위를 취득하였다. 현재 노스캐롤라 이나 대학 윌밍턴 캠퍼스(University of North Carolina at Wilmington) 특수교육과에서 조교수로 있으며, 전환, 자문과 협력, 중등 교수방법 등의 수업을 담당하고 있다. 연구관 심 분야는 중등전환에서의 증거기반실제의 판별, 다문화와 전환, 자기결정이다.

대표저자 소개

David. W. Test, Ph.D. 노스캐롤라이나 대학(University of North Carolina at Charlotte)의 특수교육과 교수로 단일대상 연구방법, 전환교육, 학급관리 및 전문학술논문작성 등의 강의를 담당하고 있다. Test 박사의 연구 대부분은 자기결정, 전환, 지역사회중심훈련 및 지원고용에 대한 것이다. Nellie Aspel 박사, Jane Everson 박사와 함께 『장애청소년을 위 한 전환교수방법(Transition Methods for Youth with Disabilities)』(Merrill/Prentice Hall, 2006)이라는 첫 번째 책을 집필하였다. Test 박사는 현재 미국 중등전환기술지원센터 (National Secondary Transition Technical Assistance Center)의 공동연구책임자(Paula Koher 박사 및 Larry Kortering 박사와 함께)이며 노스캐롤라이나 지표 14, 고등학교 졸 업 후 성과 프로젝트와 CIRCLES 기관간협력 프로젝트(Claudia Flower 박사와 함께), 노 스캐롤라이나 대학 박사과정 리더십 인력 양성 프로그램(Dian Browder 박사와 함께)의 공동 책임자다. Bob Algozzine 박사와 함께 미국특수아동학회(CEC)의 전환관련 분과인 DCDT의 공식 학회지 Career Development for Exceptional Individuals의 공동편집위 원장을 맡고 있다.

역자 소개

이영선(Lee, Youngsun)
캔자스 대학교 대학원 석사(특수교육 전공)
캔자스 대학교 대학원 박사(특수교육 전공)
현 인하대학교 교육학과 교수

이효정(Lee, Hyo Jung)
이화여자대학교 대학원 석사(특수교육 전공)
캔자스 대학교 대학원 박사(특수교육 전공)
현 동국대학교 교육학과 교수

성유진(Seong, Youjin)
이화여자대학교 대학원 석사(특수교육 전공)
캔자스 대학교 대학원 박사수료(특수교육 전공)
현 캔자스 대학교 Beach Center on Disability/발달장애센터(KUCDD) 박사과정연구원

장애청소년을 위한 전환교육: 증거기반 교수전략

Evidence-Based Instructional Strategies for Transition

2015년 3월 10일 1판 1쇄 인쇄
2015년 3월 17일 1판 1쇄 발행

지은이 • David W. Test
옮긴이 • 이영선 · 이효정 · 성유진
펴낸이 • 김진환
펴낸곳 • (주)**학지사**
　　　　121-838 서울특별시 마포구 양화로 15길 20 마인드월드빌딩
대표전화 • 02)330-5114　　　팩스 • 02)324-2345
등록번호 • 제313-2006-000265호

홈페이지 • http://www.hakjisa.co.kr
커뮤니티 • http://cafe.naver.com/hakjisa

ISBN 978-89-997-0634-9 93370

Korean Translation Copyright ⓒ 2015 by Hakjisa Publisher, Inc.

정가 15,000원

인터넷 학술논문 원문 서비스 **뉴논문** www.newnonmun.com

이 도서의 국립중앙도서관 출판시도서목록(CIP)은 서지정보유통지
원시스템 홈페이지(http://seoji.nl.go.kr)와 국가자료공동목록시스템
(http://www.nl.go.kr/kolisnet)에서 이용하실 수 있습니다.
(CIP제어번호: CIP2015005405)